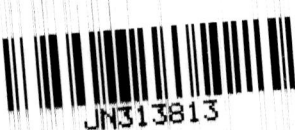

おうちでかんたん!

服のお直し便利帳

「Atelier HISANO」
佐藤壽乃 監修

すぐに役立つ裁縫実例 52

その服、捨てるの ちょっと 待って！

服のトラブル

こんな服、持っていませんか？

ウエストがきつい
p42

えりぐりがほつれた
p81

袖が短い
p69

ひっかけて穴があいた
p90

すそがほつれた
p83

スカートの丈が短い
p31

「お直し」で解消!!

「太って、ウエストがきつくなってきた」、「はいてみたら、すそが長い」
などで、着るのをあきらめている服はありませんか。
本書で紹介する「お直し」をすると、そんな服ももう一度着られます！

袖が長い
p61
タバコで穴をあけた！
p91
ネクタイのすりきれ
p84
ウエストがゆるい
p50
ズボンのポケットのやぶれ
p78
ズボンの丈が長い
p18
すそのすりきれ
p79

★本書では、ほかにも39のお直しを掲載。さあ、みてみましょう!!

おうちでかんたん！

服のお直し便利帳

Contents

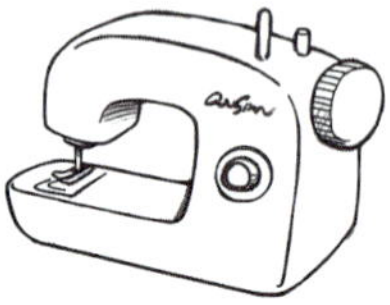

Part 3
すりきれ、ほつれ などのお直し

本書の使い方

● 説明図の見方

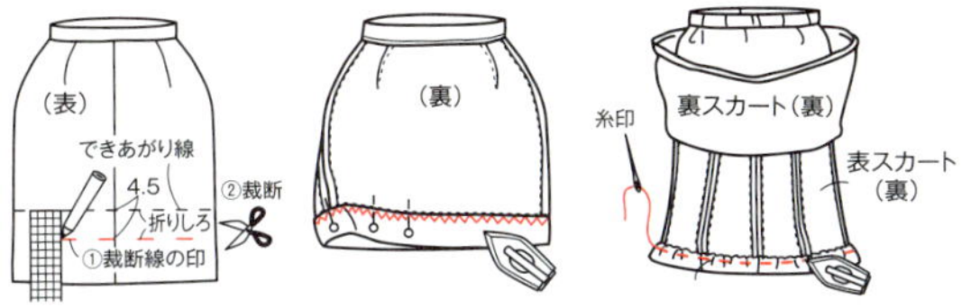

● **色線**：この行程で行う作業を表しています。
● **数字**：単位は cm です。例：4.5 の場合、4.5cm
※ただし、ミリ単位の数字は「4.5mm」と表記。
● **丸数字**　：作業順を示しています。
● **服の表裏**：（表）＝表側　（裏）＝裏側
：表スカート、表パンツなど＝表地
：裏スカート、裏パンツなど＝裏地
※「表スカート（表）」は、表地の表側を表しています。
※ 服の前・後ろをとくに示すときは、はじめに「前」「後ろ」を示しています。例：前表パンツ（表）は、表地の表側の前側。
● **ぬい目**　：------ ミシン、もしくはしつけ。
※糸印とは、印をつけるためにしつけ糸でぬうことです。
：〰〰〰〰 ジグザグミシン

● おもな記号

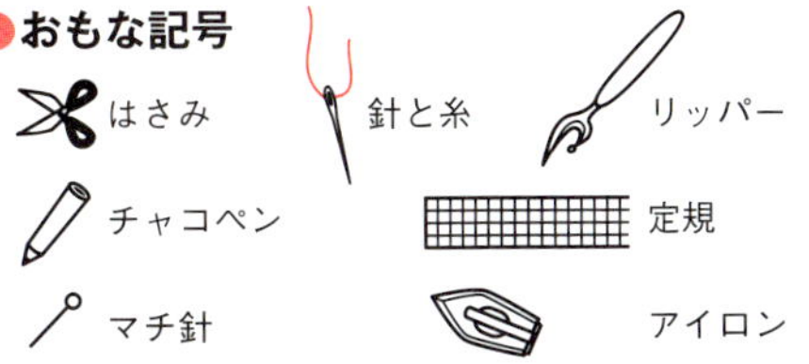

Point! ポイント
「お直し」の作業の中で、とくに重要なところです。

プロのコツ
「お直し」をする際に、さらに上手に仕上げるための方法を紹介しています。

こんなときは
紹介している服以外に、同じような「お直し」をする方法を紹介しています。

お直しをはじめる前に

お直しを上手に仕上げるコツは、右の３つの基本的な作業をしっかりすることです。ここでは寸法の正しい測り方を紹介します。また､洋裁用具は本書で使うものです。あらかじめ用意しましょう。

●お直しのコツ３
①寸法を正しく測る
②しつけをする
③アイロンをかける

寸法を正しく測る

1 実際に着る

パンツやスカートのすそ、ジャケットの袖丈は、腕やひざを曲げるなど、実際に着てちょうどよい寸法を確認しましょう。

2 マチ針でとめる

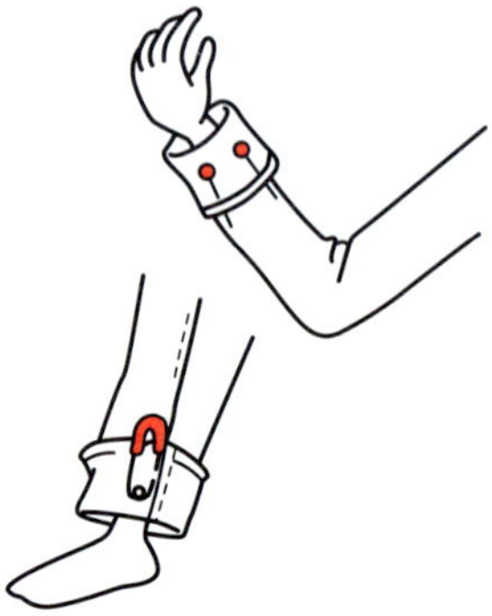

実際につめたらどれくらいの丈になるのか、マチ針や安全ピン（パンツのすそなどに使用）でとめます。ちょうどよい丈や、幅になるように調節しましょう。

3 定規で測る

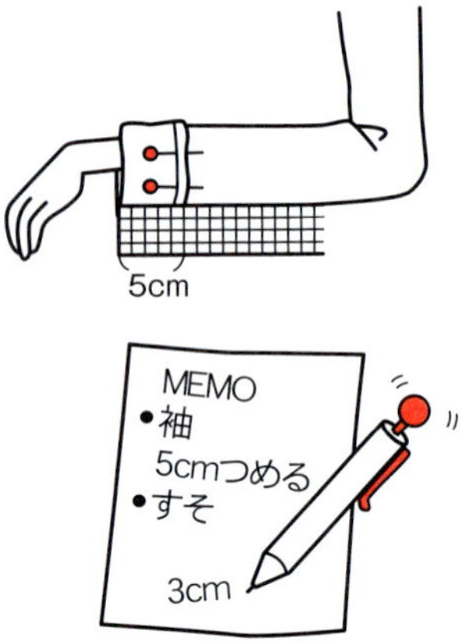

マチ針でとめた分の長さを、定規で測ります。寸法は忘れずに、メモしておきましょう。

用意するもの

ぬい針･マチ針

ぬい針は､しつけやまつりぬいなどに。マチ針は頭がガラス玉のものは薄い布に､平らなものは厚い布に使いましょう。

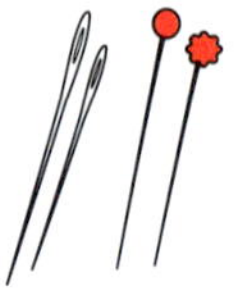

しつけ糸

仮ぬいや仮どめ、できあがり線の印をつけるときに。赤、黄などの色のしつけ糸もあると便利。

アイロン･アイロン台

折り目をつけたり、ぬいしろを割ったり、接着しんをはるときに。仕上げには必須です。

ミシン針

布の厚さ、材質に合わせて選びましょう。

定規

50cm以上のものがあると便利。

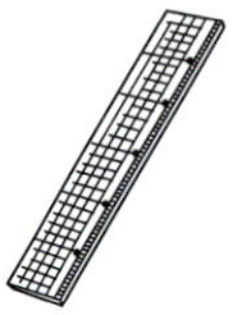

手ぬい用糸

まつりぬい、千鳥がけ、穴かがりなどに。

ミシン

ジグザグ機能がついているものがベター。

ゴム通し

先端の輪にゴムを通すタイプや、ゴムをはさむタイプなどが、あります。

リッパー

ぬい目をほどくときに使います。

チャコ

白いチャコは消しやすく便利。時間がたつと消えるチャコペンもあります。

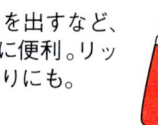

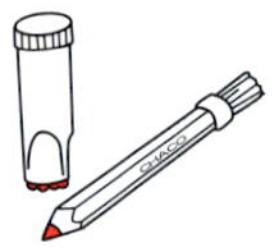

※生地の裏や端布に書いて消えるかどうか確認してから使いましょう。

目打ち

ぬい目の角を出すなど、細かい作業に便利。リッパーの代わりにも。

Part 1

おさいほうの基本

ミシンぬいや手ぬい、ダーツのぬい方、マチ針のうち方など、もう一度基本に立ち返ってみましょう。

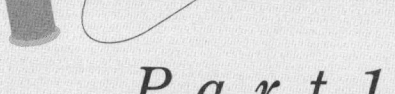

ミシンぬい

お直しをするときは、ほとんどの作業をミシンで行います。ぬうときは本ぬいの前に、同じ材質の端布でためしましょう。

ぬいはじめとぬい終わり

●針の動き

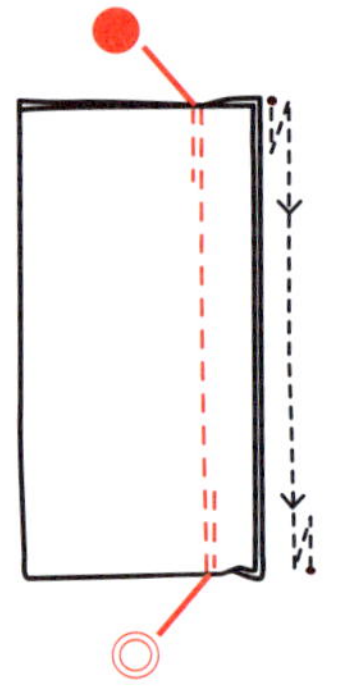

●ぬいはじめ

始点より5mm前に針を落とし、後ろへ2～3針ぬいます。その上からもう一度ぬいはじめます。

◎ぬい終わり

ぬい終わりまで進んだら3～4針返しぬいをします。さらに、もう一度ぬい終わりまで進みます。

ぬい目の粗さのちがい

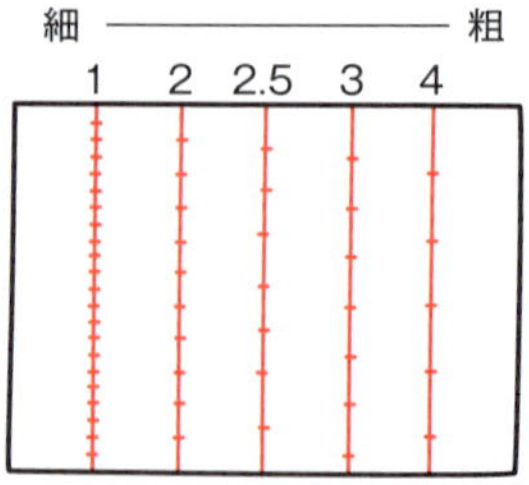

細
粗
1
2
2.5
3
4

表示の数字が大きくなるほど、ぬい目が粗くなります。2.5が通常よく使われるぬい目。薄手の生地や、ほつれやすい個所は、1～2の細かいぬい目が適しています。

ステッチのしまつ

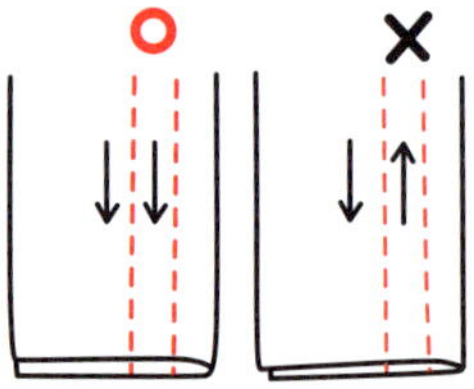

○
×

ステッチを2本かけるときは、両方とも同じ方向からぬいます。

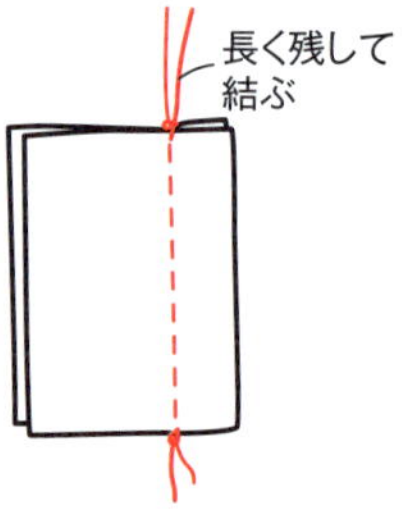

長く残して結ぶ

コートやジャケットのステッチは、ぬいはじめとぬい終わりで返しぬいをせず、糸を長く残して手で結び、布の中に入れます。

ギャザーの寄せ方

①ぬい目の表示4以上の粗いぬい目で、ミシンをかけます。ぬいはじめと、ぬい終わりは返しぬいをせず、上糸も下糸も長く残しましょう。

↓

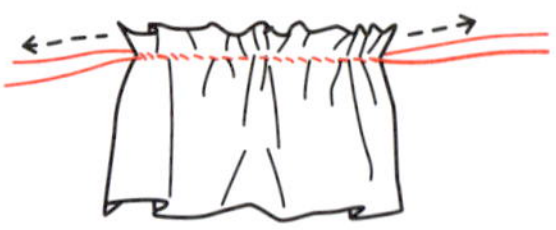

②下糸どうしを布にギャザーが寄るように引っぱります。あまり強く引っぱると糸が切れてしまうので注意。

↓

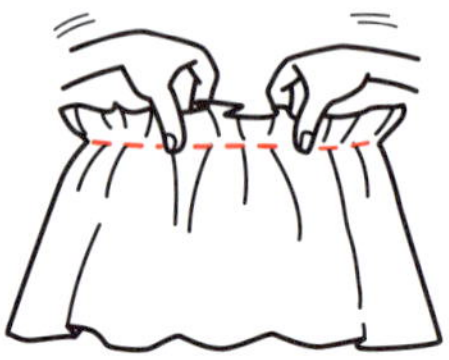

③ギャザーを全体的に均等に寄せるように、両端から手でしごきながら、調節します。

ぬいしろのしまつ

●片方ずつ

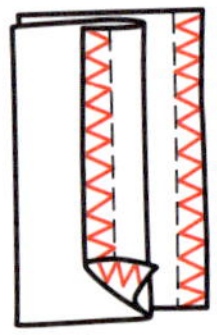

●2枚合わせ

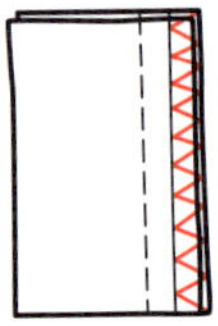

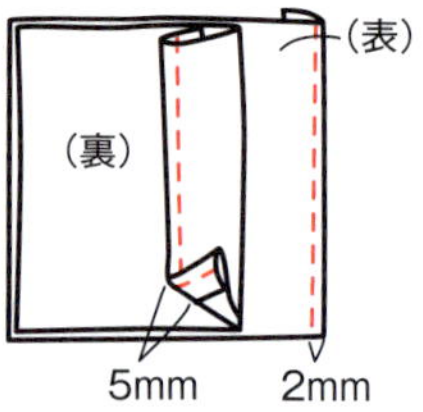

(表)
(裏)
5mm
2mm

●ジグザグミシン

布を裁断したら、端にジグザグミシンをかけると、布がほつれるのを防ぐことができます。

●端ミシン

布の端を5mm幅に折り、折り山から2mm内側にミシンをかけます。じょうぶに仕上げたいときに使用したり、ジグザグミシンの代わりになります。

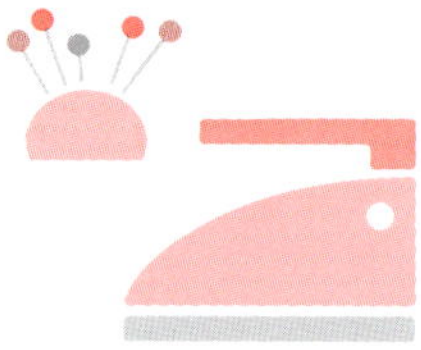

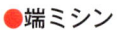

糸と針

直したい服の材質に適した針や、糸を選びましょう。糸が切れたり、布がひきつれたりするトラブルを防げます。

材質に合った選び方

材質 ＼ 糸・針	薄地	普通地	厚地	ニット
	ローン・ボイルなどの薄地木綿、薄手のレーヨン・ポリエスエルなど	普通地木綿、普通地化学繊維、ウールなど	デニム、ギャバジン、コーデュロイなど	——
ミシン糸	**木綿糸（カタン糸）**：80、100番 **ポリエステル**：90番	**木綿糸（カタン糸）**：60、90番 **ポリエステル**：60番	**木綿糸（カタン糸）**：50、60番 **ポリエステル**：60番、20番（ジーンズの丈・つめなど）	ニット糸
ミシン針	～9番	11番、14番	14番、16番	ニット針9番（薄いもの）、11番

アイロン

ぬい目や折り目、ぬいしろを整えるために、こまめにアイロンをかけましょう。作業がしやすく、きれいに仕上がります。

アイロンかけの基本

●ぬい目を正す

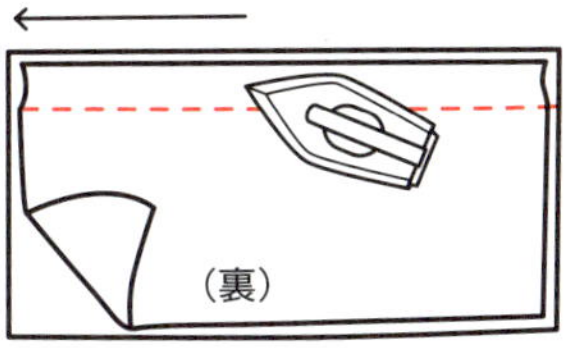

ぬった後はぬい目がひきつれているので、ぬい目を引っぱりながらアイロンをあてます。
ぬい目が落ちついて布のひきつれやしわが整います。

●片倒し

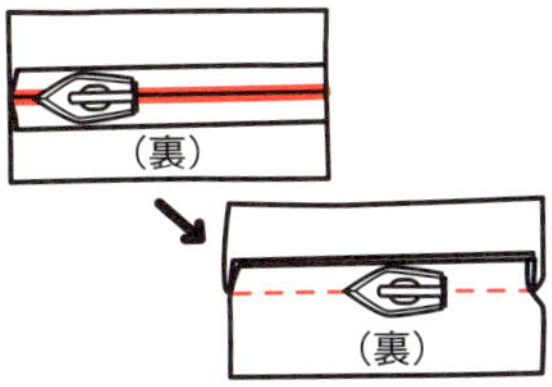

①ステッチをかけるときなどは、ぬいしろを割ってアイロンをかけます。

②片方に倒してアイロンをかけましょう。

●ぬいしろを割る

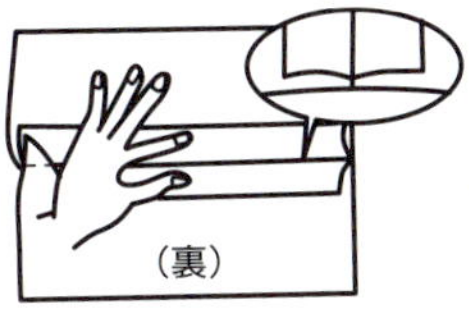

①ぬいしろを上下に割って、ぬい目に段差ができないようにします。

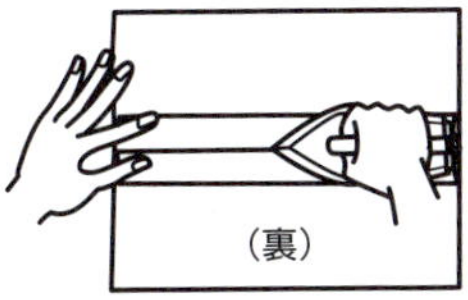

②片方の手でぬいしろを割りながら、もう片方の手でアイロンをかけましょう。

アイロンの温度

生地によって設定温度が異なります。裏地などの化学繊維に高温でかけると布が縮むので注意。表地には照かりや汚れを防ぐために当て布をします。

アイロンの表示	生地の種類
高	麻・木綿
中	毛・絹・ポリエステル・ナイロンなどの化学繊維
低	アクリル、ポリウレタン、レーヨンなどの化学繊維

手ぬい

すそや袖口の仕上げは、手ぬいですることが多いものです。表地と同じ色の糸でぬいましょう。

まつりぬい

すそや袖口の折りしろをとめたり、裏地をスリットにとめるときなどに、よく使うぬい方です。

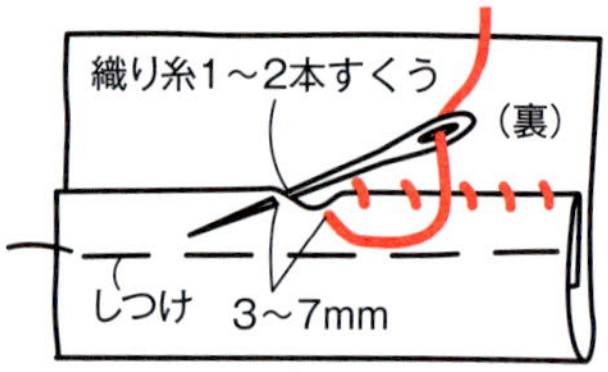

①針は細いもの(9番など)を使います。表地の織り糸を、1本か2本すくってぬいます。

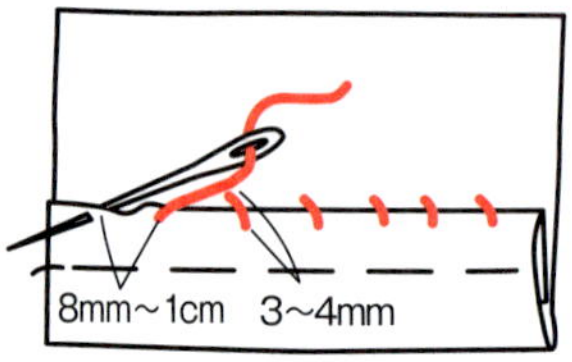

②力がかかるような場所で、しっかりと仕上げたいときは細かく、やわらかく仕上げたい場合は、少し粗めに流れるようにぬいます。

千鳥がけ

パンツや袖口の裏地をとめるときなど、よりしっかりとめたいところに使用します。

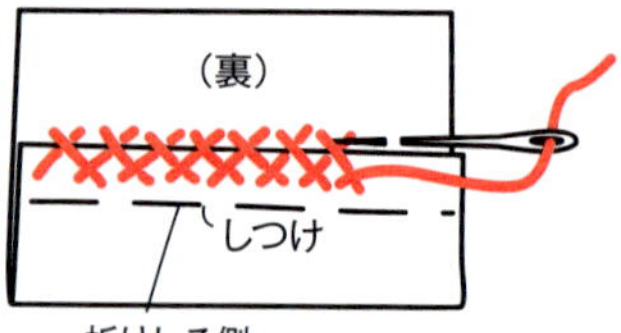

①折りしろのきわを小さくすくいます。折りしろ側は折りしろだけをすくって、左から右へぬいます。

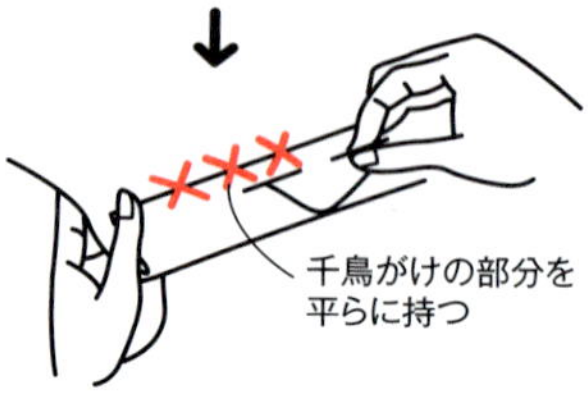

②布地を平らに持ってぬい、ゆる目にすくうと、ぬい目がそろいきれいに仕上がります。

たてまつり

仕立てのよいジャケットやコートの、裏地のすそを表地にとめるときなどに使います。

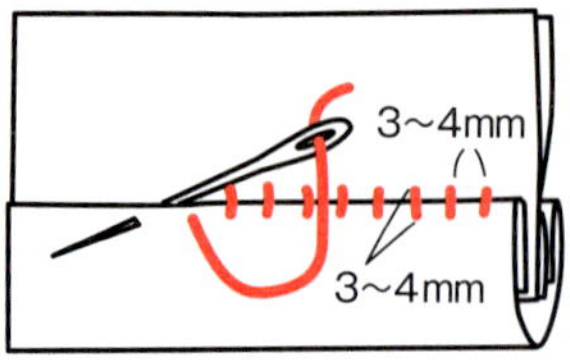

①まつりぬいよりもぬい目は小さく、折りしろから針を真下におろして、表地の織り糸を1～2本すくいます。

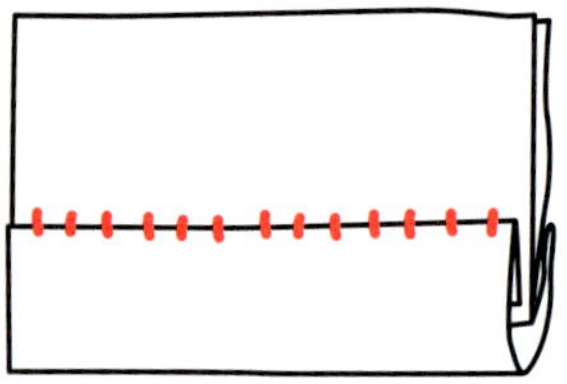

②ぬい目はたてになり、小さいぬい目なので糸がすりきれることが少なく、長持ちします。

奥まつり

折りしろと表地の間に、ぬい目が隠れるぬい方。ネクタイやブラウスのすそに使います。

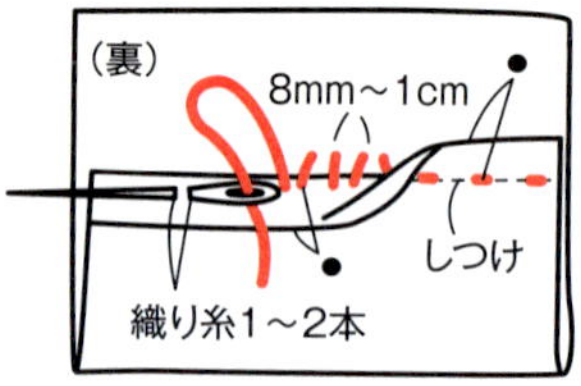

●は同じ長さ

①折りしろと、表地の裏の織り糸を1～2本交互にすくいます。

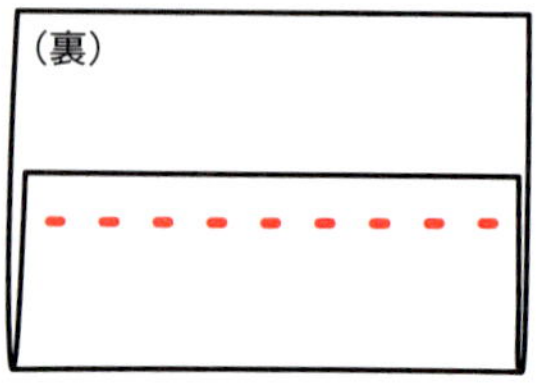

②折りしろ、表地どちらにもぬい目が出にくいです。

ボタンとホック

ボタンやホックは手ぬいでつけます。糸はボタンつけ用のものがあります。

二つ穴ボタン

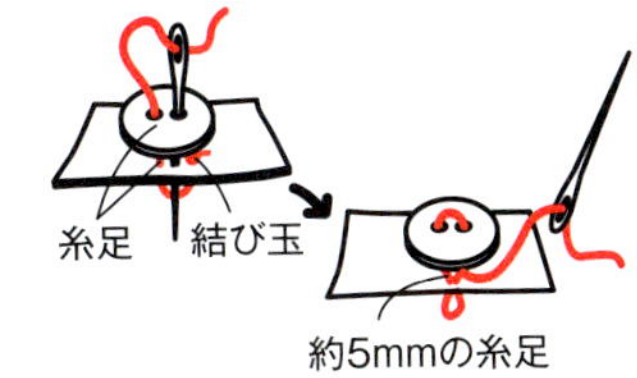

①二つの穴に糸を渡します。これを２回くり返します。糸足を約5mmにします。

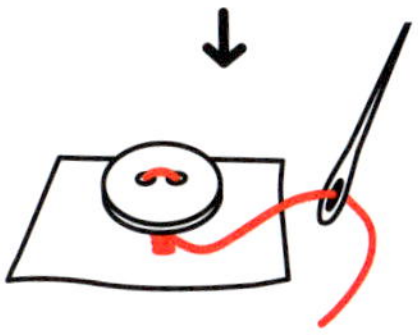

②糸足に糸をぐるぐると３～４回巻きつけます。

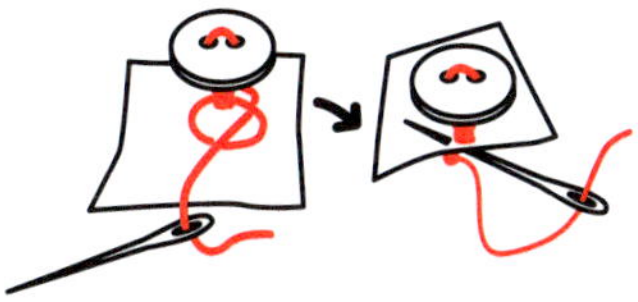

③最後の輪に糸をくぐらせ、針を裏側に通して結び玉をつくります。針を表に出して糸を切りましょう。

●四つ穴ボタンの場合

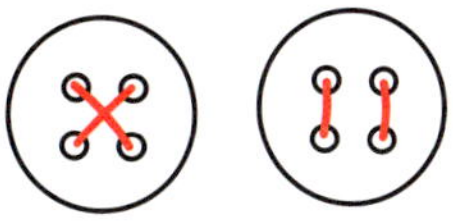

四つ穴ボタンの場合は、穴の糸のかけ方が２種類あります。好みで選びましょう。

足つきボタン

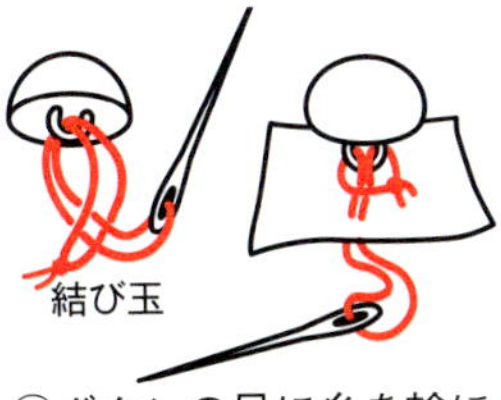

①ボタンの足に糸を輪にしてくぐらせてから、布に針を通します。

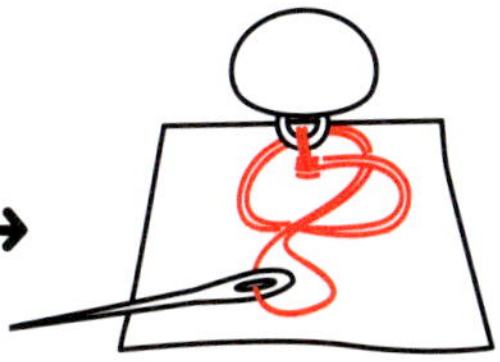

②針を表に通し、糸を足の穴と布地に数回通します。最後は足に糸を３～４回巻きます。

ホック

●フック

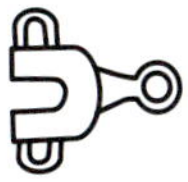

スカートやズボンなどでベルトの端の上前につけます。

●アイ

フックがかかる位置に合わせて下前につけます。

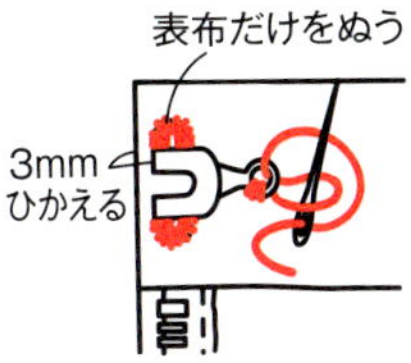

①フックを、図のようなボタンホール（89ページ）と同じステッチでつけます。

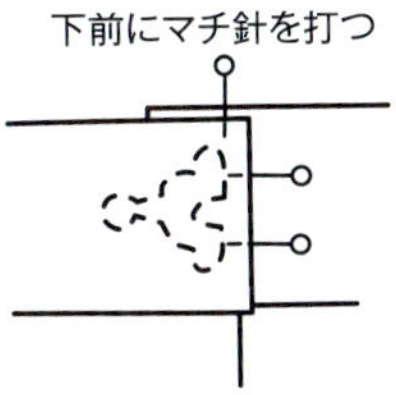

②上前のフックをかぶせてちょうどよい位置に、マチ針で印をつけます。

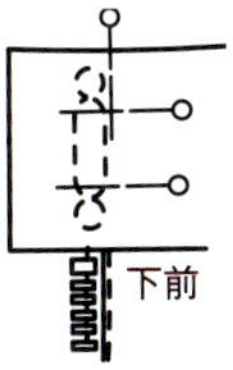

③アイは、たてに打ったマチ針の外側の位置に置きます。

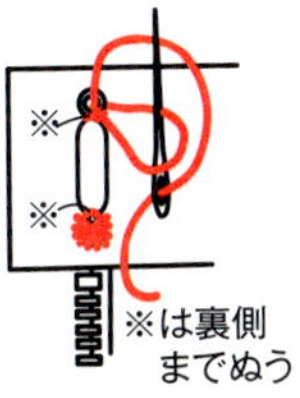

④①でフックをつけたときと同じように、ステッチでアイをつけます。

⑤結びどめは、ぬい目の中に針を通していれます。

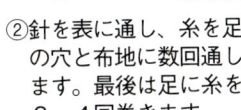

バイアステープ

生地の布目に対して、45度に裁ったひも状の布です。すそやえりぐりの見返しなどに使います。

1 布を裁つ

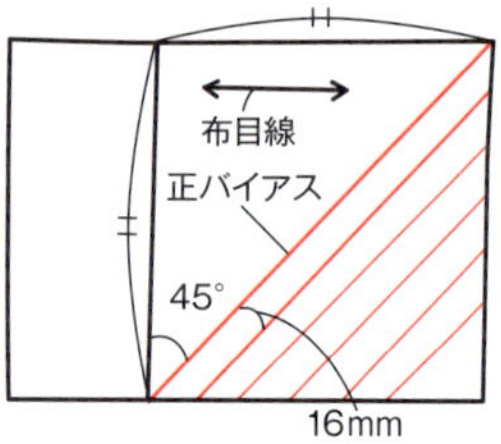

平行に必要幅をとり裁断

布目に対し、ちょうど45度の角度を正バイアスといいます。使用サイズの2倍の幅（8mm幅を作りたい場合には16mm幅）で、正バイアスに裁断します。

2 はぎ合わせる

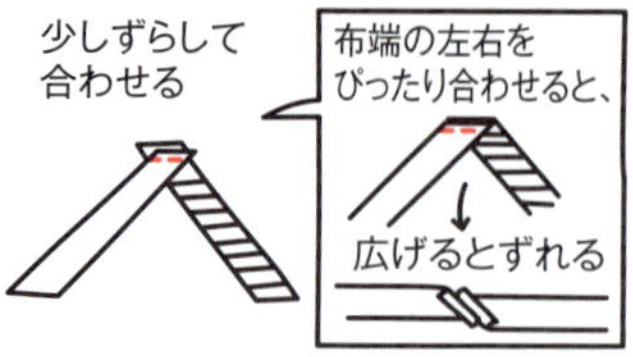

①中表にして布端を図のように合わせ、端から5mmのところにミシンをかけます。ぬい目は細かくしましょう。

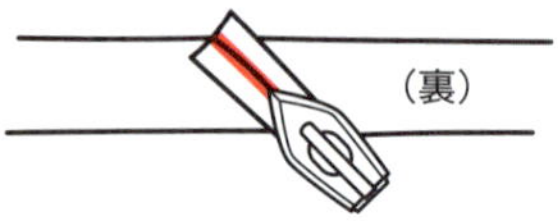

②はぎ合わせたら、左右に広げて裏に返し、ぬいしろを割ってアイロンをかけます。

3 縁とり幅に折る

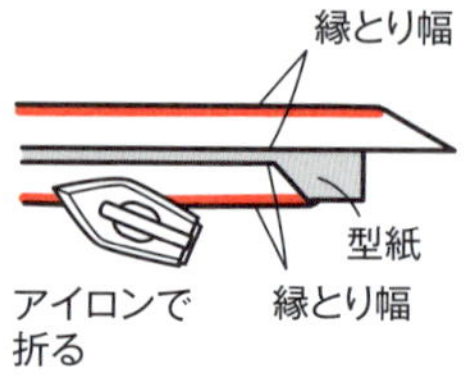

※市販のテープメーカーを使うときれいに仕上がります。

できあがり線の幅（8mm）の型紙を作り、それを間に入れます。図のように縁とり幅（4mm）で折りながら、アイロンをかけましょう。

糸ループ

糸を輪やくさり状にして編んで作ります。スカートの裏地をつないだり、ボタンかけとして使います。

糸しんに巻きつけて作る

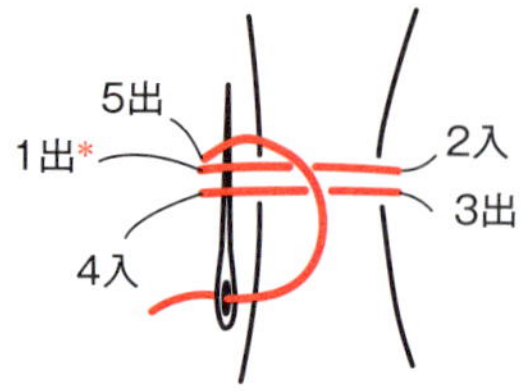

①針にボタンつけ糸を通し、横にして必要な長さの幅に糸を2回渡して、糸しんを作ります。

＊「入」で布に針を入れ、「出」で布から針を出します。

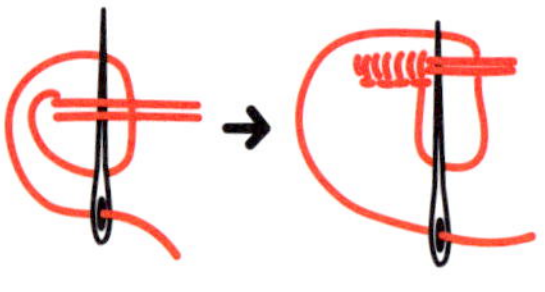

②糸しんをぐるりと巻くように針を動かします。次に、巻いた糸に針をくぐらせます。

糸を編んで作る

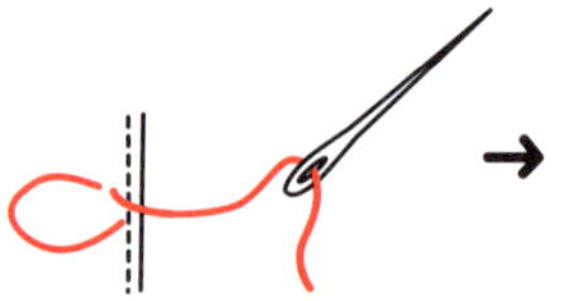

①ボタンつけ糸を針に通し、先を玉結びにします。ループを作りたいところを、ひとすくいして輪を作ります。

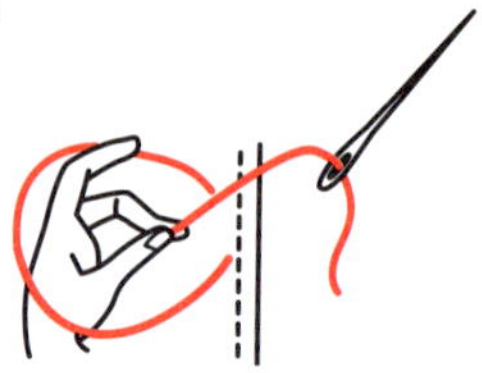

②左手の人指し指に輪をひっかけ、中指と親指で糸をつまんで輪の中をくぐらせます。針を持った右手の甲で布を押さえます。

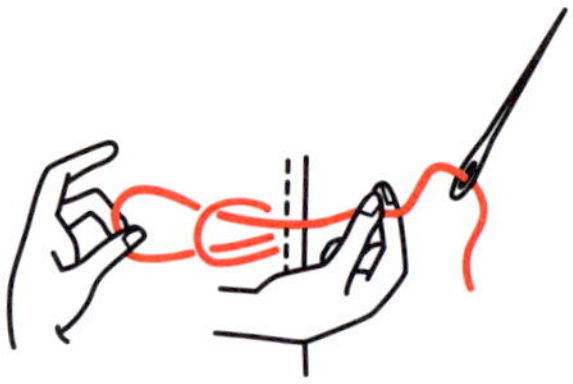

③左手でつまんだ糸をひっぱります。これをくり返してくさり状にします。3～4cmの長さになったら、輪の中に針をとおして引きしめ、結びとめましょう。

ダーツ

平面の布を身体にフィットさせるために、生地をつまんでぬい合わせます。ウエストライン、ヒップラインやバストラインに使いましょう。

ダーツのぬい方（3cmのダーツを入れる場合）

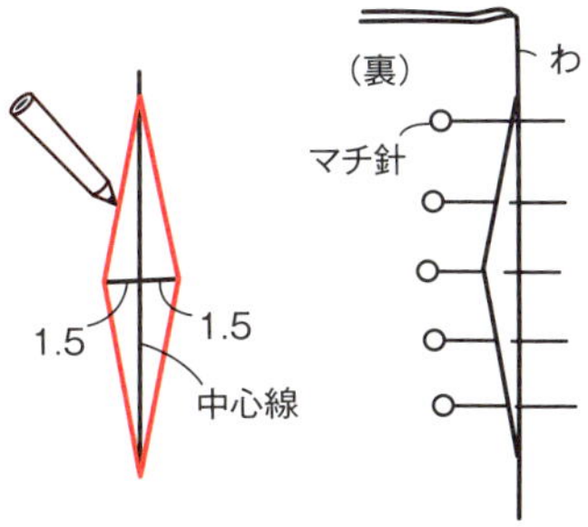

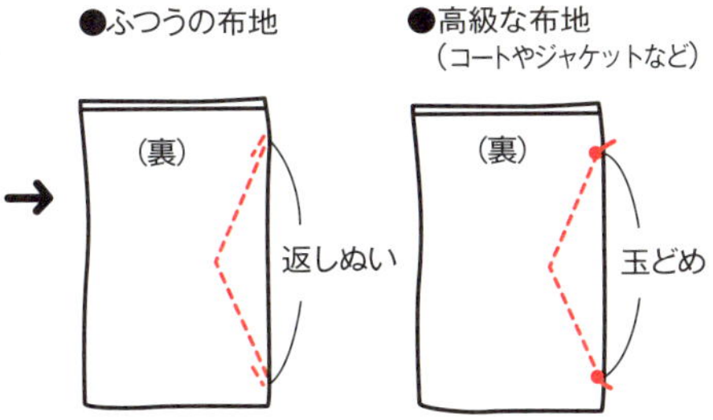

①裏にして、ダーツを入れる位置にチャコペンで印をつけます。布を中表にして、ダーツの中心線で折り、マチ針でとめます。

②ダーツをミシンでぬいます。ぬいはじめ、ぬい終わりは、ぬいが自然に消えるようになだらかにぬいましょう。

ダーツの倒し方

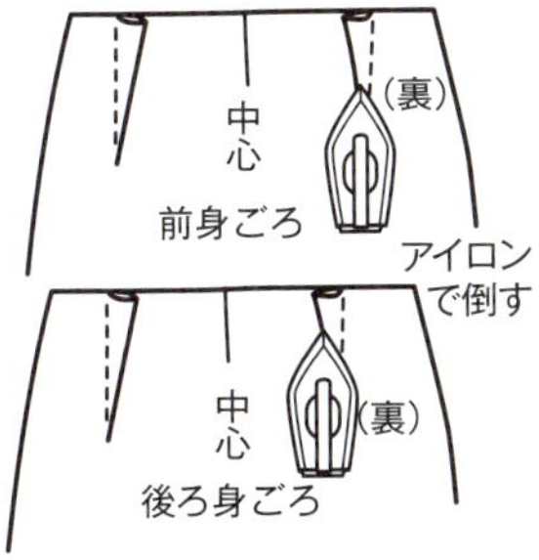

ウエストのダーツは、前身ごろ、後ろ身ごろとも内側に倒して、アイロンをかけます。

タック

スカートやパンツのウエスト部分、袖山、袖口などにタックでひだをとり、サイズを合わせたり、装飾として使います。

タックのとり方（2cmのタックを２本とる場合）

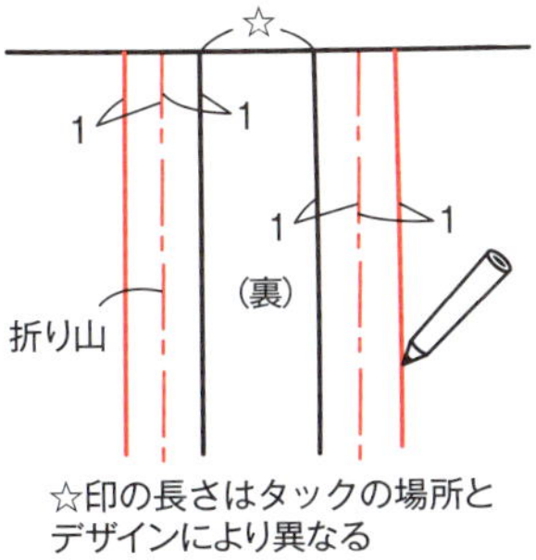

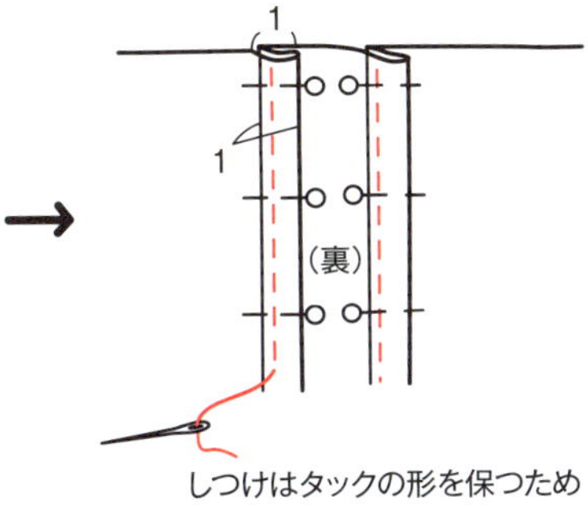

①裏にして、折り山とタックの幅を、図のようにチャコペンでかきます。

②折り山で折り、マチ針でとめます。折り山の脇にしつけをかけます。

ベルトのつけ方

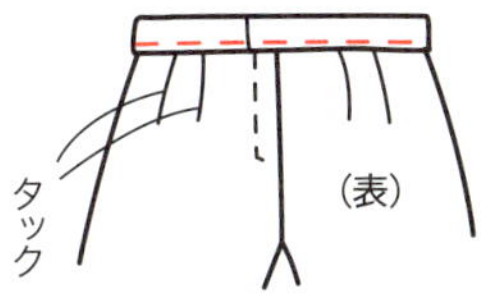

ベルトをつけ、押さえのミシンをかけます。最後に、しつけをとりましょう。

マチ針の打ち方

布がずれるのを防いだり、印の代わりに使います。
できあがり線に対して垂直にとめましょう。

端から合わせるとき

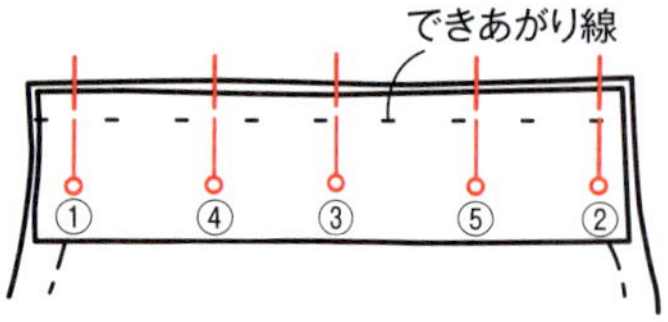

マチ針を打つときは、脇（①、②）、中心（③）、その間（④、⑤）の順番にとめていきます。

中心を合わせるとき

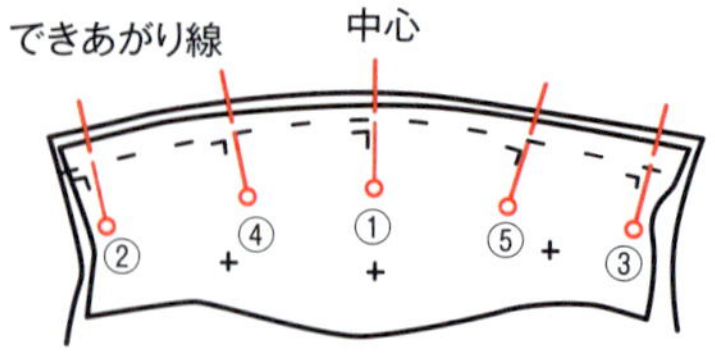

表地と裏地、表地とベルトや見返しの中心線を合わせるときは、中心（①）、両端（②、③）、その間（④、⑤）の順番にとめます。

接着しん

布地のほつれ、変形、のびなどを防止します。また布地に厚みとかたさをもたせ、型くずれや着くずれを防ぎます。

接着しんの種類

●片面の接着しん

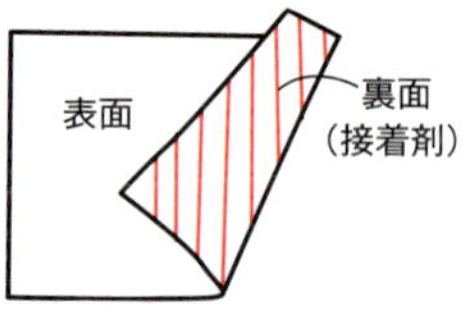

片面だけに接着剤がついているものです。当て布の補強、えりや見返しの補強などに使います。ニット用接着しんもあります。

●両面の接着しん

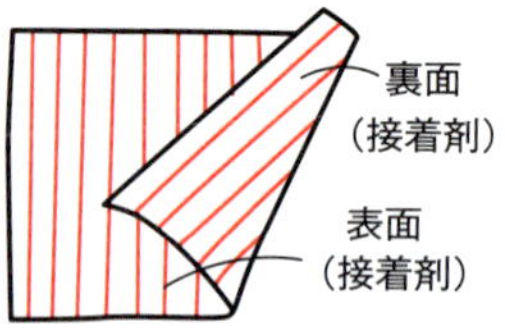

両面に接着剤がついたものです。本書では、穴やすりきれの補修で、共布や糸くずをはるときに使用しています。

●テープ型の接着しん

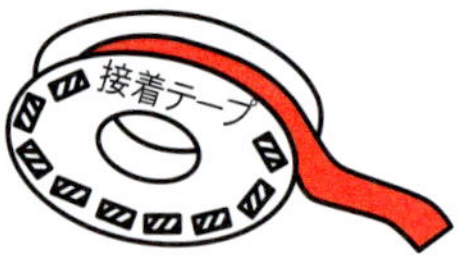

見返しやえり、ベルトなどの補強に最適。ニット素材にも使えます。

●接着パウダー

虫食いの穴、すりきれなどの小さい穴などの、細かい補修に最適。

接着しんのはり方

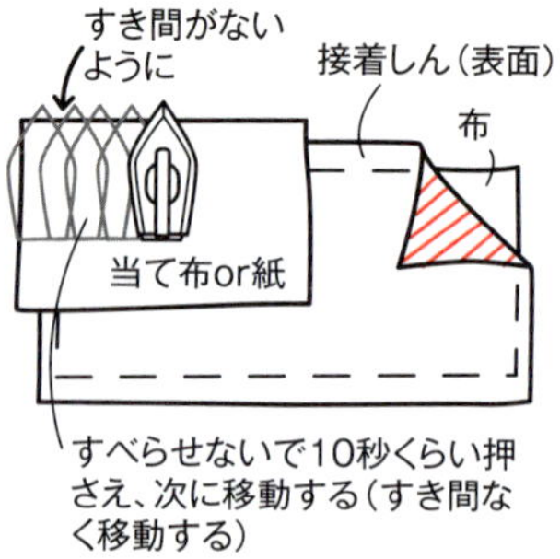

接着しんをはるときは、のりがついている面を布の裏にのせます。当て布か紙をあてながら、ドライアイロン（スチームの出ないアイロン）で押さえます。
接着しんがずれないように、アイロンはすべらせないで10秒くらい押さえてから、すきまがないように移動させます。

Part 2

サイズのお直し

バーゲンなどで、ちょっと大きめの服を買ったときなどに便利です。すそや、袖の長さ、ウエストの幅などを自分で直すことができます。

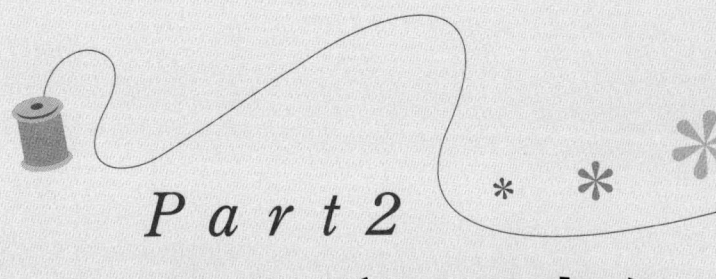

すそ上げの基本

スカート、パンツなど、すべての服に共通するすその上げ方です。
すそを裁断し、折りあげてまつるかんたんな方法を紹介します。

1. できあがり線をかく

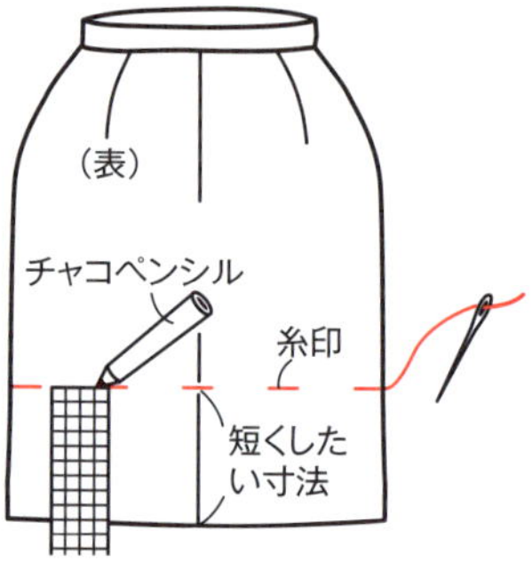

すそから短くしたい寸法を測って、表にチャコペンでできあがり線をかきます。線にそってしつけ糸で印をしましょう。

2. 裁断する

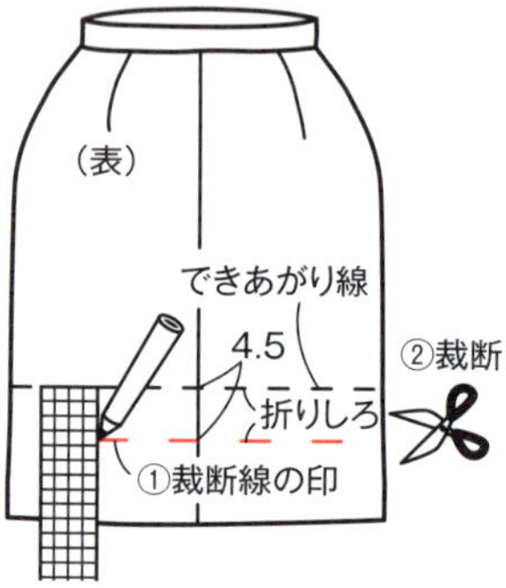

できあがり線の下に折りしろをとって、裁断線をチャコペンでかき、裁断します。折りしろは4.5cmとるのが理想です。

3. すそをしまつする

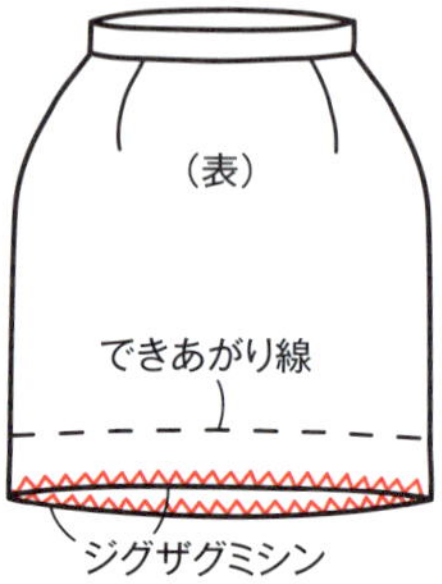

裁断したすそは、糸のほつれをふせぐために、ジグザグミシンをかけてしまつしましょう。

4. すそをまつる

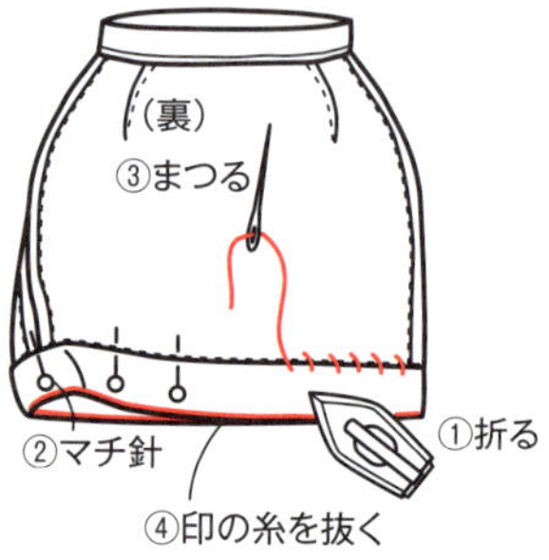

裏にして、すそをできあがり線で折り、アイロンをかけて、マチ針でとめます。脇のぬいしろからまつりぬいをします。*1*のしつけをとります。

プロのコツ! すそ上げを正確にするには

できあがり線は白のチャコペンで表地にかきましょう。正確にすそを上げることができます。ただ、印がつきにくい素材では、定規で測りながら、しつけ糸で印をしましょう。

チャコペンの上をしつけで印をすると、裏返しても印の位置がわかります。

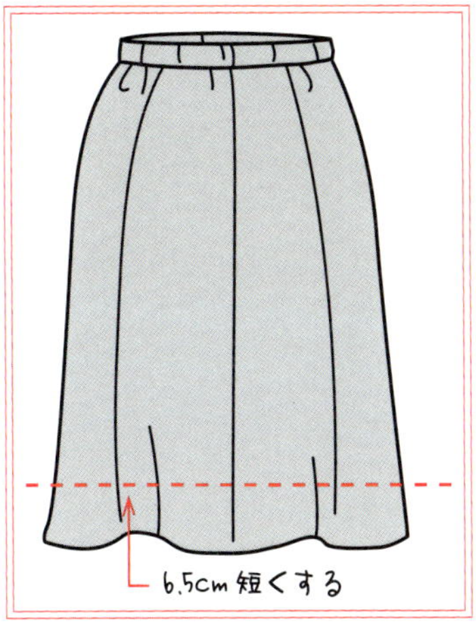

〈フレアスカート〉

フレアスカートは、すその広がりが自然になるように、折りしろにギャザーを入れてしまつをするのがポイントです。
折りしろにギャザーが均等に入るように、糸を引いて調整してから、すそ上げをします。

＊今回のお直し＊

フレアスカート（薄手のポリエステル、8枚はぎ）のすそを、6.5cm短くします。

1. すそをしまつする

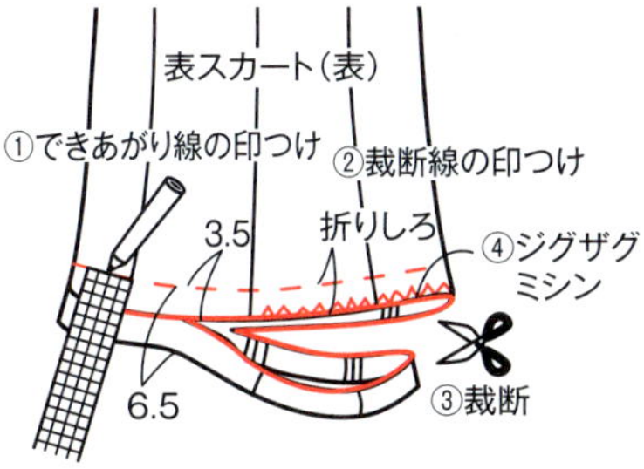

すそから6.5cmにできあがり線をかき、しつけ糸で印をつけます。折りしろを3.5cmとって、裁断し、ジグザグミシンをかけます。

2. ギャザーを入れる

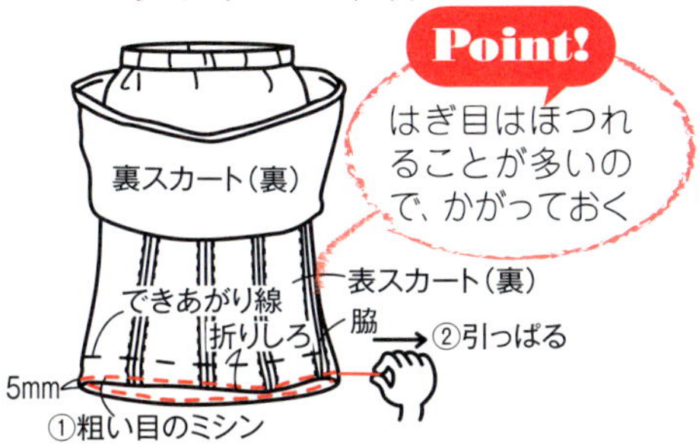

裏に返して、すそから5mm上に、粗い目のミシン（8ページ）をかけます。ぬいどまりで折り返さずに、糸を引いて、すそにギャザーを入れます＊。

＊裁断線の幅と、折り上げたときの幅を合わせるために、ギャザーを入れます。

3. すその幅を調整する

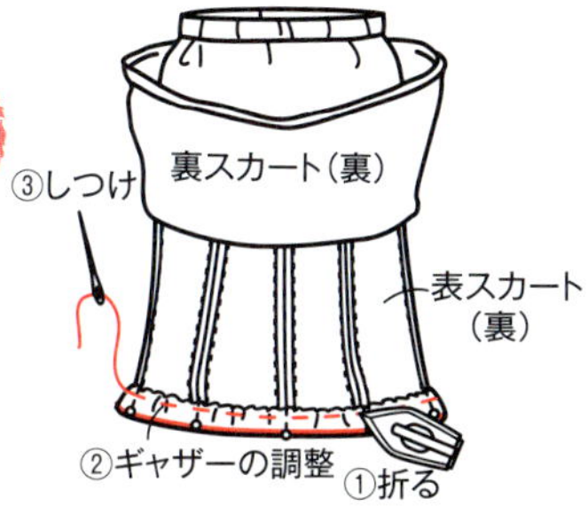

できあがり線で折り、折りしろのはぎ目を合わせ、マチ針でとめます。ギャザーが均等に入るように調整しながらしつけをかけます。

4. すそをまつる

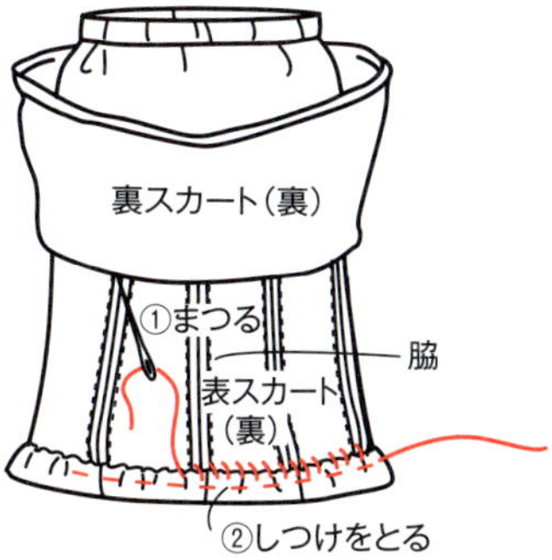

脇のぬいしろからまつりぬいをして、しつけをとります。

5. 裏地を裁断する

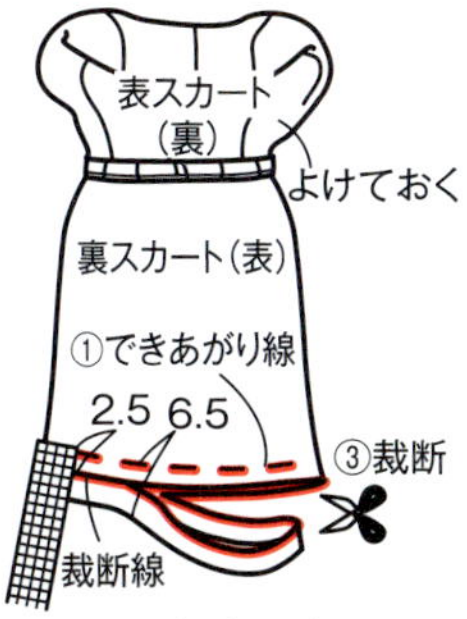

裏スカートのすそから6.5cm上にできあがり線をかき、折りしろを2.5cmとって裁断します。

6. 裏地のすそをしまつする

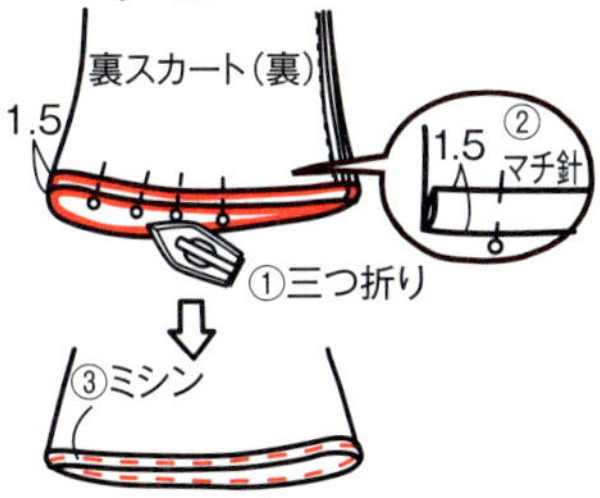

裏スカートのすそは、裏返して1.5cmの三つ折りにします。アイロンをかけてマチ針でとめ、ミシンをかけて、できあがり。

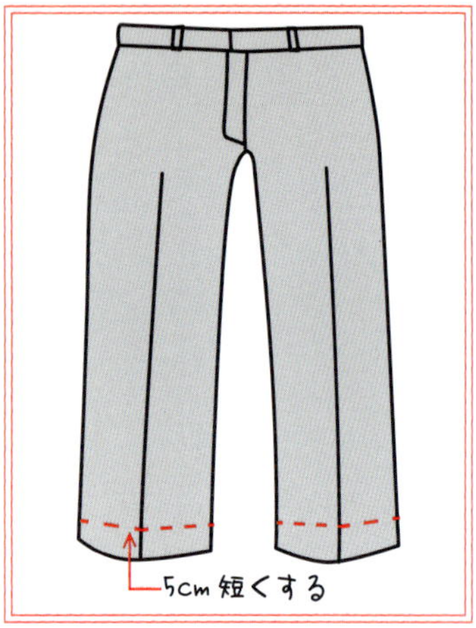

〈紳士もののズボン〉

紳士もののズボンの多くには、すそのすり切れをふせぐ、クツヅレがついています。まず、クツヅレをはずしてから作業をしましょう。制服など、今後すそを出すことがある場合は、折りしろを多めにとっておきましょう。

＊今回のお直し＊

紳士もののズボン（クツヅレのついたもの）のすそを、5cm 短くします。

1. できあがり線をかく

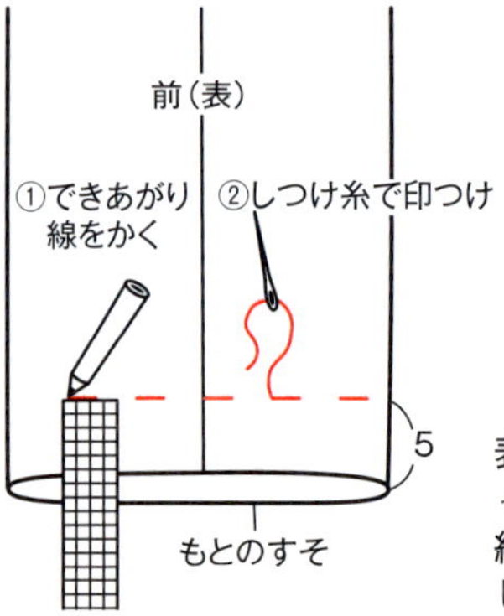

表にできあがり線をチャコペンでかきます。線のとおりに、左右同じようにしつけ糸で印をつけましょう。

2. すそのまつりとクツヅレをほどく

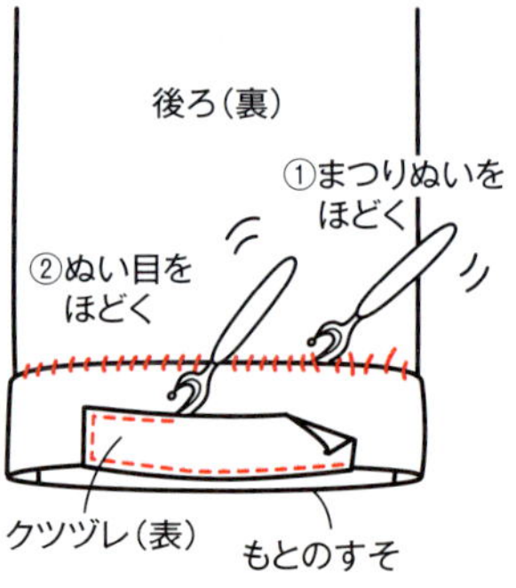

裏に返して、リッパーですそのまつりぬいをほどきます。クツヅレのぬい目もほどいてはずしましょう。

3. 裁断線をかく

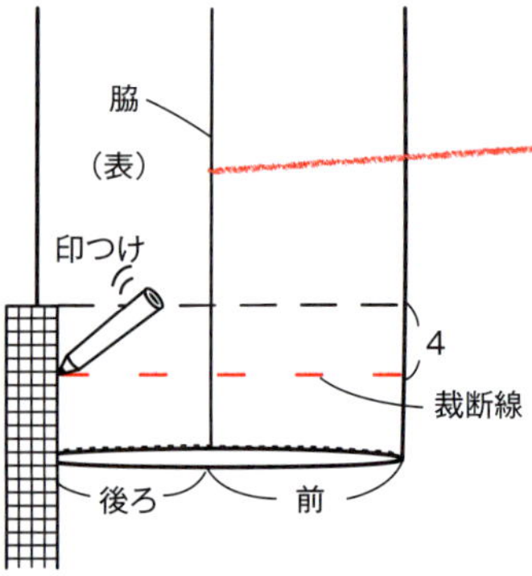

Point!

脇を中央にするのは、前ズボンと後ろズボンの寸法のずれをふせぐため

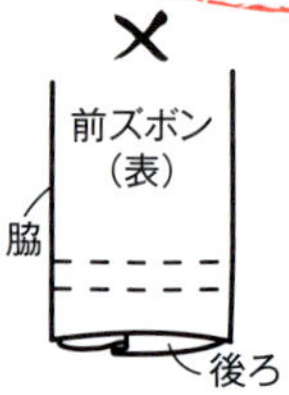

表に返して脇を中央にします。できあがり線から、4cm 下に折りしろをとり、裁断線をかきます。

4. 裁断する

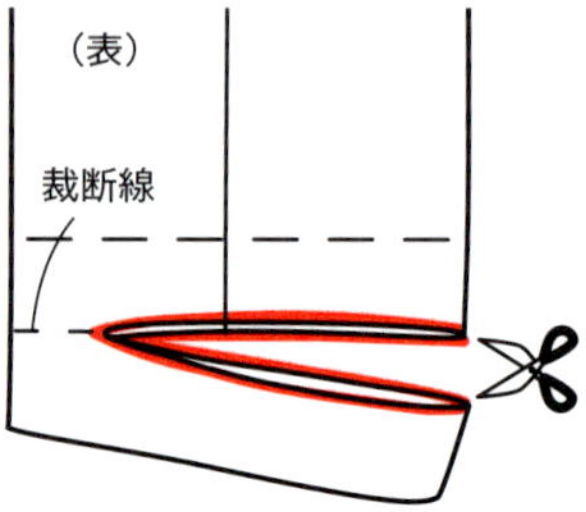

裁断線にそって裁断します。ウールなど良質の素材のものは、前後1枚ずつていねいに裁断しましょう。

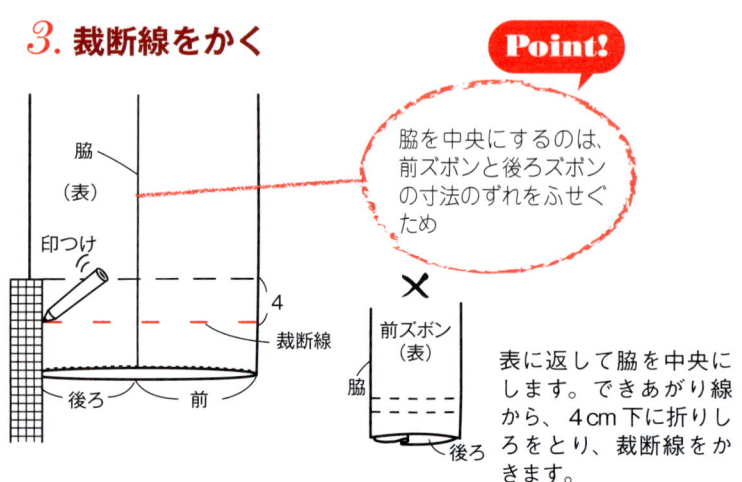

5. すその幅を測る

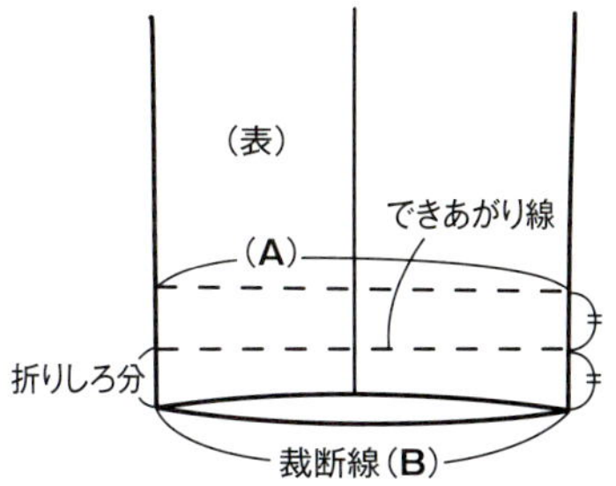

できあがり線で折った幅（A）と、裁断線（B）の幅を測ります。長さがちがうときは、「こんなときは」に進みましょう。

6. すそのしまつをする

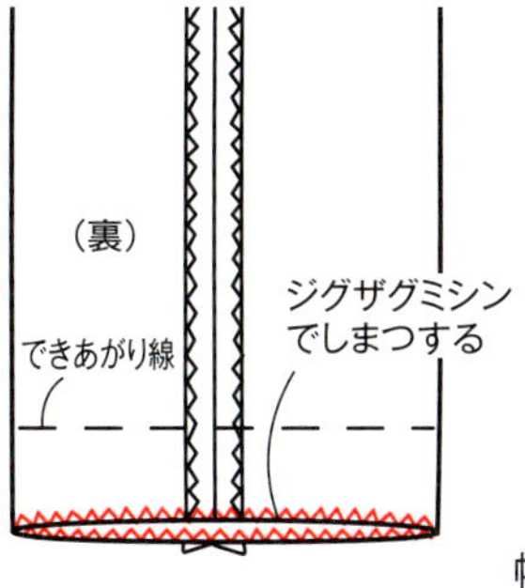

幅が同じときは、裏に返して、すその端にジグザグミシンをかけてしまつします。

7. クツヅレをぬいつける

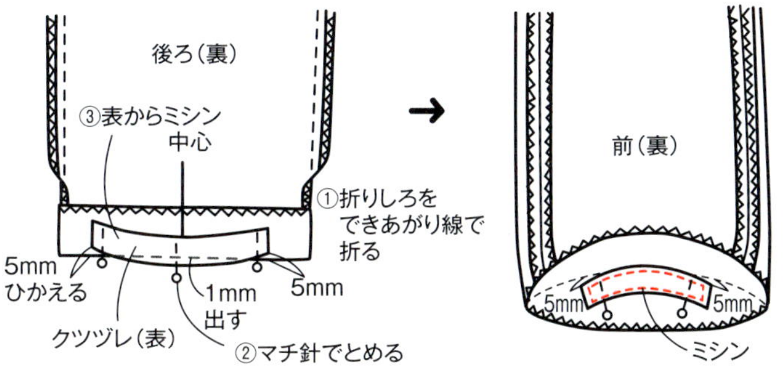

できあがり線で折り、クツヅレを後ろ身ごろの中央にマチ針でとめます。

すそをおろし、クツヅレのふちに表から端ミシンをかけます。

8. すそをまつる

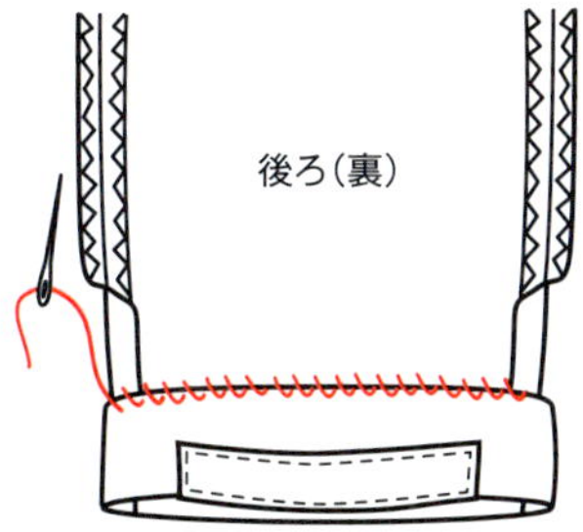

すそをできあがり線で折り、まつりぬいをします。できあがり線の印をとって、できあがり。

こんなときは　できあがり線で折ったときの幅がちがう

【例】できあがり線で折ったときの幅（A）が 25cm、裁断線の幅（B）が 24cm のとき

❶すその幅を測る

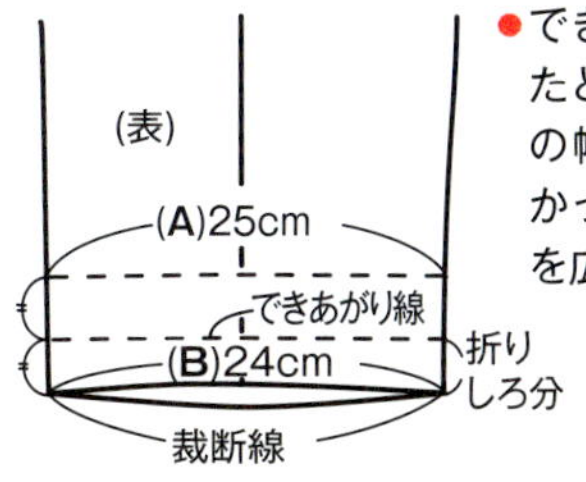

- できあがり線で折ったときの幅が裁断線の幅より1cm大きかったので、すそ幅を広げます。

❷ぬいしろを広げミシンでぬう

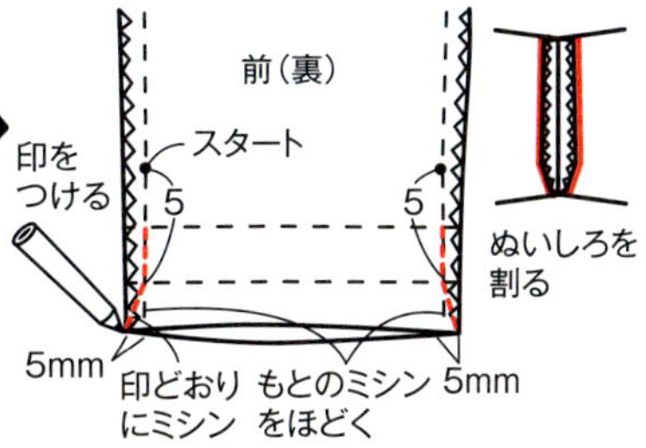

- 裏にして、脇のぬいしろを左右5mmずつ広げ、チャコペンでかきます。
- できあがり線より5cm上のぬい目から、ミシンをかけます。
- もとのぬい目をほどきます。ぬいしろを割りましょう。

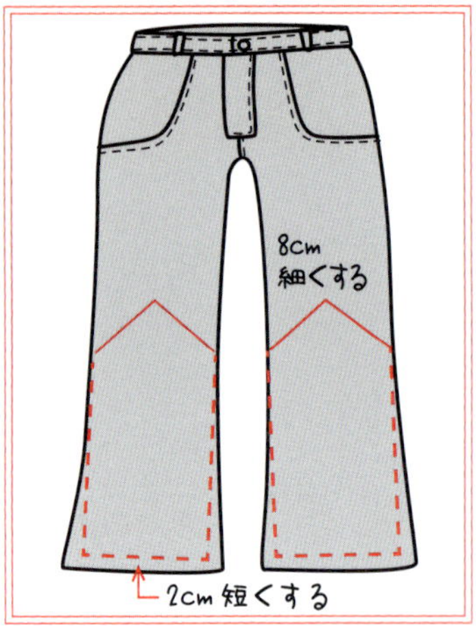

〈ブーツカットのパンツ〉

すそ上げと同時に、幅を細くします。パンツの幅をつめるときは片方の脇だけで幅をつめると、すそが片側によった形になってしまいます。
両脇から同じ長さの幅をつめましょう。

＊今回のお直し＊

ブーツカットのパンツ(婦人もの)のすそを、2cm短くします。
あわせて、ひざからすそにかけて、幅を8cm細くします。

1. すそのステッチをほどく

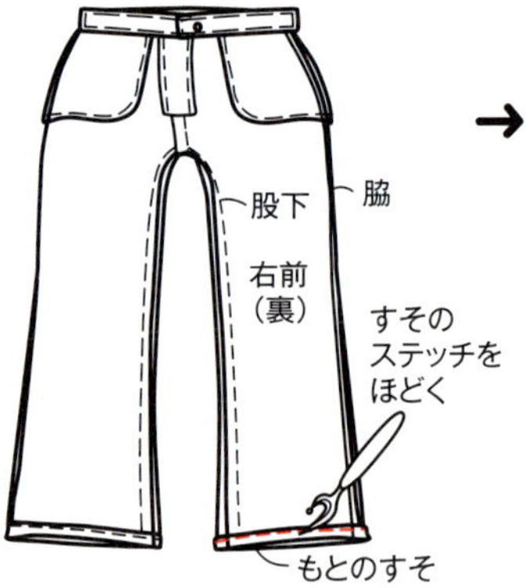

裏に返して、すそのステッチをリッパーでほどきます。

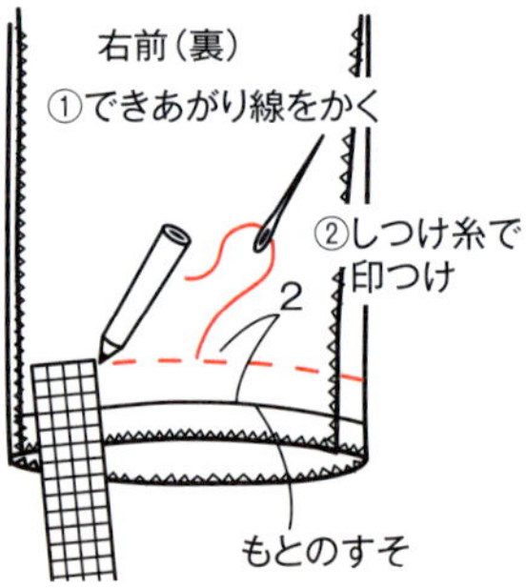

もとのすそから短くしたい寸法(2cm)を測り、チャコペンでできあがり線をかきます。線にそってしつけ糸で印をつけましょう。

2. 裁断する

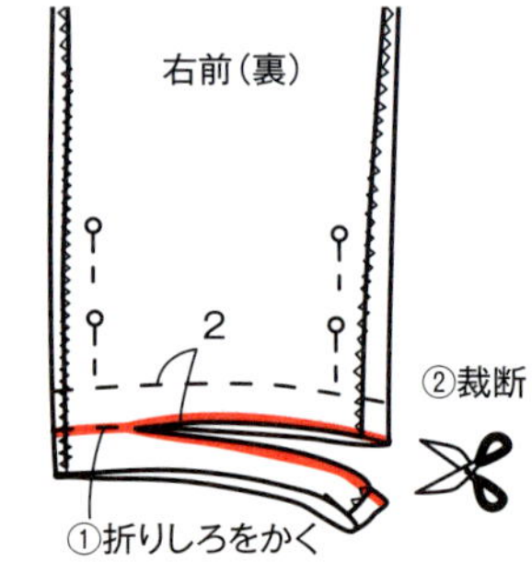

できあがり線の下に折りしろを2cmとります。裁断線をチャコペンでかき、裁断します。

3. 脇のできあがり線をかく

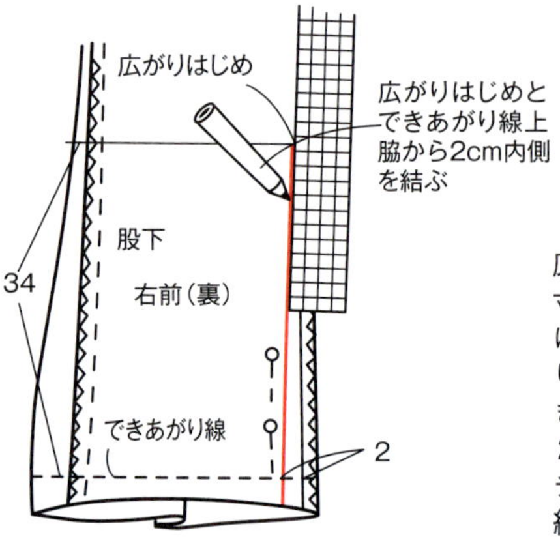

Point!

広がりはじめた位置の寸法を測ります(ここでは34cm)。次に、広がりはじめの位置と、できあがり線上の脇から2cm内側の位置に、チャコペンで印をつけ、線で結びます。

4. 股下のできあがり線をかく

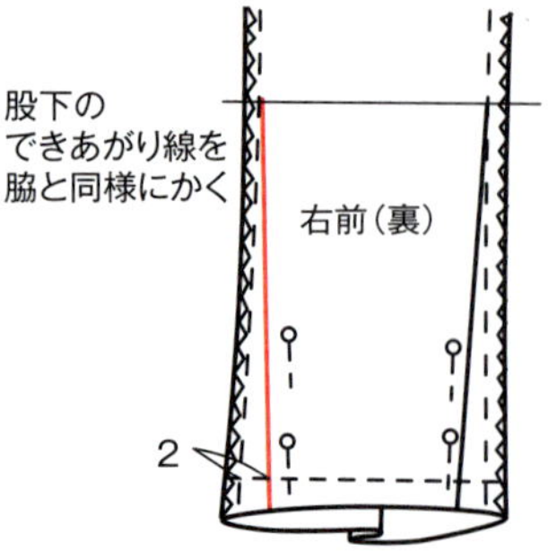

股下は脇と同じようにチャコペンで、できあがり線をかきます。

5. 脇と股下にミシンをかける

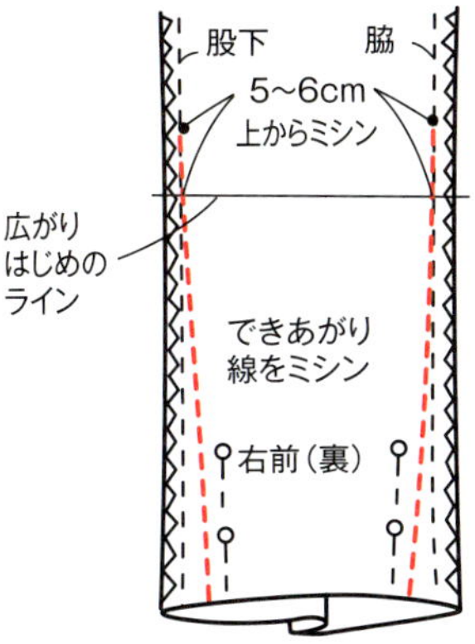

脇と股下のできあがり線にそって、ミシンをかけます。広がりはじめの位置より5～6cm上から、もとのぬい目にそってミシンをかけはじめましょう。

6. 裁断線をかく

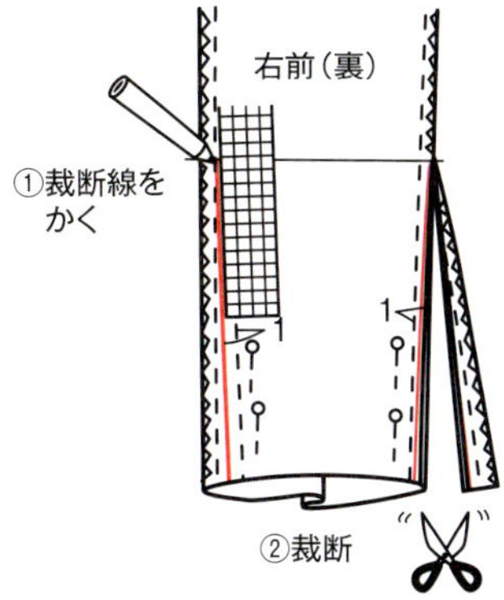

ミシンのぬい目から外にぬいしろを1cmとりチャコペンで裁断線をかきます。線にそって裁断します。

7. ぬいしろをしまつする

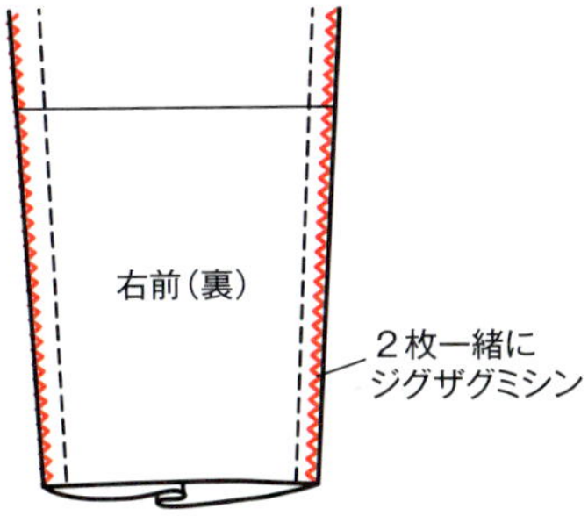

ぬいしろにジグザグミシンをかけてしまつします。ぬいしろはウエストと同じ側に倒します。

8. すそを三つ折りにする

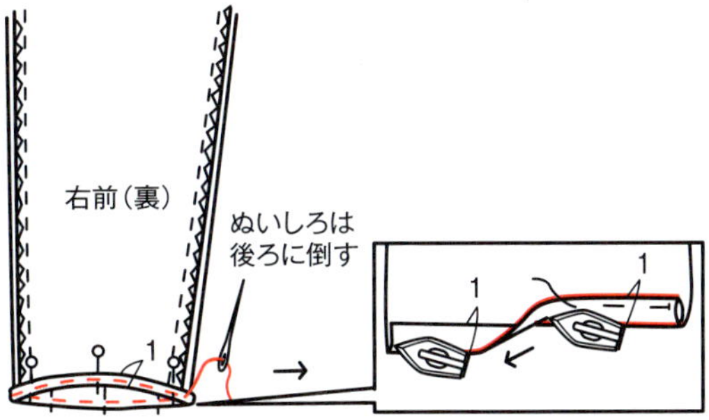

すそを1cmの三つ折りにします。マチ針でとめて、しつけをかけます。

9. すそにステッチをかける

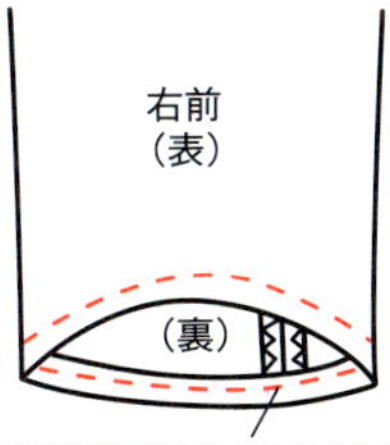

脇の部分からぬいはじめる

表に返して、図のようにすそを開いて、裏側の折りしろにミシンでステッチをかけます。しつけをとって、できあがり。

こんなときは　パンツを太ももから細くしたい

【例】パンツの幅を4cmずつ細くする

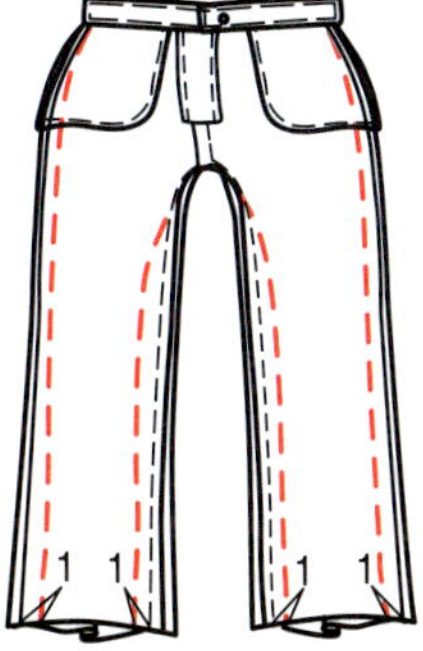

- ウエストからすそにかけて、図のように股下のぬいしろをそれぞれ1cmずつ広くして、幅を細くします。
- もとのぬい目から、自然に細くなるようなカーブをかきます。できあがり線をチャコペンでかき、ミシンでぬいます。ポケットの部分は布が重なって厚くなっているので、ミシンの設定を厚手にして、ゆっくりていねいにかけましょう。

〈スリットのあるスカート〉

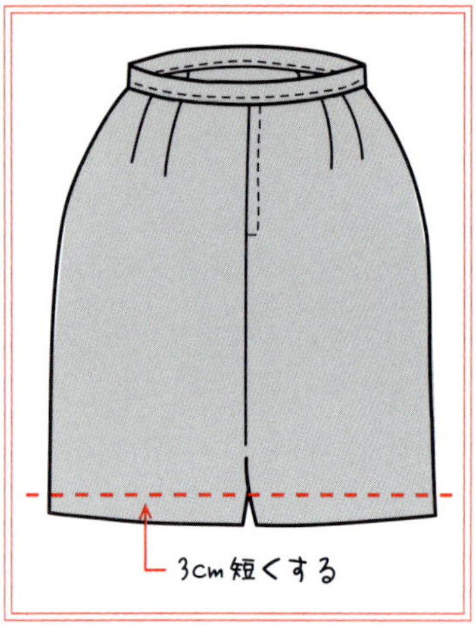

スカートにスリットがあるとき、作業が少し複雑になります。ポイントはスリットのしまつ。目打ちを使って、形を整えましょう。また、丈の長さを決めるときには、スリットの長さがあまりにも短くならないように、注意しましょう。

＊今回のお直し＊

後ろ身ごろにスリットのあるスカート（セミタイトのもの）のすそを3cm短くします。

1. できあがり線をかく

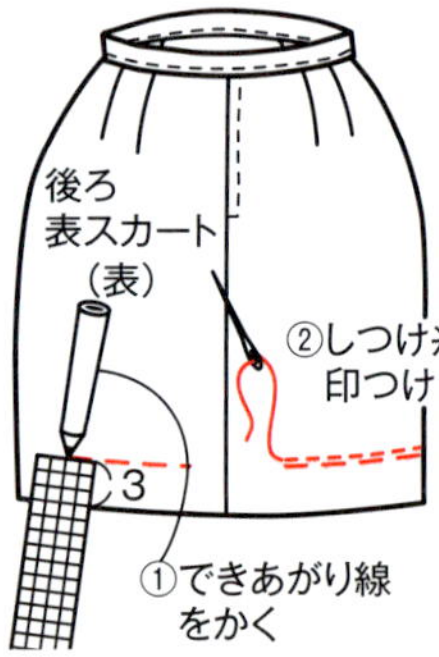

すそから3cm上に、できあがり線をチャコペンでかきます。線にそって、表地だけにしつけ糸で印をつけます＊。

＊スリットには、しつけ糸で印をつけないようにする。

2. 裏地のぬい目をほどく

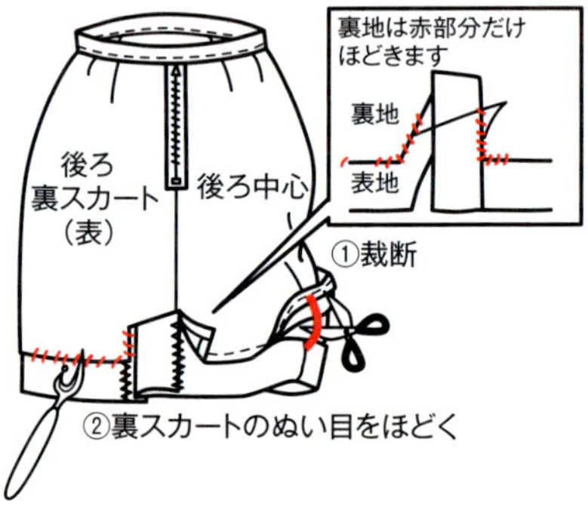

裏に返して、両脇のループをハサミでとります。スリット部分の裏地のぬい目をリッパーでほどきます。

3. まつりぬいをほどく

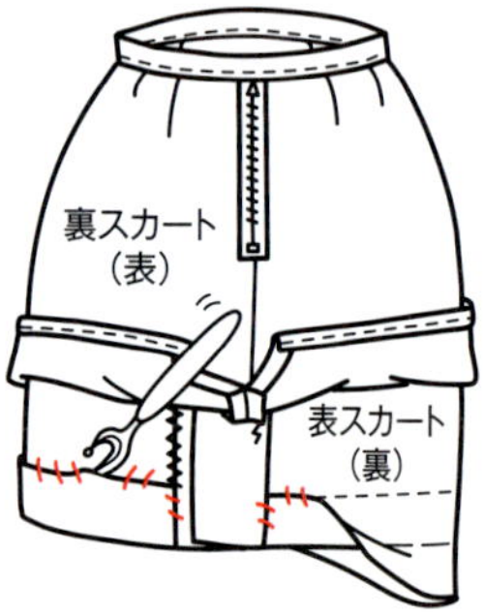

表地のすそのまつりぬいを、リッパーでほどきます。

4. スリットをぬう

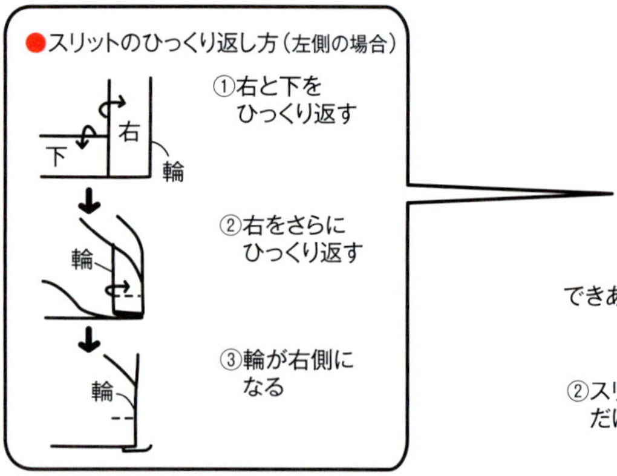

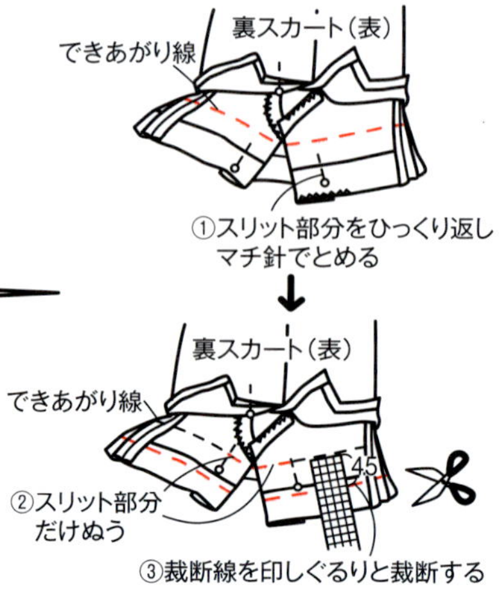

マチ針でとめ、*1* でつけた糸印を参考に、裏にできあがり線をかきます。

Point!

もとのぬい目を参考に、できあがり線にそってスリット部分だけに、ミシンをかけます。もとのぬい目をほどきます。できあがり線から下に折りしろ4.5cmをとり、チャコペンで裁断線をかきます。線にそって裁断します。

5. すそのしまつをする

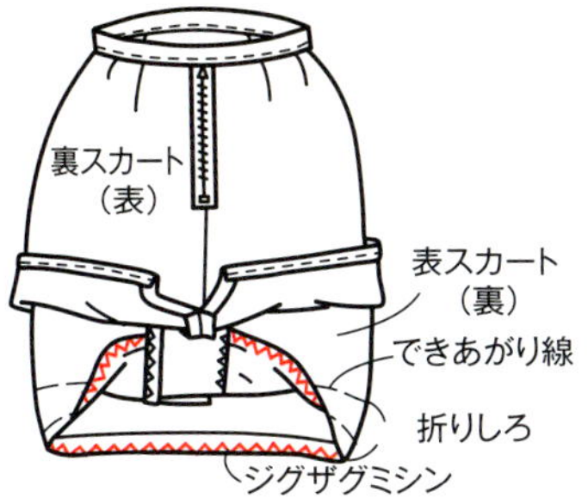

すそにジグザグミシンをかけ、できあがり線で折ります。裁断線の幅がたりないときは、「こんなときは」(19ページ)を参照しましょう。

6. スリットを仕上げる

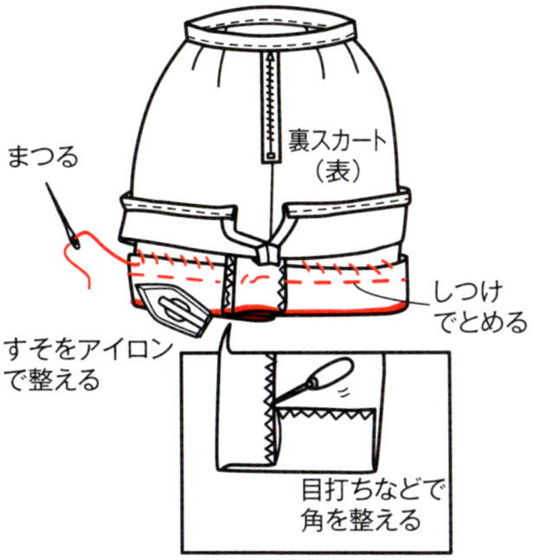

4でひっくり返したスリットを、もとにもどします。角は目打ちなどで、きれいに整えましょう。
すそをできあがり線で折り、アイロンをかけます。片方のスリットからまつりぬいをして、できあがり線の印をとります。

7. 裏地を裁断する

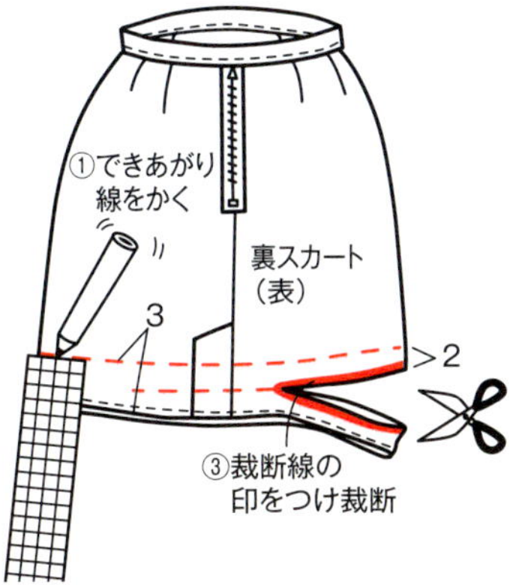

裏地のすそから3cm上*にできあがり線をかき、2cm下に裁断線をかきます。線にそって、裁断します。

*すそ上げが3cmなので、裏地も同じ寸法にする。

8. 三つ折りにしてミシンをかける

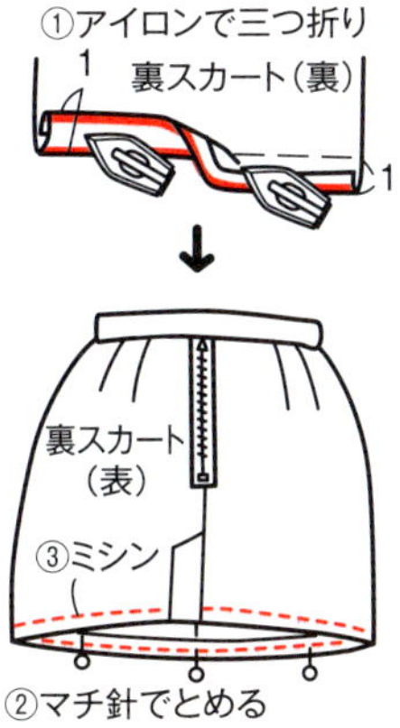

すそを1cm幅の三つ折りにして、アイロンをかけます。

マチ針でとめ、端ミシンをかけます。

9. 裏地をぬい合わせる

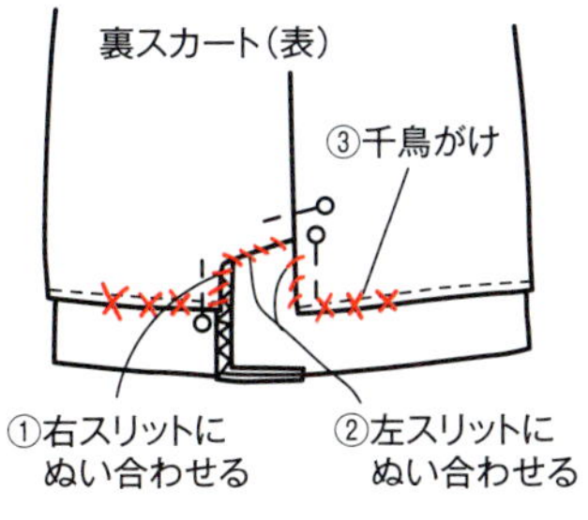

スリットと裏地のぬいしろをマチ針でとめます。
もとのとおりに細かくまつりぬいをしましょう。すそには、もとどおりに細かい千鳥がけ(10ページ)をして補強します。

10. ループでとめる

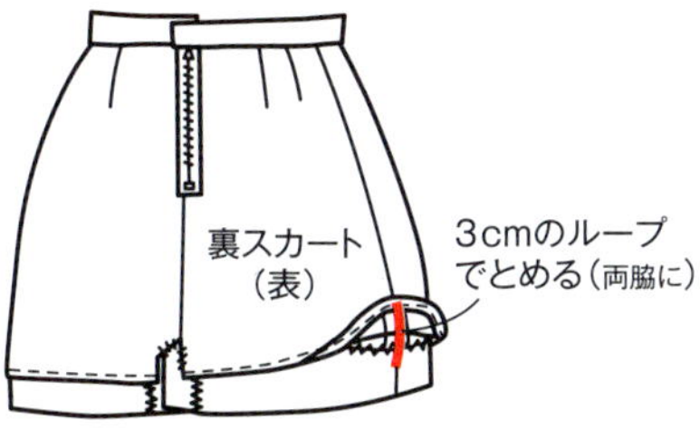

表地の両脇のぬいしろに、ループ(12ページ)で裏地をとめて、できあがり。

〈ハーフパンツ〉

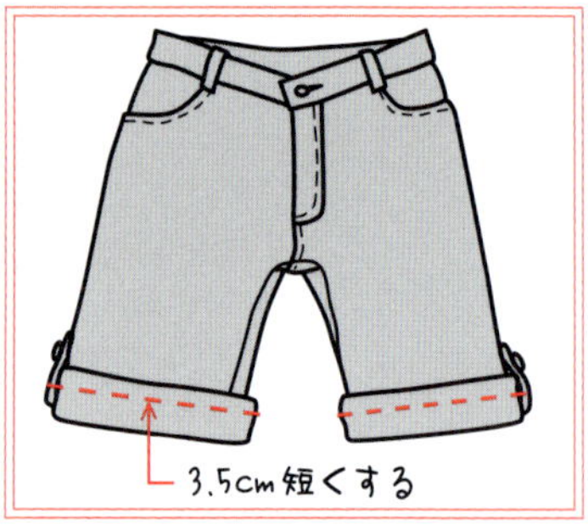

パンツなどすそに飾りがある服は、片方ずつ丈をつめましょう。片方を残しておくと、飾りや、すそのぬい方などを確認しながら丈をつめることができるので、じょうずに仕上がります。

＊今回のお直し＊

ハーフパンツ（すそに飾りベルト、折り返しのあるもの）の丈を、3.5cm短くします。

1. ボタンとループをはずす

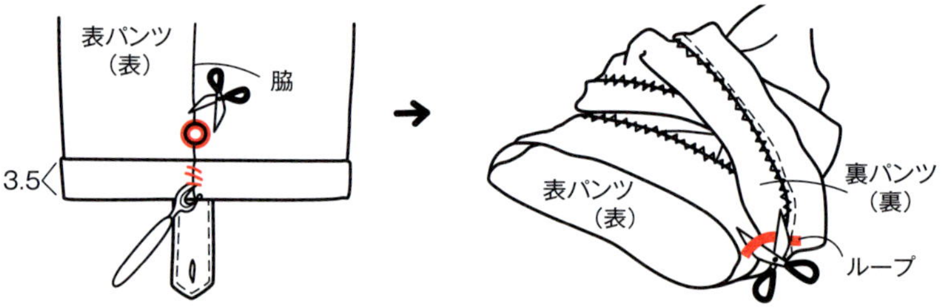

ボタンをとり、飾りベルトをはずします。すその折り返しの両脇にあるぬい目をリッパーでほどき、折り返し部分をおろします。

裏に返して、脇にあるループを切ります。裏地は作業しやすいように、上にめくり上げておきましょう。

2. できあがり線をかく

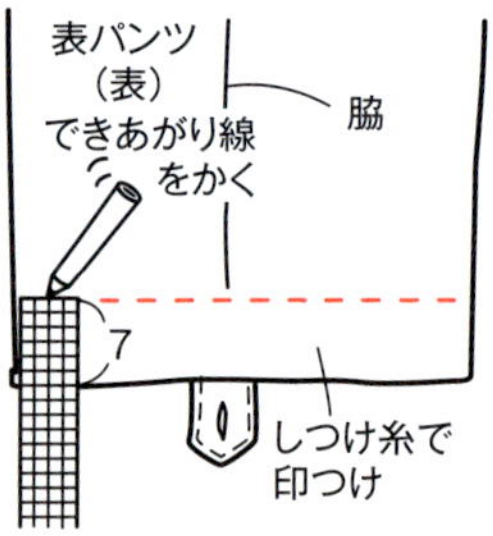

表に返して下から7cmにできあがり線をチャコペンでかき、しつけ糸で印をつけます。布が二重になっているので、1枚だけに印をつけます。

3. 飾りベルトのぬい目をほどく

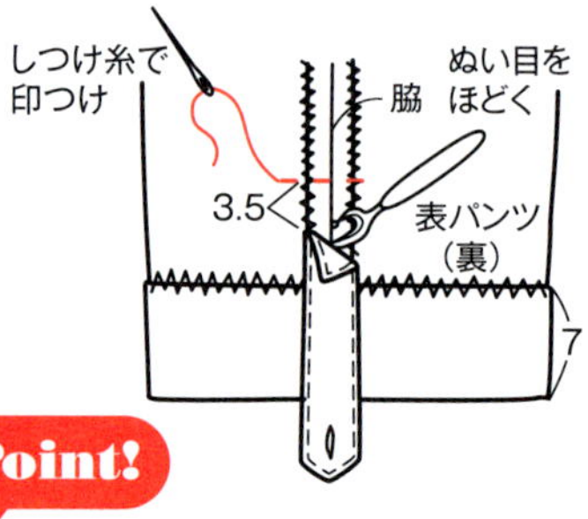

Point!

裏に返して飾りベルトのぬい目の3.5cm上に、しつけ糸で印をつけます。飾りベルトのぬい目をほどきます。

4. すそをほどき、裁断する

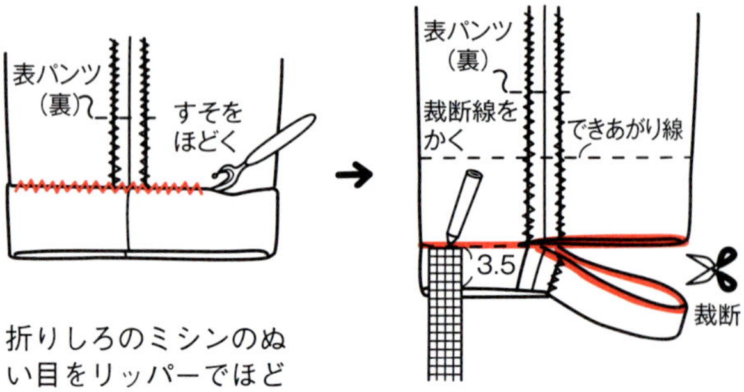

折りしろのミシンのぬい目をリッパーでほどきます。

すそから3.5cm上に裁断線をチャコペンでかき、線にそって裁断します。

5. すそをしまつする

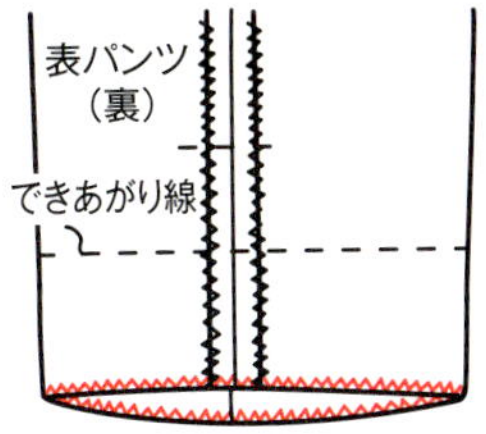

すそのふちにジグザグミシンをかけて、しまつします。

6. すそを上げる

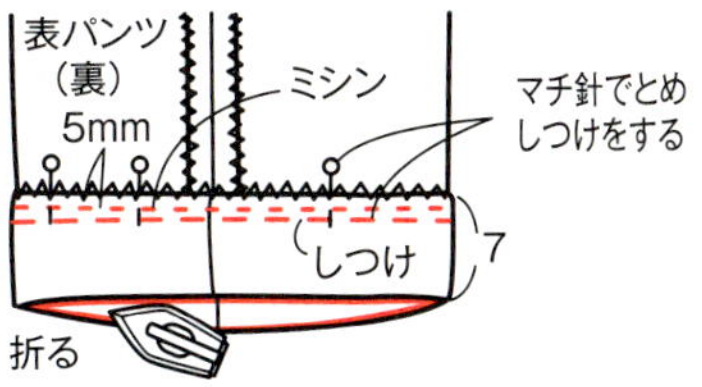

すそを7cmで折り、マチ針でとめてしつけをします。ふちにそってミシンをかけます。

7. 折り返しをつくる

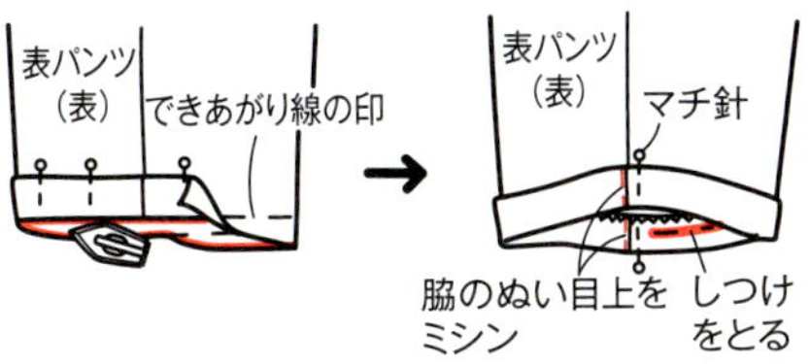

表にして、すそをできあがり線で折ります。

脇をマチ針でとめ、脇のぬい目にそって、ミシンをかけます。もう片方の脇も同じようにぬいます。6のしつけをとりましょう。

8. 裏地のすそを仕上げる

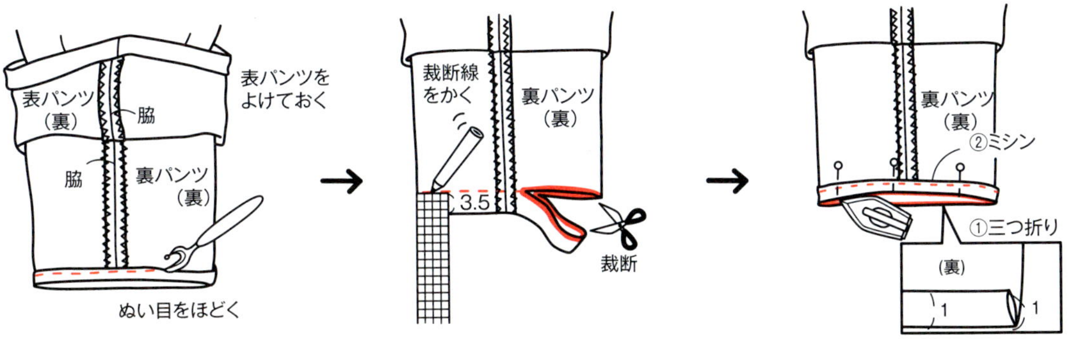

裏に返して、裏地のすそのぬい目をほどきます。

すそから3.5cm上に裁断線をかき、線にそって裁断します。

すそを1cmの三つ折りにして、端ミシンをかけます。

9. 飾りベルトをつける

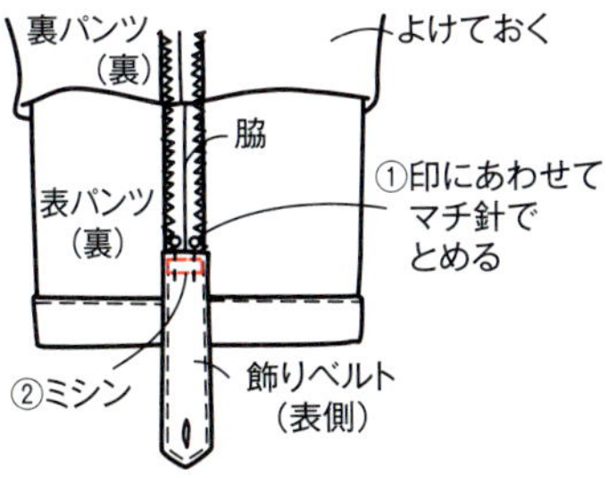

3でつけたしつけ糸の印に飾りベルトの端を合わせ、マチ針でとめます。ミシンをかけてぬい合わせます。

10. ループでとめる

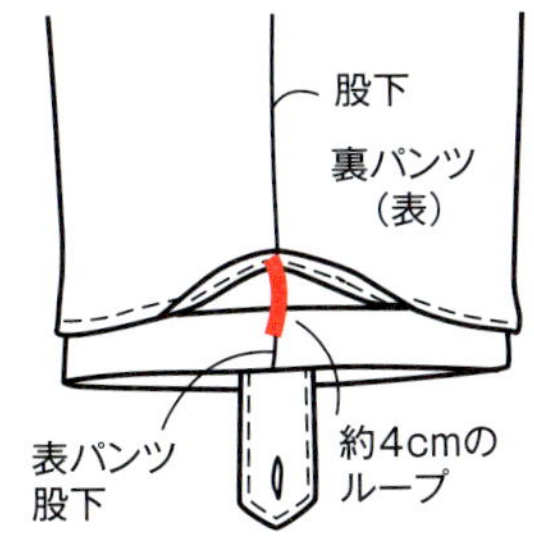

股下のぬい目の位置で、裏地と表地をループ（12ページ）でとめます。

11. ボタンをつける

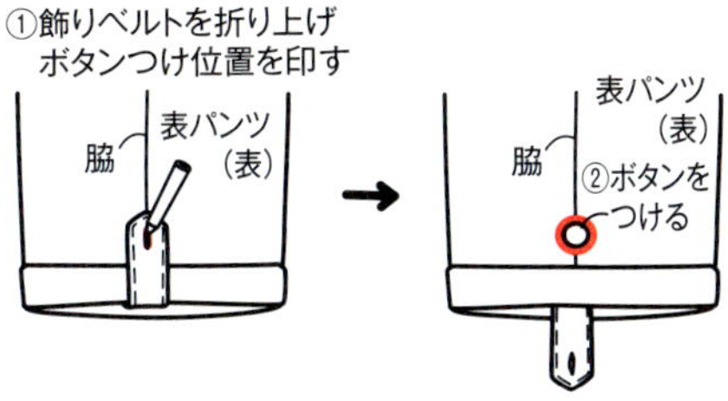

表に返して、飾りベルトを折り線で折ります。ボタンホールに合わせて、チャコペンでボタンの位置に印をつけます。

印のとおりにボタンをつけると（11ページ）、できあがり。

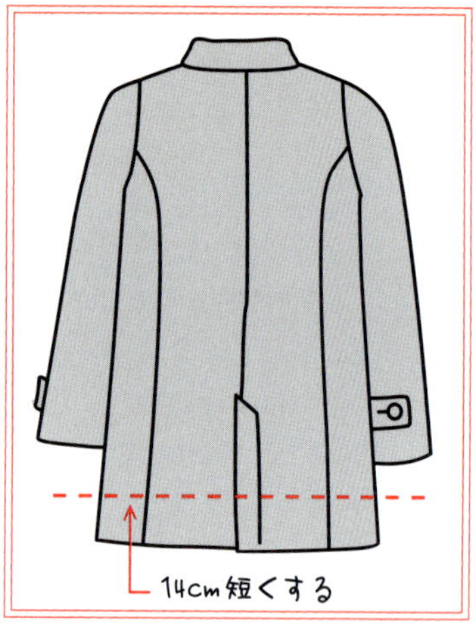

〈ベンツのある**コート**〉

コートの丈つめでは、デザインを確認しながら丈の長さを決めます。ポケットの位置が、すその近くになってしまったり、ベンツが短くなりすぎたりしないようにしましょう。
ベンツや見返しの仕上げは、角を目打ちなどで整えましょう。

＊今回のお直し＊

ベンツのあるコート（裏地のないスプリングコート）の丈を、14cm短くします。

1. できあがり線をかく

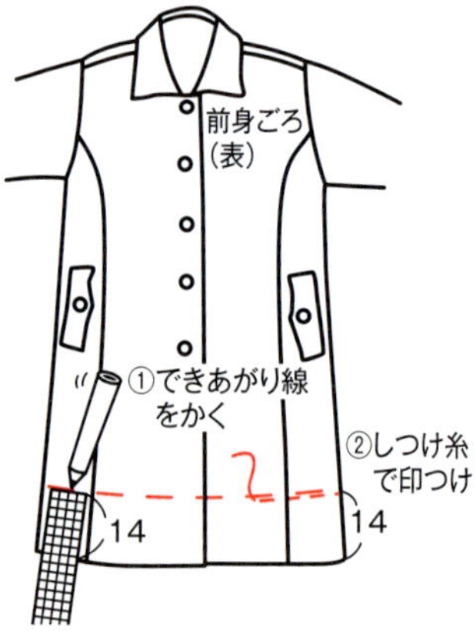

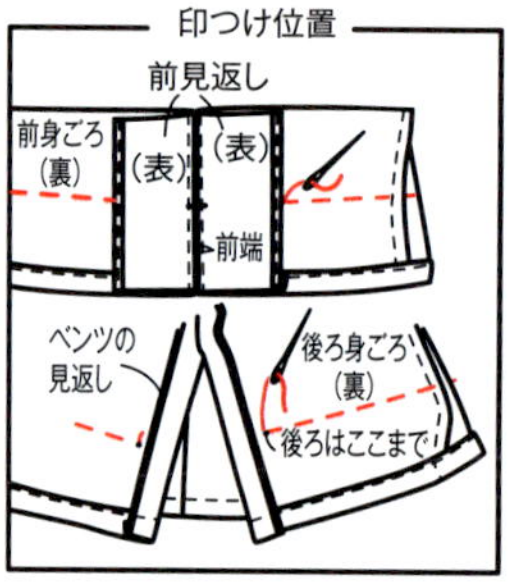

すそから14cm上にできあがり線をチャコペンでかきます。線にそってしつけで印をつけましょう。印は、見返しにはしなくてよいです。

2. すそを裁断する

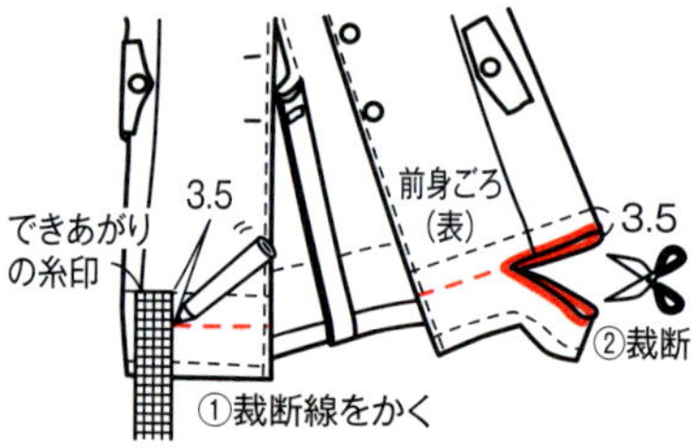

できあがり線の下に折りしろとぬいしろの幅を3.5cm（折りしろ2.5cm＋ぬいしろ1cm）とり、裁断線を表にかきます。線にそって、裁断します。

3. ベンツのステッチをほどく

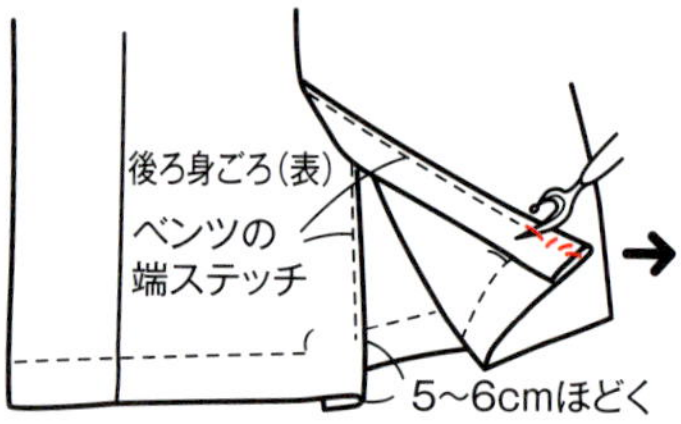

ベンツのステッチのぬい目を、すそから5～6cmまでリッパーでほどきます。

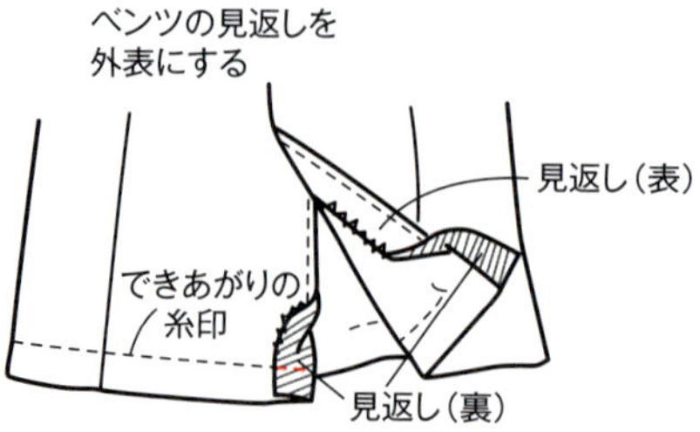

ベンツをひっくり返し、ベンツの見返しを外表にしてマチ針でとめます。ベンツにも、できあがりの糸印をつけます。

4. ミシンをかける

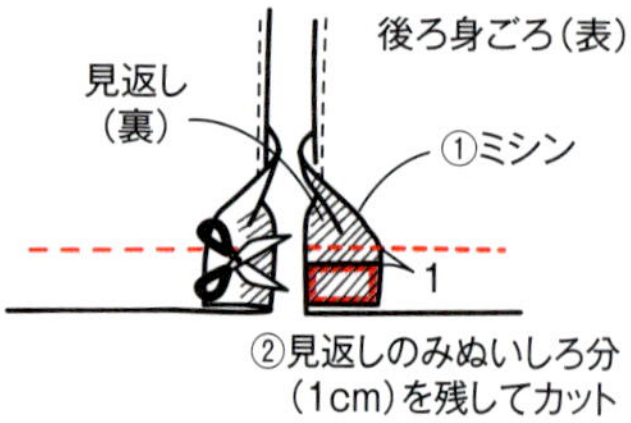

しつけ糸の印にそってミシンをかけます。
ベンツの見返しのみ、できあがり線からぬいしろを1cm残して、カットします。

5. ベンツを仕上げる

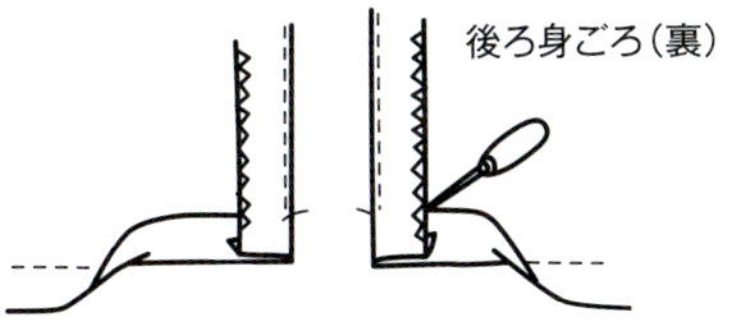
後ろ身ごろ（裏）

ベンツの角を内側からひっくり返し、目打ちなどで角を整えます。

6. 前身ごろの見返しのステッチをほどく

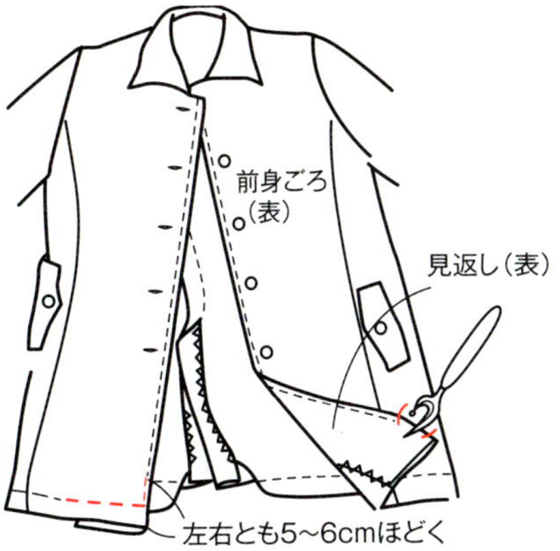
前身ごろ
（表）
見返し（表）
左右とも5~6cmほどく

Point!

見返しのステッチを、すそから５～６cmのところまでリッパーでほどきます。今回のコートは、ステッチが２本あったので、２本ともほどきました。

7. できあがり線をかく

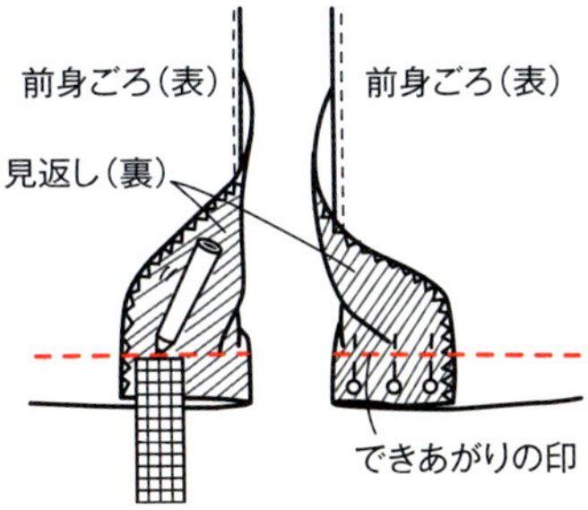
前身ごろ（表）
前身ごろ（表）
見返し（裏）
できあがりの印

前身ごろの見返しを外表にします。前身ごろの印を目安に、見返しにもチャコペンで印をかきます。マチ針でとめます。

8. ぬいしろを切りとる

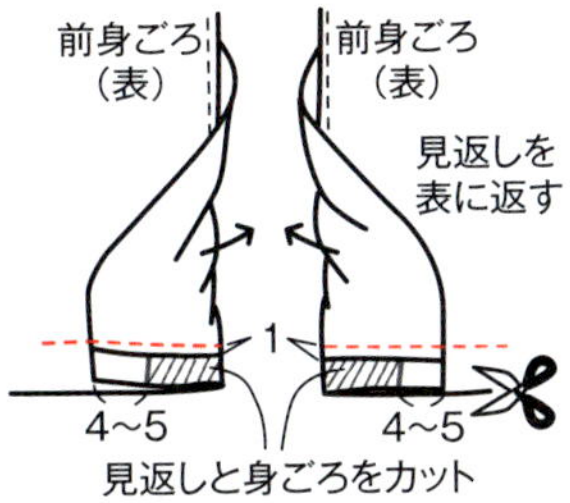
前身ごろ
（表）
前身ごろ
（表）
見返しを
表に返す
1
4~5
4~5
見返しと身ごろをカット

見返しのできあがり線をミシンでぬいます。できあがり線の印をとります。

見返しと身ごろのぬいしろは、幅１cmを残して図のように切りとります。

9. 見返しを仕上げる

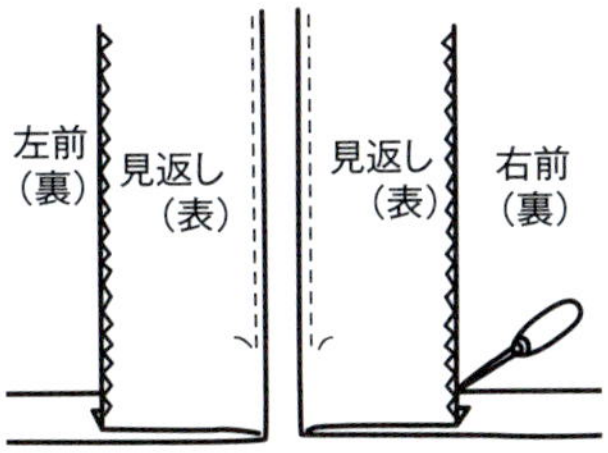
左前
（裏）
見返し
（表）
見返し
（表）
右前
（裏）

見返しの袋状になっている角をひっくり返します。目打ちなどで角を整えます。

10. すそを上げる

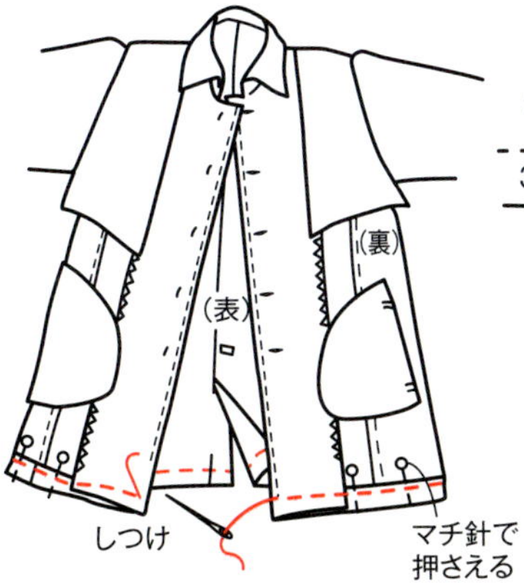
（裏）
（表）
しつけ
マチ針で
押さえる

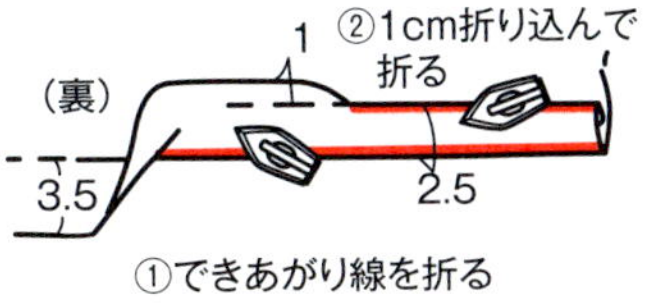
1
②1cm折り込んで
折る
（裏）
3.5
2.5
①できあがり線を折る

裏に返して、すそをできあがり線で折ります。ぬいしろを１cm内側に折ってアイロンをかけます。マチ針でとめて、しつけをします。

11. ステッチをかける

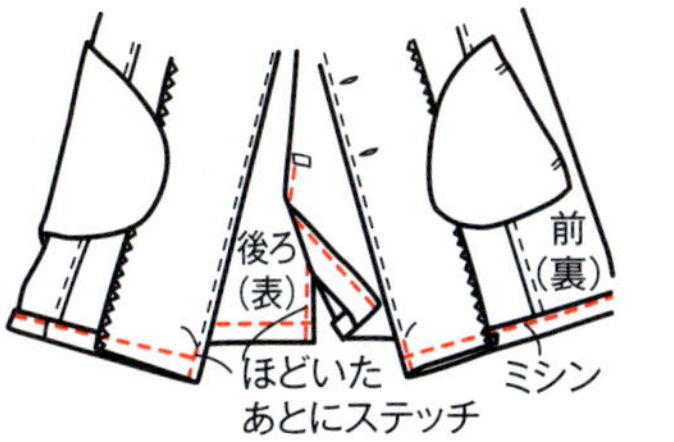
後ろ
（表）
前
（裏）
ほどいた
あとにステッチ
ミシン

折りしろの端にミシンでステッチをかけ、しつけをとります。表に返して、前身ごろの見返しにステッチを２本かけます（8ページ）。

ベンツにも、すそからステッチをかけて、できあがり。

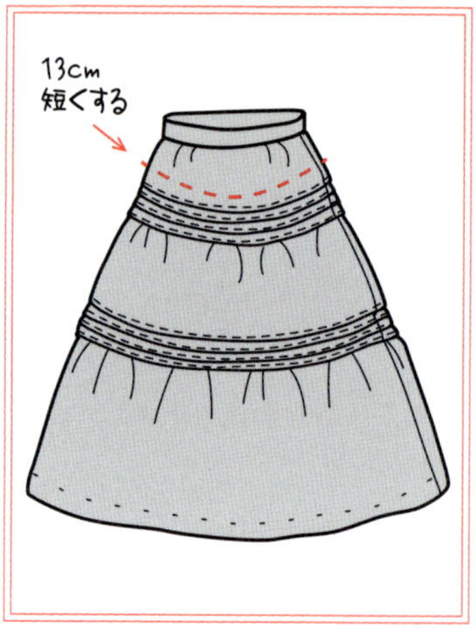

〈ギャザースカート〉

すそにギャザー飾りや、切りかえなどのあるスカートは、すそでつめないで、ウエストを裁断して丈を短くします。
ファスナーがついているものは、ファスナーをとりはずして、ウエストにゴムを入れると作業が簡単になります。

＊今回のお直し＊

ギャザースカート（3段切りかえのもの）の丈を、13cm短くします。
ウエストをゴムにするので、ゴム（幅3cm）も用意しましょう。

1. できあがり線をかく

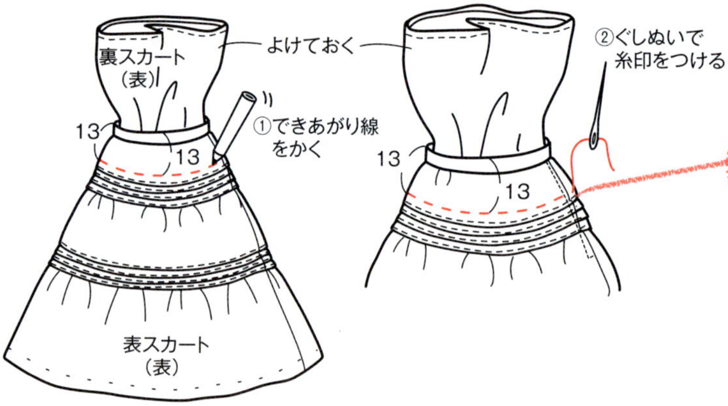

Point!

できあがり線の位置の寸法を測り、ヒップが入るかどうか確認する

ウエストから13cm下にできあがり線を、前身ごろから後ろ身ごろまでぐるりと、チャコペンでかきます。線にそって表地にしつけ糸で印をつけましょう。

2. ファスナーのぬい目をほどく

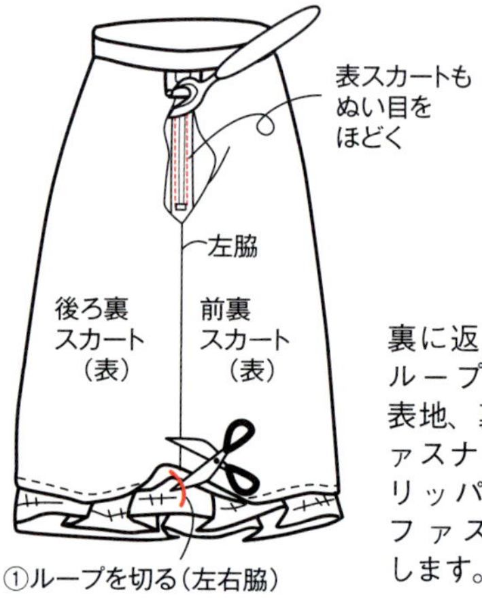

裏に返して、両脇のループを切ります。表地、裏地ともにファスナーのぬい目をリッパーでほどき、ファスナーをはずします。

3. 裁断線を表地にかく

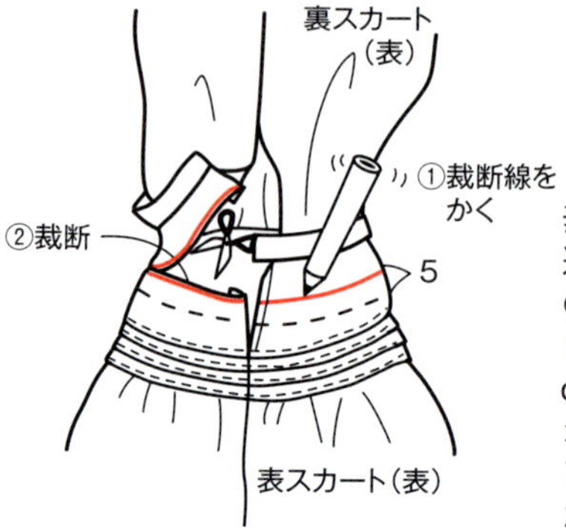

表に返して、ゴムを通すための折りしろの分の裁断線を、できあがり線から5cm上に、ぐるりとかきます。
ファスナーをはずしたところからハサミを入れ、表地を裁断します。

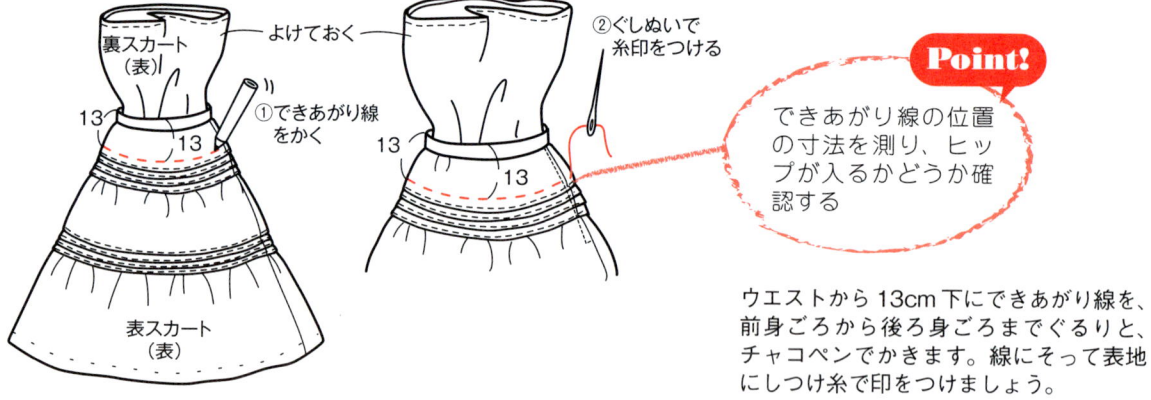

4. 裏地を裁断する

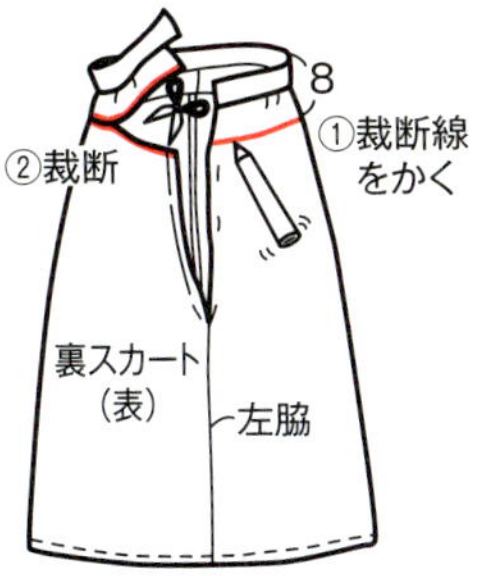

裏に返して、裏地は、ウエストから8cm*のところに裁断線をかき、線にそって裁断します。表地と裏地を離しておきます。

＊ 13cmから折りしろ分、5cmを引いた寸法です。

5. 裏地の別布をつくる

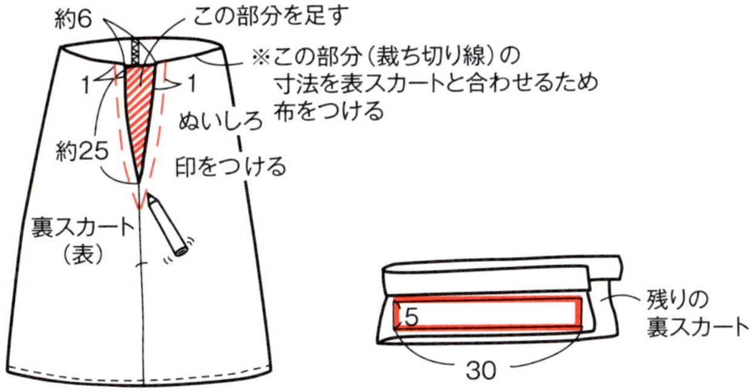

ファスナーをとりはずした部分の別布を作ります。裏地の脇にぬいしろ1cmをとり、チャコペンで線をかきます。

4で切断した裏地を幅5cm、長さ30cmに2枚切りとりましょう。

6. 別布をぬう

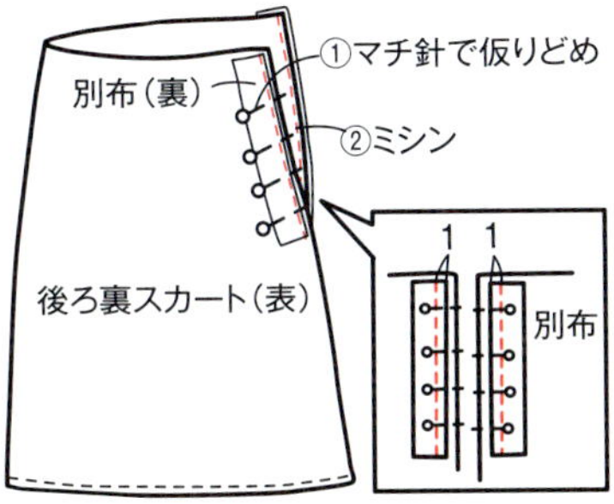

別布は、前身ごろ、後ろ身ごろそれぞれの脇に合わせて重ね、マチ針でとめます。ぬいしろの線にそってミシンでぬいましょう。

7. 別布をぬい合わせる

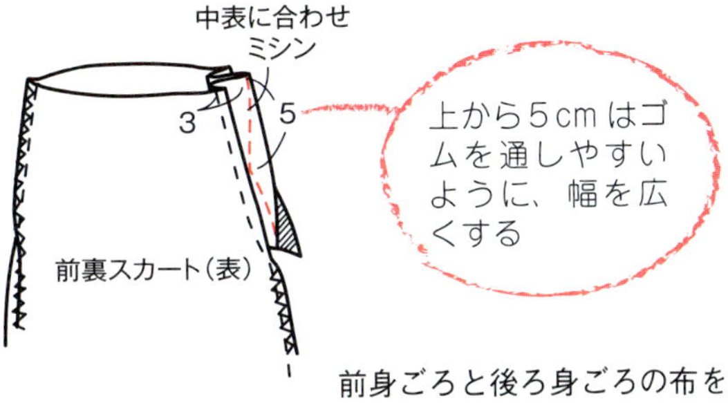

前身ごろと後ろ身ごろの布を立てて合わせ、ミシンでぬい合わせます。
上から5cmは、ななめにぬいましょう。ぬいしろは後ろ身ごろに倒して、アイロンをかけます。

8. 表地のファスナー部分をぬい合わせる

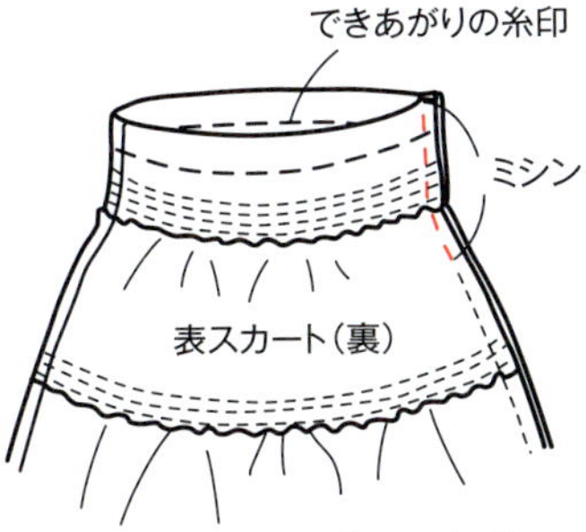

表地のファスナーをはずした部分のぬいしろを合わせて、マチ針でとめます。しつけをかけて、ミシンをかけましょう。

9. 表地と裏地をぬい合わせる

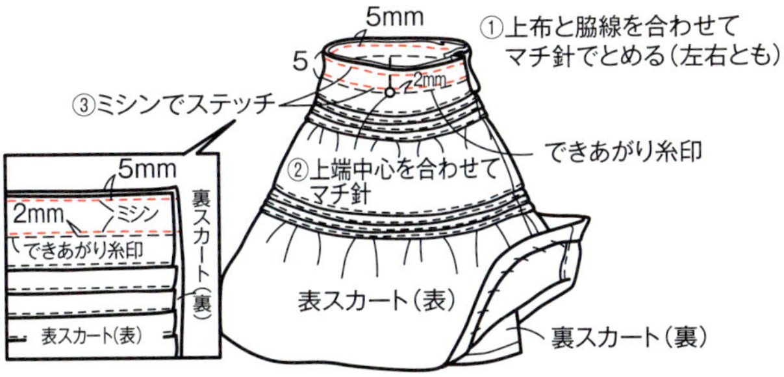

表に返して、裏地の裏と、表地の裏とを合わせ、マチ針でとめます。裏地があまるときは、タックをよせて調整します（13ページ）。

表からウエストの縁5mmぐらいのところにミシンをかけます。次に、できあがり線の2mm上もマチ針でとめ、ミシンをかけます。

10. ウエストのしまつをする

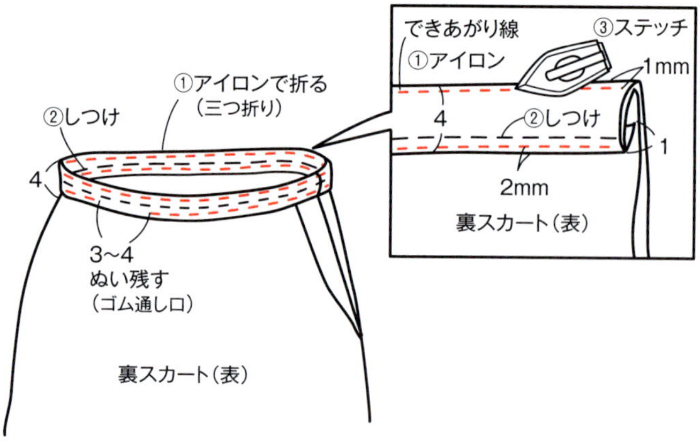

裏に返して、できあがり線で折り、アイロンをかけます。裁断線から4cmのところにチャコペンで線を引き、線にそってもう一度折り、アイロンをかけます。
ウエストはマチ針で両脇、中央の順でとめてしつけをかけます。ゴム通し口にする3～4cmを残して、ミシンをかけます。
表に返して、ウエストのふちから1～2mmのところにステッチをかけます。

11. ゴムに印をつける

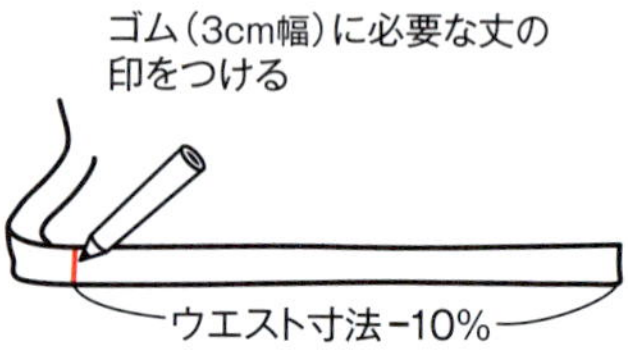

ゴムは、ウエストサイズより10%程度短くします。今回は60cm（ウエストサイズが66cm）のところに印をつけました。

12. ゴムを通す

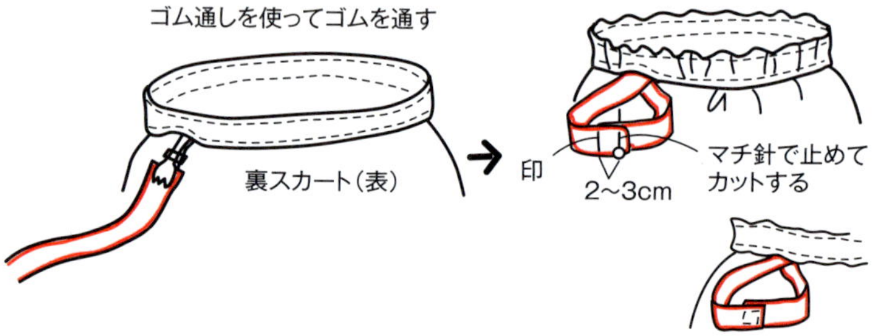

ゴムをゴム通しを使いウエストの通し口から入れていきます。*11* の印より5～6cm余分に残し、ハサミで切ります。

端と端を2～3cm重ねてマチ針でとめ、ミシンをかけます。

13. ゴム通し口にミシンをかける

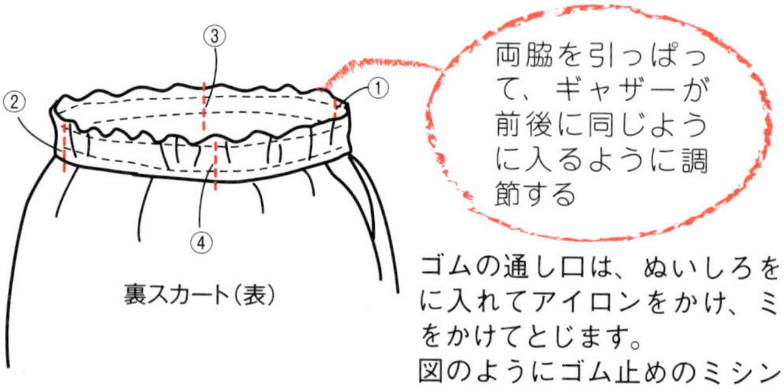

ゴムの通し口は、ぬいしろを内側に入れてアイロンをかけ、ミシンをかけてとじます。
図のようにゴム止めのミシンを両脇と前後中央（①②③④の順）にかけて*、できあがり。
＊中に入れたゴムがねじれるのを防ぎます。

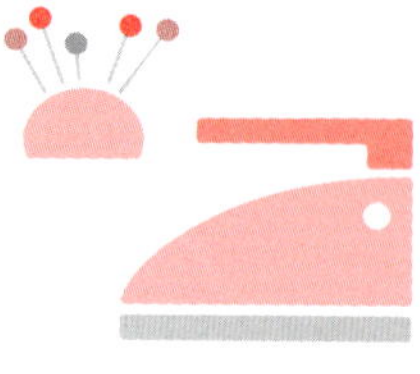

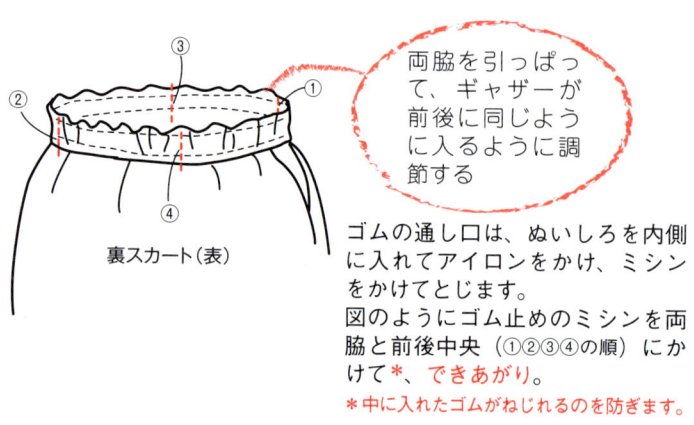

すそ出しの基本

スカートやパンツのすその丈をどれくらい出せるかは、もとのすその折りしろの幅で決まります。スカートのすそを出すときは、折りしろの半分は残しておきましょう。

1. まつりぬいをほどく

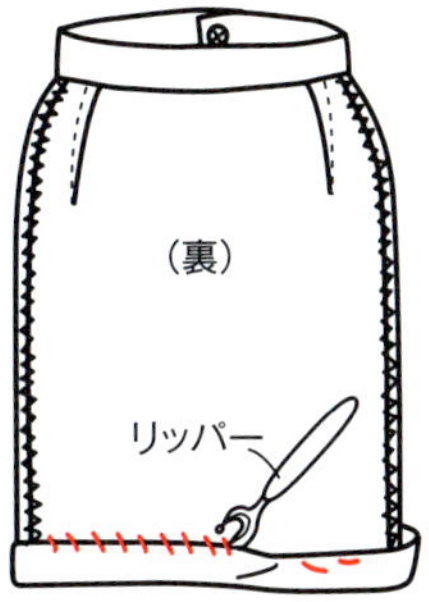

裏に返して、すそのまつりぬいをリッパーでほどきます。

2. できあがり線をかく

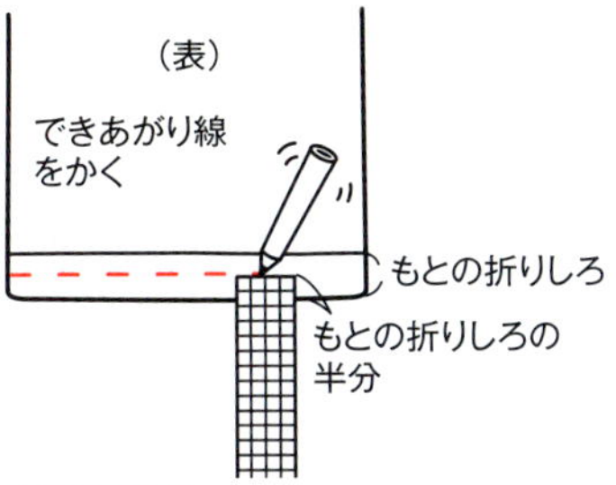

Point!

表に返して、もとの折りしろの半分の位置にできあがり線をチャコペンでかきます。

3. 印をつける

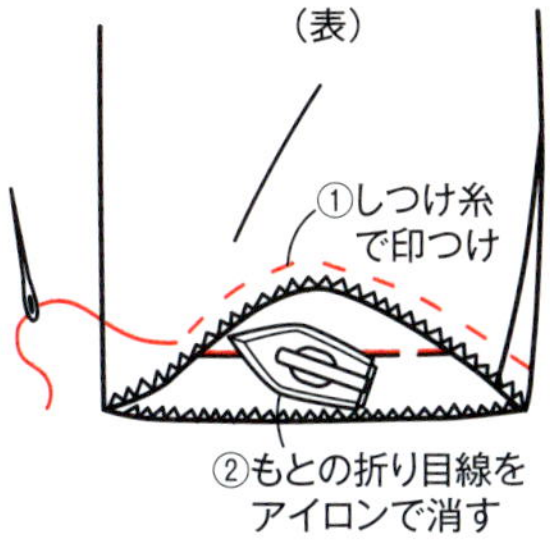

できあがり線にそって、しつけ糸で印をつけます。もとのできあがり線の折り目をアイロンで、消します。

4. まつりぬいをする

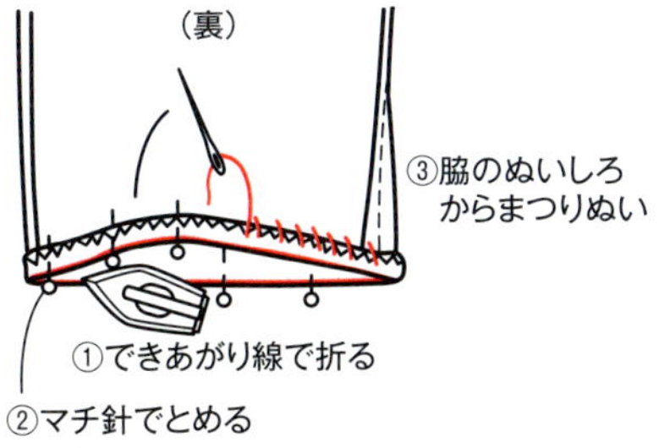

裏に返して、できあがり線で折り、マチ針でとめます。脇のぬいしろから、まつりぬいをします。

プロのコツ! 折りしろは十分な長さを

すそ出しは、折りしろの長さに十分気をつけましょう。スカートなら、4.5cm あるのが理想。最低でももとの折りしろの半分は残しましょう。

パンツの場合は、スーツや制服などは 8～9 cm、カジュアルなものは 5～6 cm はとりましょう。

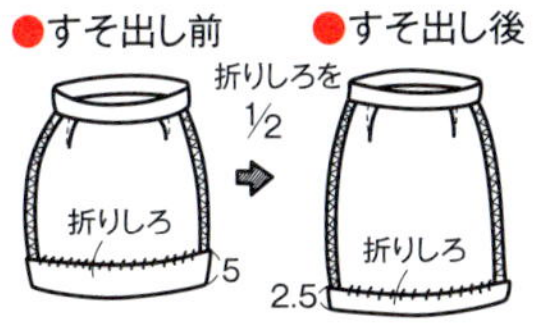

※どうしても折りしろが不足するときは、34 ページの方法を参考にバイアスを補います。

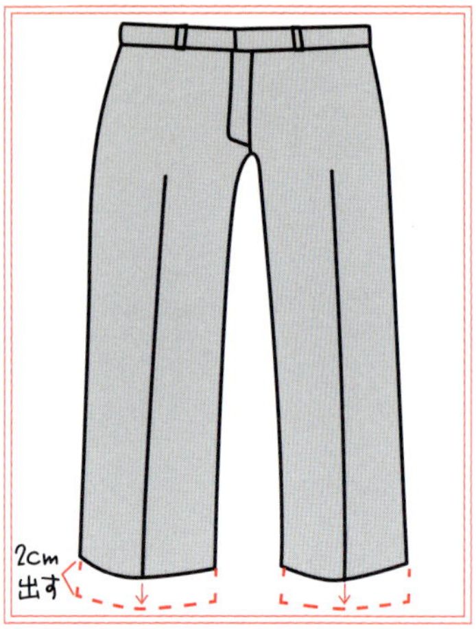

〈紳士もののズボン〉

丈をつめるときと同じように、すそのクツヅレをとりはずしてから、すそ出しの作業をしましょう。
もとのすその折り線はアイロンをていねいにかけて消すと、きれいに仕上がります。

＊今回のお直し＊

紳士もののズボン（クツヅレのついたもの）のすそを、2cm出します。

1. まつりぬいをほどく

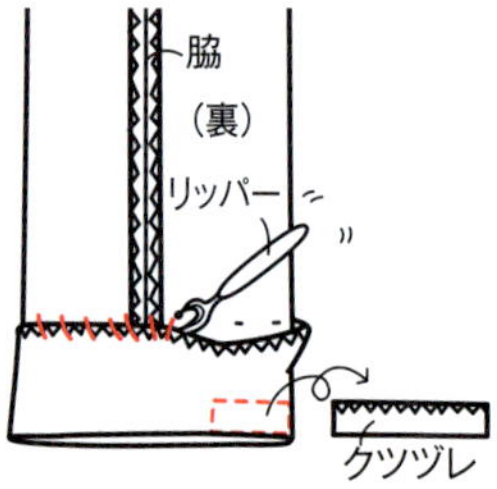

ズボンを裏に返して、すそのまつりをリッパーでほどきます。クツヅレのぬい目もほどいて、とりはずします。

2. できあがり線をかく

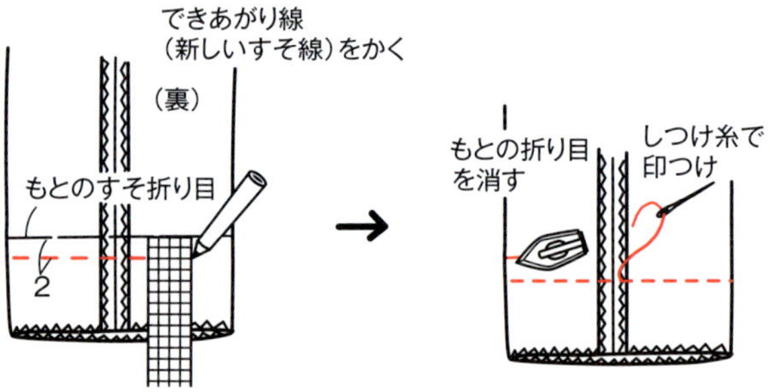

もとの折り目から2cm下に、できあがり線をかきます。

線にそってしつけ糸で印をつけましょう。もとのできあがり線をアイロンで消します。

3. できあがり線で折る

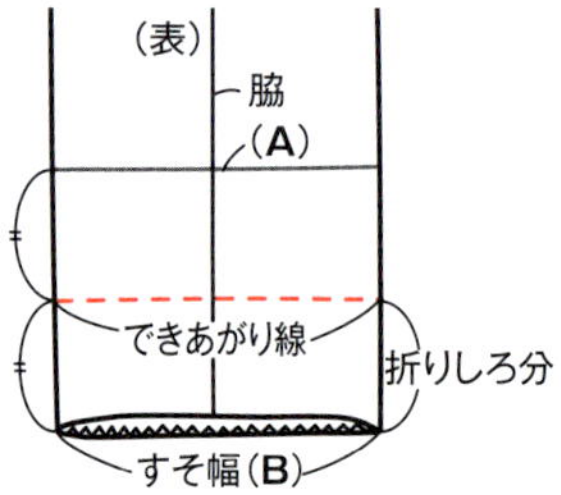

表に返して、できあがり線で折ります。折ったところの寸法（A）とすそ幅（B）を測ります＊。

＊（A）と（B）に差があるときは、19ページを参照してください。

4. クツヅレをつける

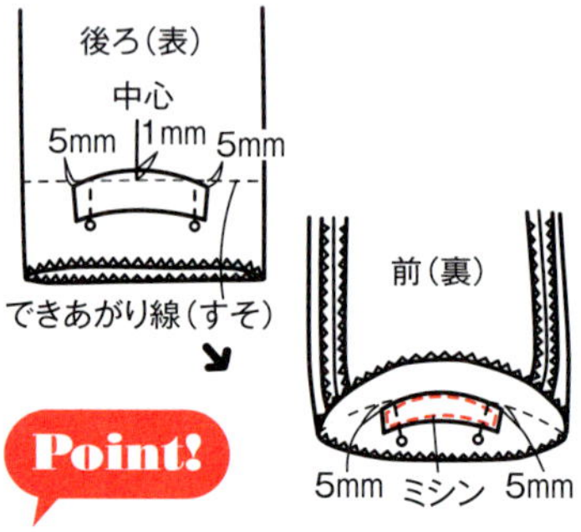

Point!

後ろズボンの中央にクツヅレを図のように1mm上に出してマチ針でとめます。裏に返して、表からクツヅレに端ミシンをかけましょう。

5. すそをまつる

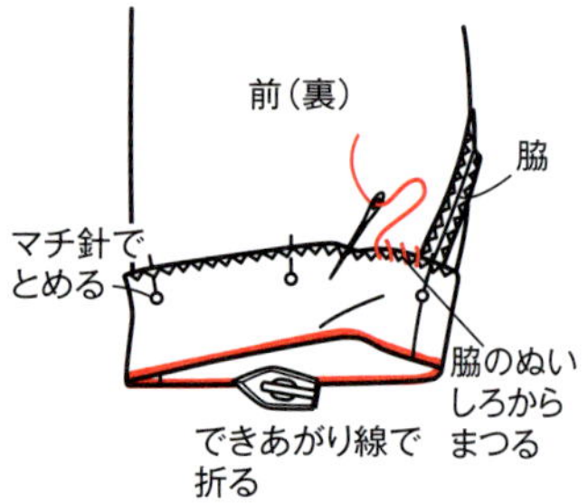

できあがり線で折り、マチ針でとめます。脇のぬいしろからまつりぬいをします。しつけ糸をとって、できあがり。

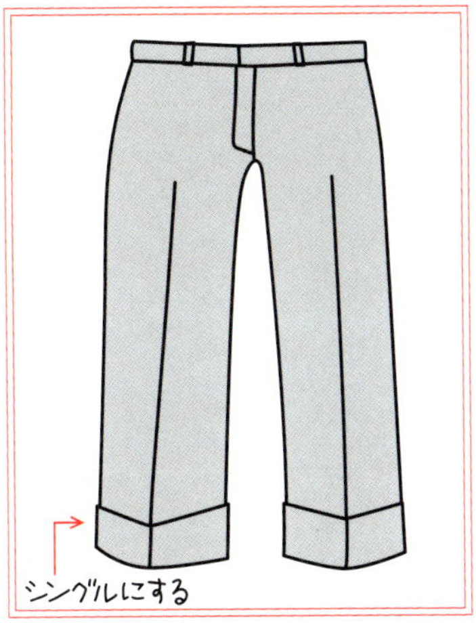

〈ダブルのパンツ〉

ダブルのパンツをシングルに直すとき、ダブルのすその折り目が、シングルのすそのできあがり線になります。
すその折り目にすりきれやほつれがあれば、すそを 1cm 短くして、すりきれなどを隠して仕上げるようにしましょう。

＊今回のお直し＊

ダブルのパンツのすそを、シングルに直します。

1. すその折り返しのスナップをはずす

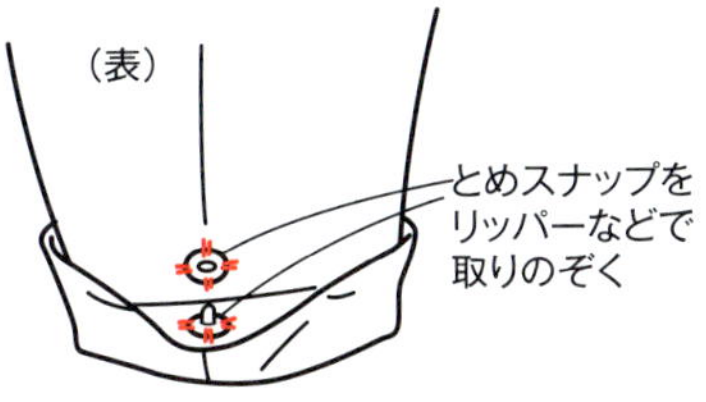

ダブルの折り返し部分のスナップ、または、ぬい目をほどいてはずします。

2. できあがり線をかく

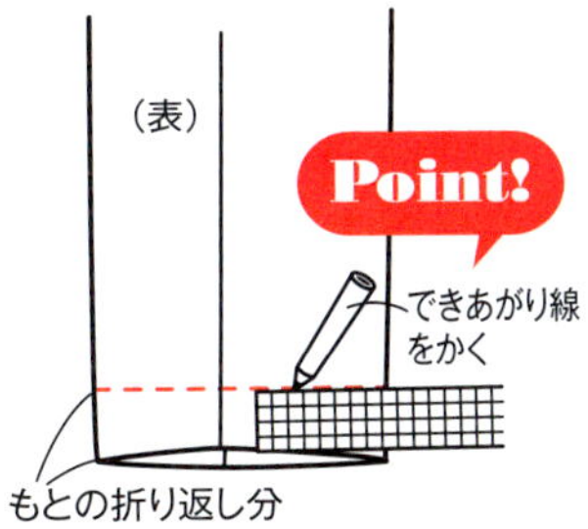

ダブルの折りかえしの線にそって、チャコペンでできあがり線をかきましょう。

3. まつりぬいをほどく

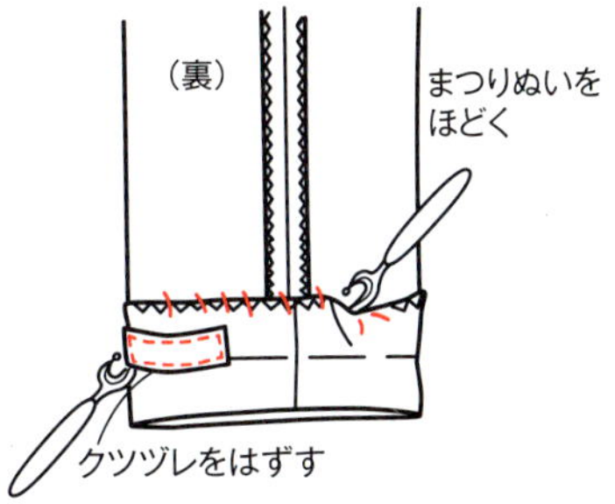

裏に返して、すそのまつりぬいをほどきます。クツヅレのふちのぬい目をリッパーでほどいて、とりはずします。

4. すそをしまつする

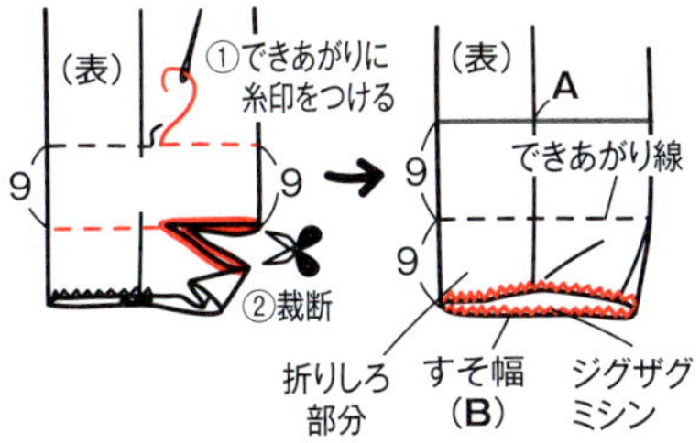

表に返して、できあがり線にそってしつけ糸で印をつけます。折りしろ 9cm をとって裁断します。できあがり線で折り、折ったところの寸法（**A**）とすそ幅（**B**）を測ります＊。同じならジグザグミシンをかけます。

＊（**A**）と（**B**）に差があるときは、19 ページを参照してください。

5. クツヅレをつける

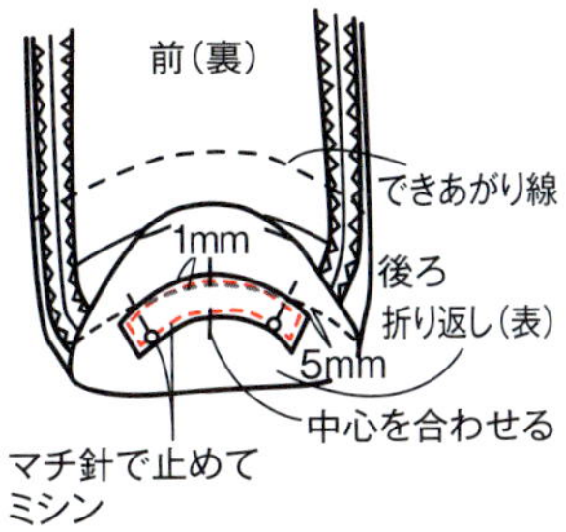

裏にして、後ろ身ごろの中央、できあがり線にそってクツヅレをマチ針でとめます。クツヅレのふちにミシンをかけます。

6. まつりぬいをする

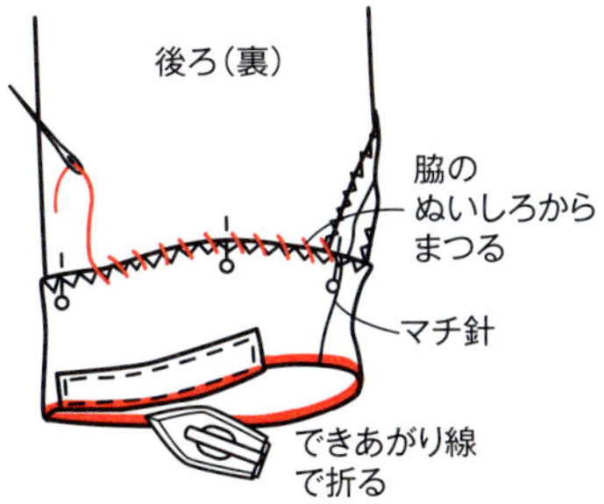

すそをできあがり線で折り、マチ針でとめてしつけをかけます。脇のぬいしろから、まつりぬいをします。しつけをとって、できあがり。

〈ワンピース〉

すその折りしろが少ない場合や、丈をできるだけ長く出したいときは、幅の広いバイアステープを使って丈を出します。バイアステープは引っぱりながらぬうと、布地のひきつれを防げます。また、バイアステープは布地に合う色を選びましょう。

＊今回のお直し＊

ワンピースの折りしろを1cmとって、バイアステープですそを出します。バイアステープ（幅6cm）も用意しましょう。

1. すそのぬい目をほどく

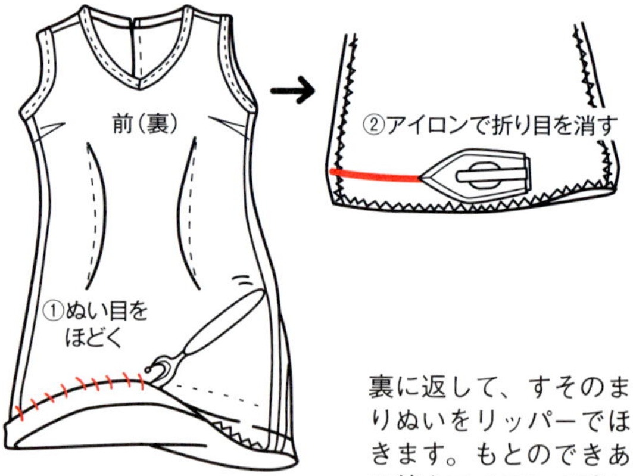

裏に返して、すそのまつりぬいをリッパーでほどきます。もとのできあがり線をアイロンで消しましょう。

2. できあがり線をかく

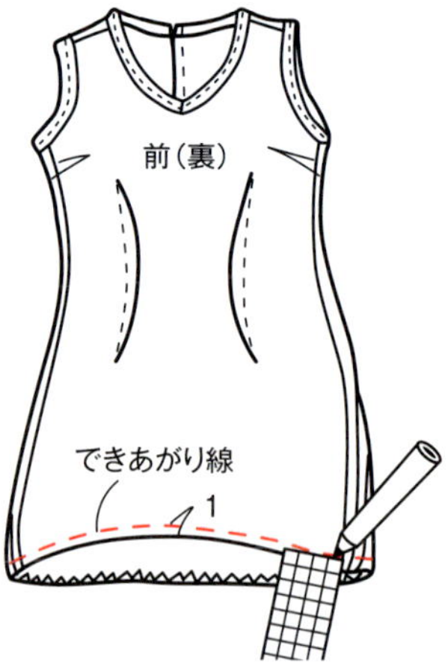

すそから1cm上に折りしろをとり、できあがり線をチャコペンでかきます。

3. バイアステープの片側の折り目を消す

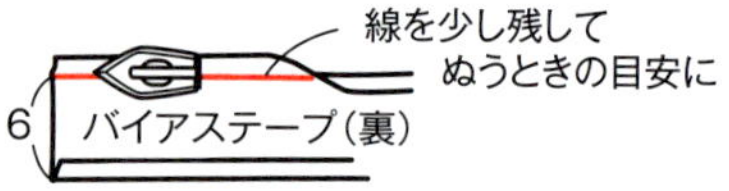

バイアステープの片側の折り目を広げて、アイロンをかけます。

4. すそにバイアステープをとめる

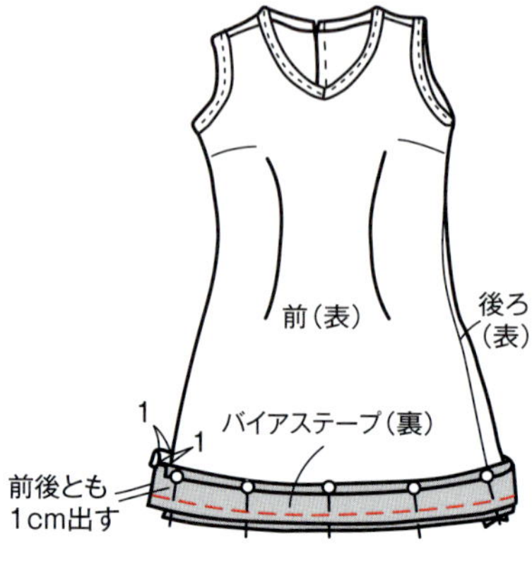

表に返して、スカートの表地とバイアステープを中表に合わせ、バイアステープを少し引っぱりながらマチ針でとめます。バイアステープの端は、ワンピースの脇のぬい目より1cm出しておきます。つぎに、しつけをしましょう。

5. バイアステープにミシンをかける

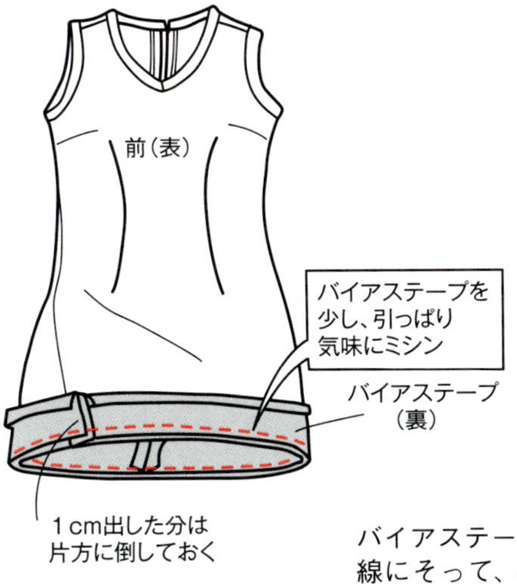
前（表）
バイアステープを
少し、引っぱり
気味にミシン
バイアステープ
（裏）
1cm出した分は
片方に倒しておく

バイアステープの折り目の線にそって、ミシンをかけます。このときバイアスは少し引っぱりながらつけましょう。しつけをとります。

6. 端ミシンをかける

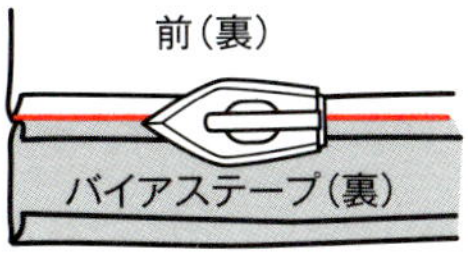
前（裏）
バイアステープ（裏）

裏に返して、いったんぬいしろを割ります。

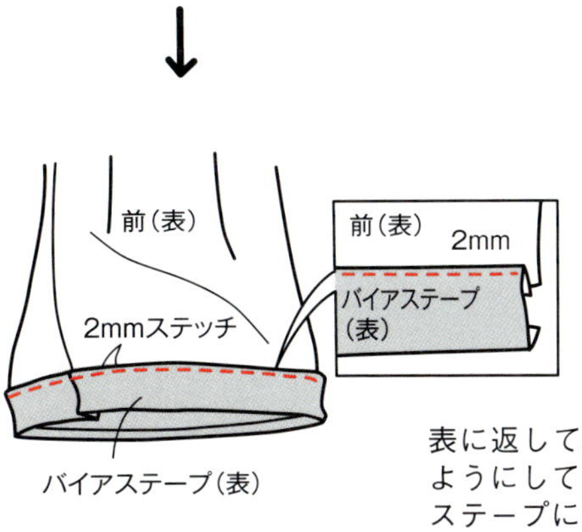
前（表）
2mmステッチ
バイアステープ（表）
前（表）
2mm
バイアステープ
（表）

表に返して、図のようにしてバイアステープに端ミシンをかけます。

7. すそを上げる

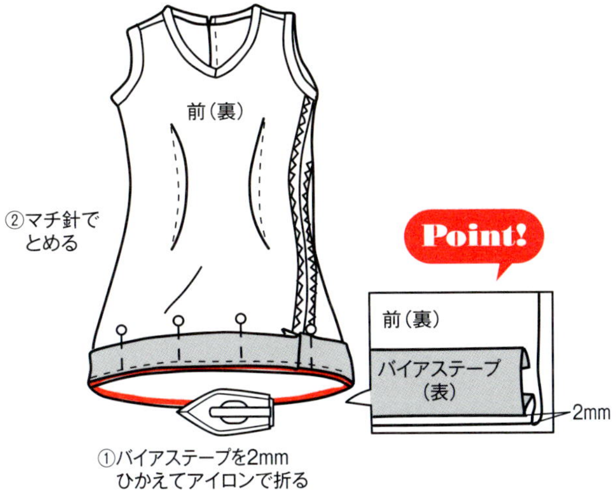
前（裏）
②マチ針で
とめる
Point!
前（裏）
バイアステープ
（表）
2mm
①バイアステープを2mm
ひかえてアイロンで折る

裏に返して、表地をバイアステープのふちより2mmひかえて折り、アイロンをかけてマチ針でとめます。

8. まつりぬいをする

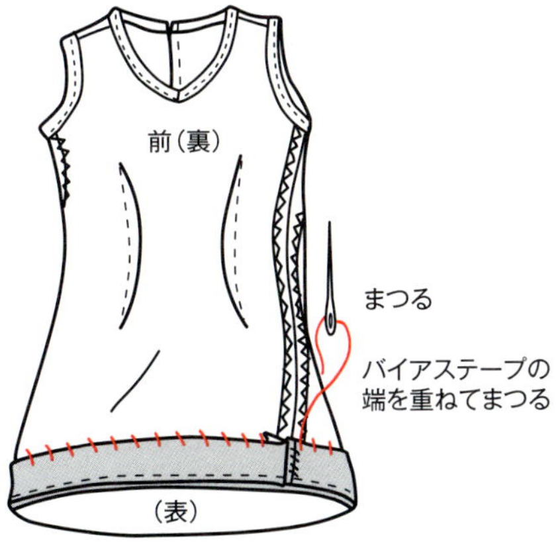
前（裏）
まつる
バイアステープの
端を重ねてまつる
（表）

バイアステープの端をまつりぬいをします。バイアステープの脇のつなぎ目は重ねてまつりぬいをして、できあがり。

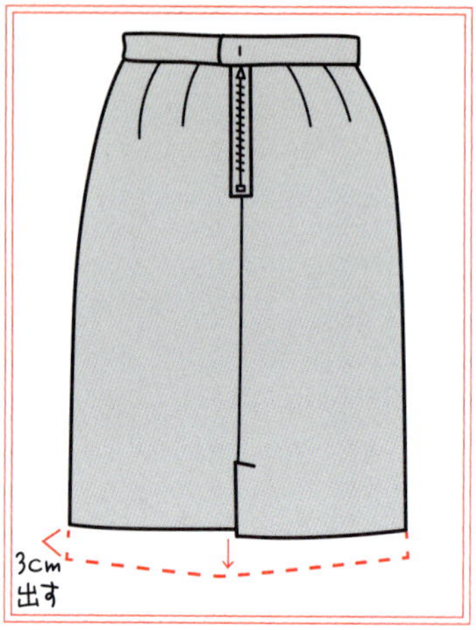
3cm
出す

〈スリットのあるスカート〉

スリットのあるスカートの丈を出すときは、スリットの丈を先に仕上げてから進めましょう。
もとのすそ線や新しい折り線はアイロンを当ててきちんとつけると、仕上がりがきれいです。

＊今回のお直し＊

後ろ身ごろにスリットのあるスカート（セミタイトのもの）の丈を、3cm出します。

1. すその裏地をはずす

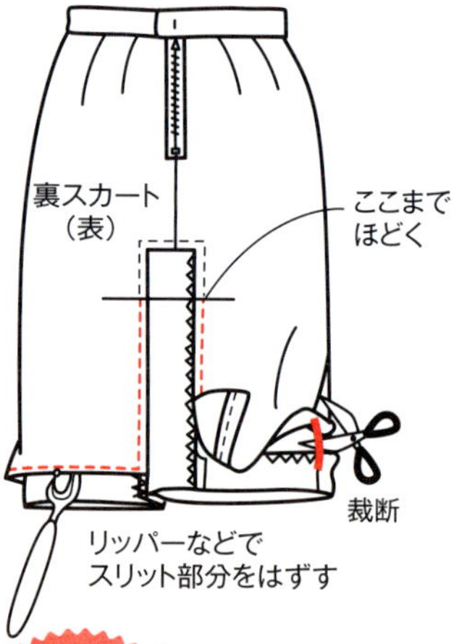
裏スカート
（表）
ここまで
ほどく
裁断
リッパーなどで
スリット部分をはずす

裏に返して、スリットと裏地をリッパーではずします。ループをはさみで切って、はずします。

2. すそのまつりぬいをほどく

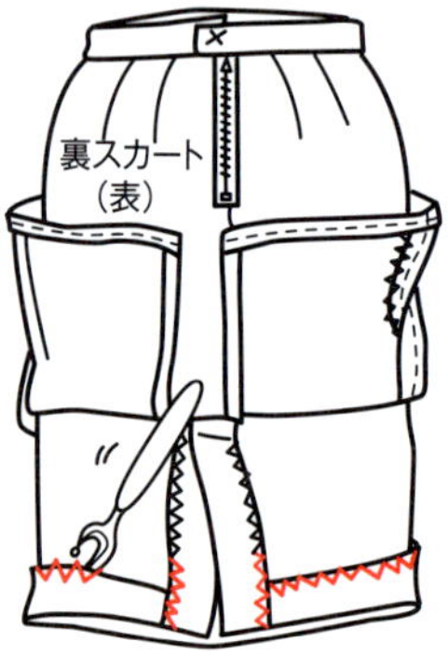
裏スカート
（表）

Point!

すそのまつりぬいと、スリットの脇のぬい目をほどきます。

プロのコツ！ スリットの中の布をチェックしよう！

スカートなど、スリットのある服の丈を出すときに、注意したいことがあります。それは、スリットの中に隠れている部分の布の長さ。スリットのすそ部分を裏返して、確認しましょう。服によっては、隠れている部分の布を切っているものもあります。

布が途中で切れていると、丈を出せない場合もあるので要注意！

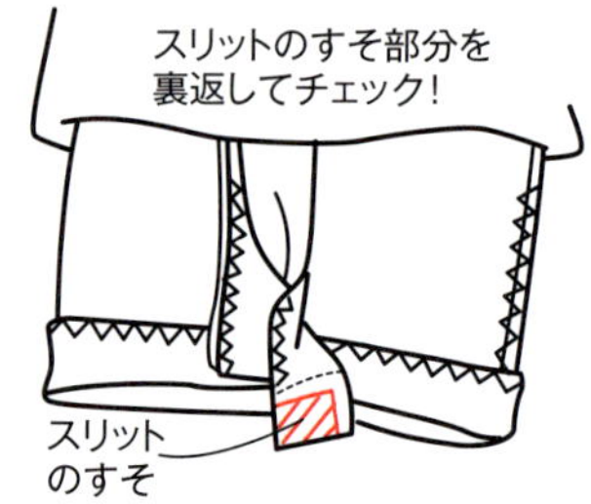
スリットのすそ部分を
裏返してチェック！
スリット
のすそ

3. スリットをぬう

●スリットのひっくり返し方（左側の場合）

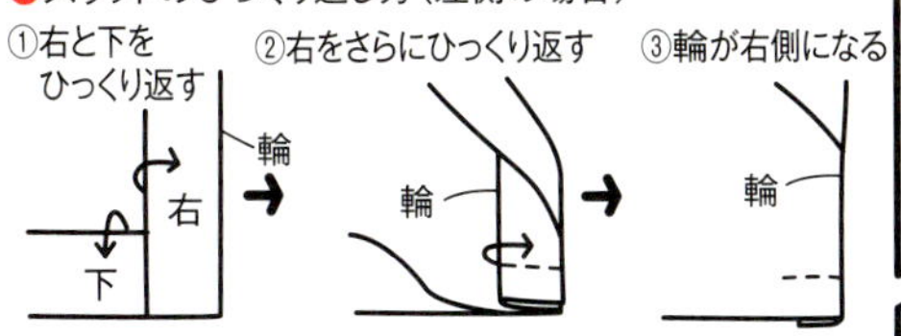

①右と下を
ひっくり返す
輪
右
下
②右をさらにひっくり返す
輪
③輪が右側になる
輪

※右側の場合は、①で左と下を②で左をひっくり返します。

スリットを内側からひっくり返して、すそをおろします。

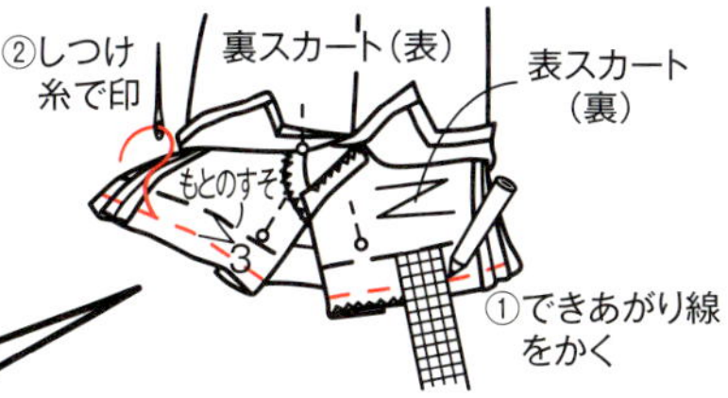

②しつけ
糸で印
裏スカート（表）
表スカート
（裏）
もとのすそ
3
①できあがり線
をかく

すその折り線（もとのできあがり線）から3cm下に、できあがり線をかいて、糸で印をつけます。

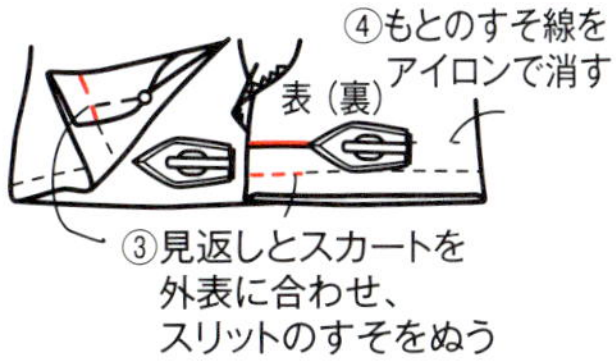

④もとのすそ線を
アイロンで消す
表（裏）
③見返しとスカートを
外表に合わせ、
スリットのすそをぬう

スリット部分だけできあがり線にそってミシンをかけます。
スリットのすそのもとのぬい目をほどき、アイロンで消します。

4. 脇のぬいしろを広げる

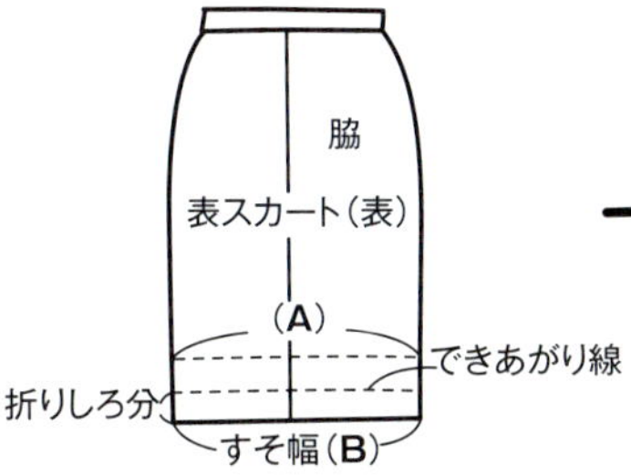

脇
表スカート（表）
（A）
できあがり線
折りしろ分
すそ幅（B）

表に返して、できあがり線で折ります。折ったところの寸法（**A**）とすそ幅（**B**）を測ります。

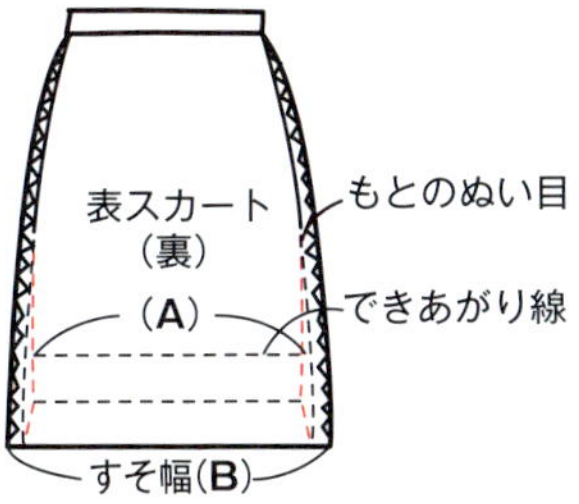

表スカート
（裏）
もとのぬい目
（A）
できあがり線
すそ幅（B）

（**A**）が（**B**）より短かかったため、裏に返して、両脇を図のようにぬって、折りしろを広げます。

5. スリットを仕上げる

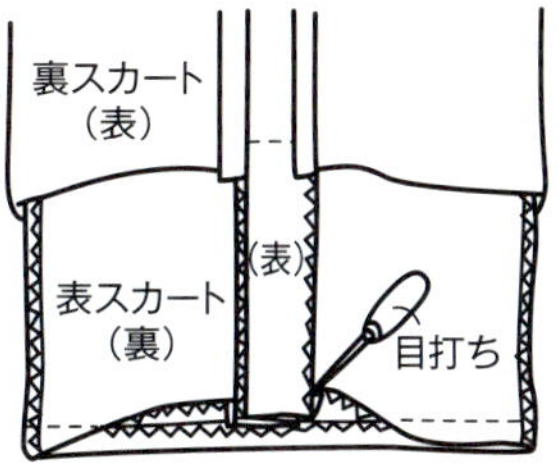

裏スカート
（表）
（表）
表スカート
（裏）
目打ち

スリットを外側からひっくり返します。スリットの角を、目打ちなどで整えます。

6. すそを上げる

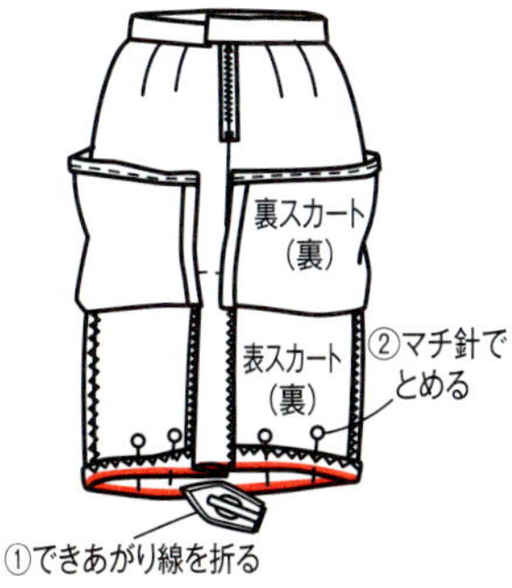

裏スカート
（裏）
表スカート
（裏）
②マチ針で
とめる
①できあがり線を折る

すそをできあがり線で折り、マチ針でとめます。

7. すそをまつる

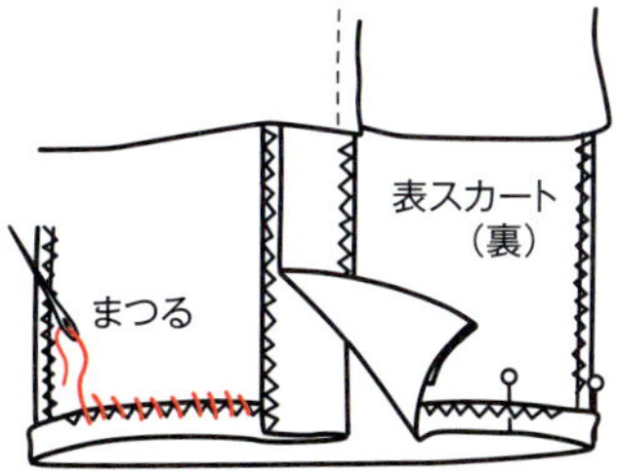

表スカート
（裏）
まつる

すそはスリットからまつりぬいをします。

8. 裏地のしまつをする

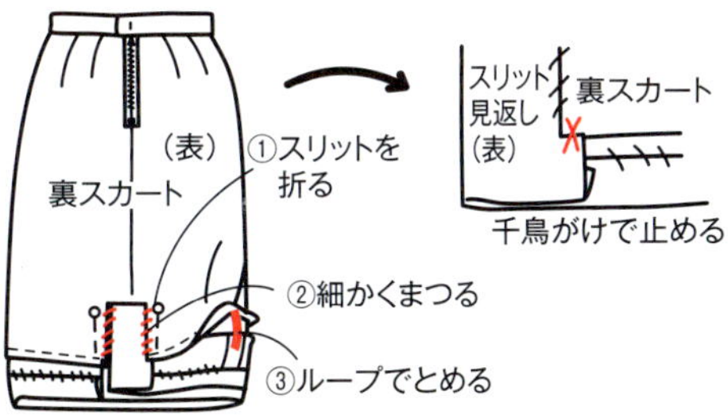

（表）
裏スカート
①スリットを
折る
②細かくまつる
③ループでとめる
スリット
見返し
（表）
裏スカート
千鳥がけで止める

裏地のすそ出しはできないので、スリットをもとのとおりに内側に折り、まつりぬいをします。表地の両脇のぬいしろにループをつくり（12ページ）裏地をとめ、できあがり。

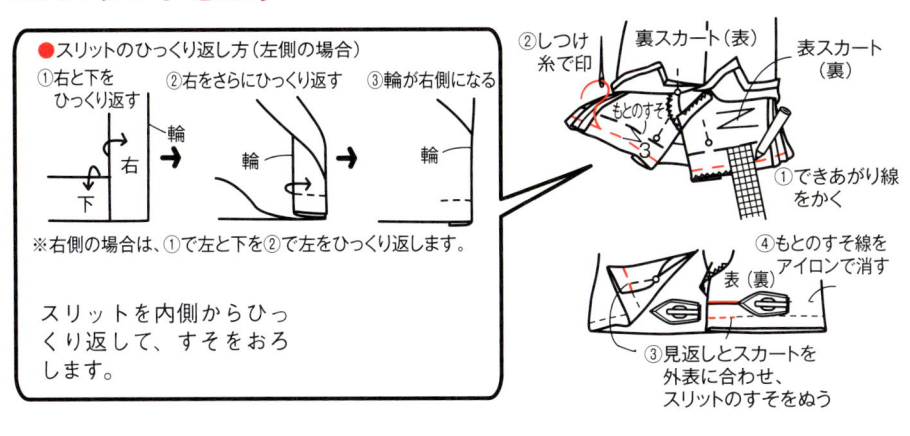

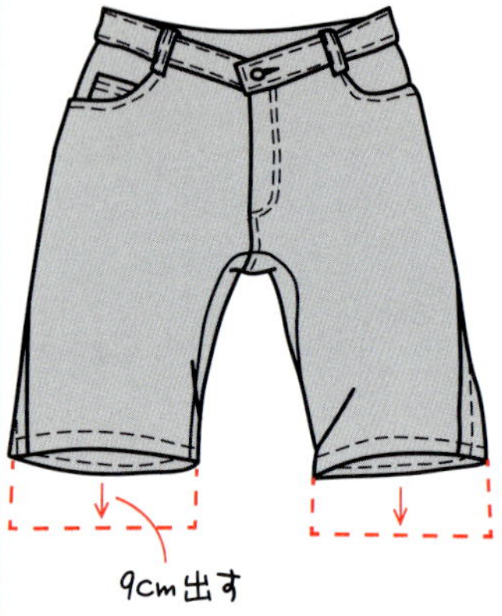
9cm出す

〈子どものハーフパンツ〉

丈を多めに出したい場合には、別布を足します。別布のすその幅を少し広げると、動きやすいデザインになります。
別布は、パンツの生地に合わせた厚さの生地を選びましょう。ストライプや水玉模様、花柄のものを足すとかわいいですね。

＊今回のお直し＊

女の子用のハーフパンツ（130cm用）の丈を、9cm長くします。
別布（90cm × 20cm）、型紙用紙も用意しましょう。

1. すそを裁断する

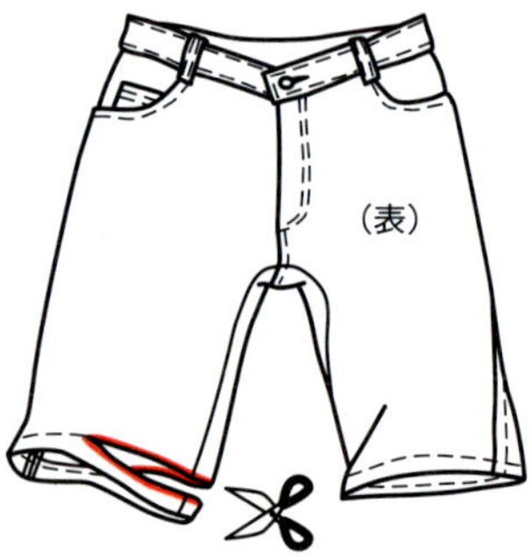
（表）

三つ折りの部分を裁断します。

2. 別布の型紙をつくる

●すそ

（表）
もとのパンツ
のすそ幅（17）

●型紙

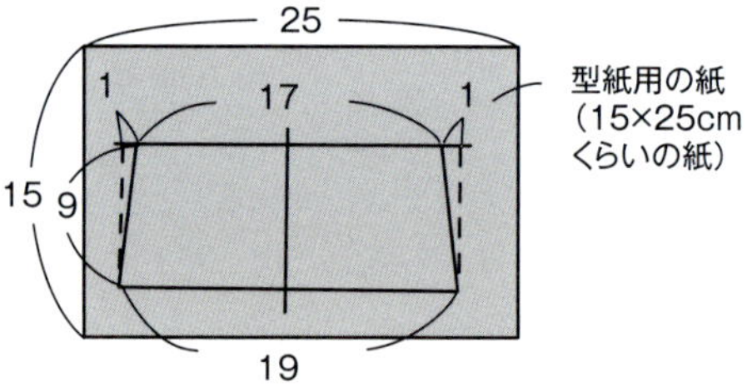
25
1
17
1
型紙用の紙
（15×25cm
くらいの紙）
15
9
19

前パンツ、後ろパンツのすそ幅を測り、型紙をつくります。今回は、すそが左右1cmずつ広がるように、すそ幅19cmの型紙をとりました。

3. 別布をつくる

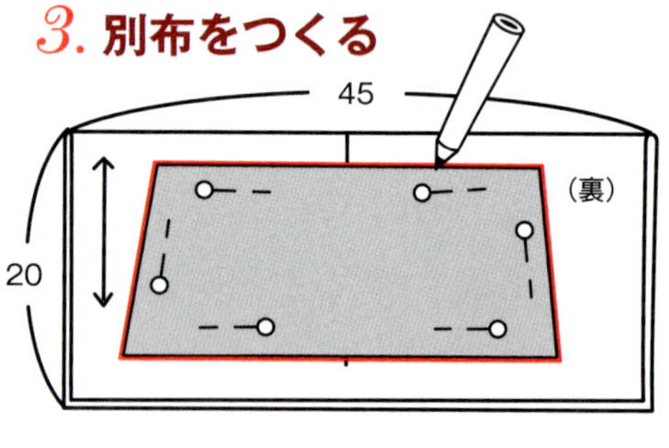
45
（裏）
20

別布を半分に切って、さらに半分に折り、裏側に型紙を置きます。マチ針でとめ、型紙にそってチャコペンで、できあがり線をかきます。同じものが2枚できます。

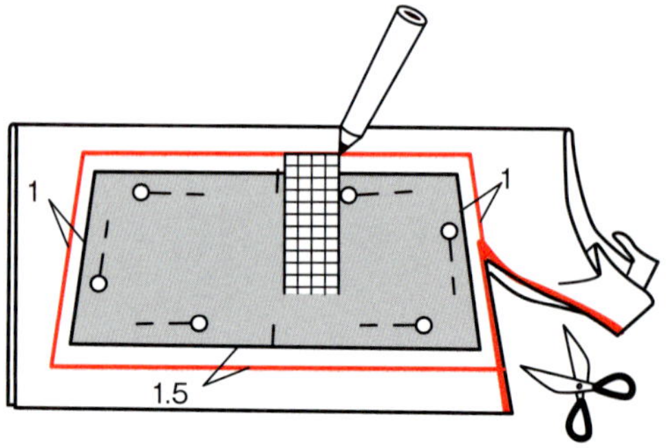
1
1
1.5

すそに1.5cm、そのほかは1cmのぬいしろを測って、チャコペンで線をかきます。同じようにもう2枚裁断します。

4. 別布の脇にミシンをかける

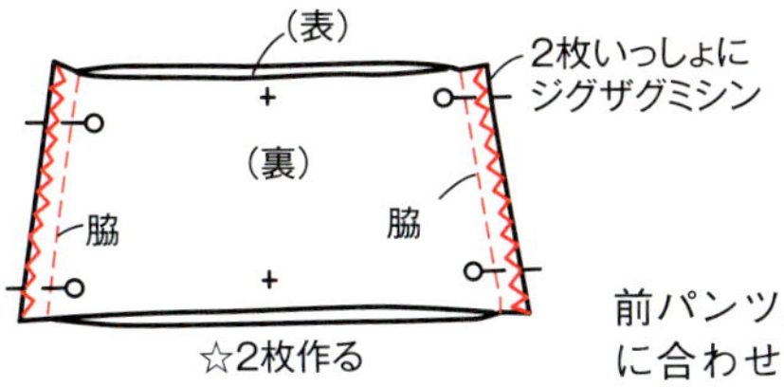

前パンツ、後ろパンツの別布を中表に合わせてマチ針でとめます。左右の脇のできあがり線にミシンをかけて、輪になるようにします。もう片方も同じようにミシンをかけます。脇のぬいしろの端に、ジグザグミシンをかけ、しまつします。

5. ぬいしろを倒す

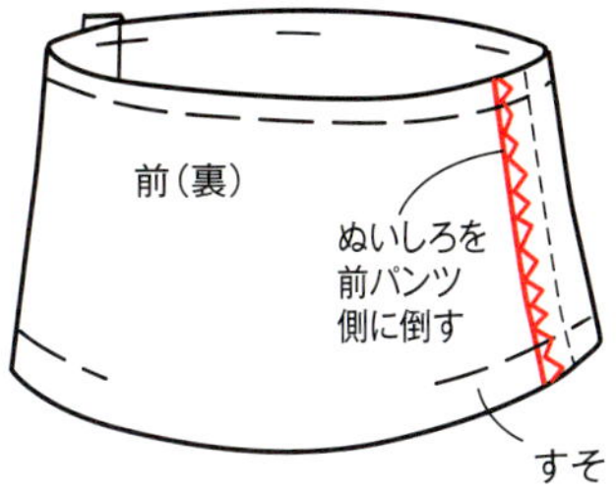

両脇のぬいしろを前パンツ側に倒します。

6. 別布のすそを三つ折りにする

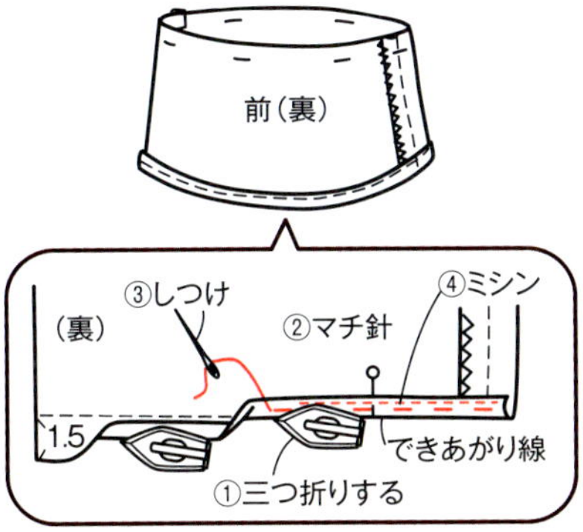

別布のすそを1.5cmの三つ折りにし、マチ針でとめ、しつけをかけます。ミシンをかけ、しつけをとりましょう。

7. パンツのすそと別布を合わせる

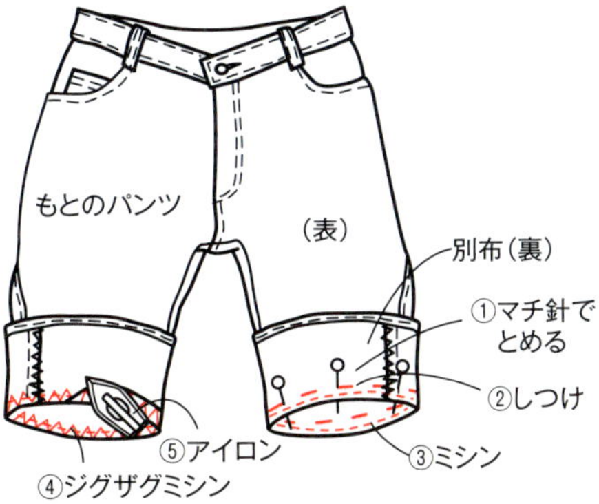

別布を図のようにくぐらせ、すそを合わせます。マチ針でとめて、しつけをかけましょう。
別布のぬいしろにミシンをかけ、パンツのすそとぬい合わせます。
パンツと別布のぬいしろを合わせて、いっしょにジグザグミシンをかけます。ぬいしろは上に倒し、アイロンをかけます。もう片方も同じようにぬいます。

8. ステッチをかける

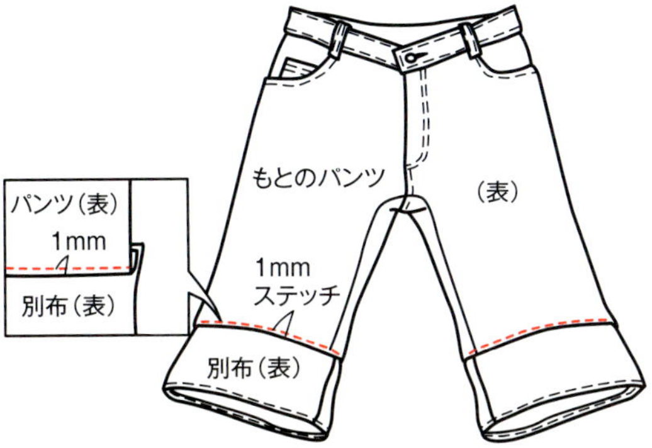

別布をおろして、もとのパンツと別布のぬい目の1mm上に、表からステッチをかけて、できあがり。

8cm出す

〈子どものワンピース〉

折りしろが少なく丈を長く出せない場合には、レースや別布を足して丈を出します。すその幅は、前身ごろより後ろ身ごろの方が多めになっている場合が多いので、かならず前身ごろと後ろ身ごろのすそ幅を測って、別布の型紙をとりましょう。

＊今回のお直し＊

すそにレース（はしごレース）と布を足して8cm長くします。
レース（140cm）、布（90cm × 30cm）を用意しましょう。

1. すそのまつりぬいをほどく

スカート（裏）

裏に返して、すそのまつりぬいをリッパーでほどきます。

2. 裁断する

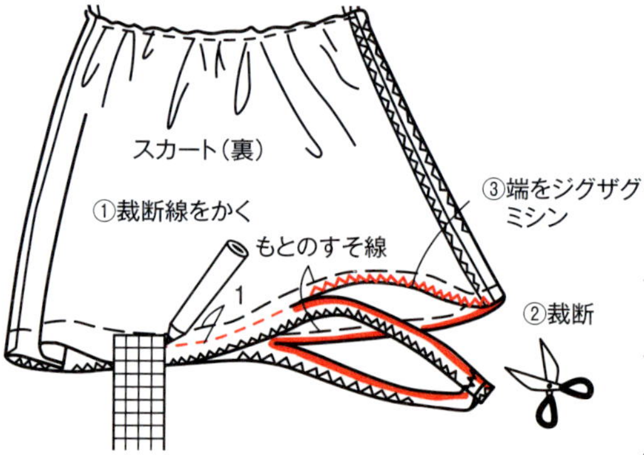
スカート（裏）
①裁断線をかく
もとのすそ線
1
③端をジグザグミシン
②裁断

すその折り目から下に、1cmのぬいしろをとり、チャコペンで裁断線をかきます。線にそって裁断します。
裁断したすそに、ジグザグミシンをかけます。

3. レースをつける

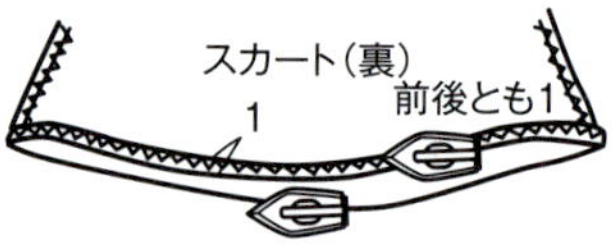
スカート（裏）
前後とも1
1

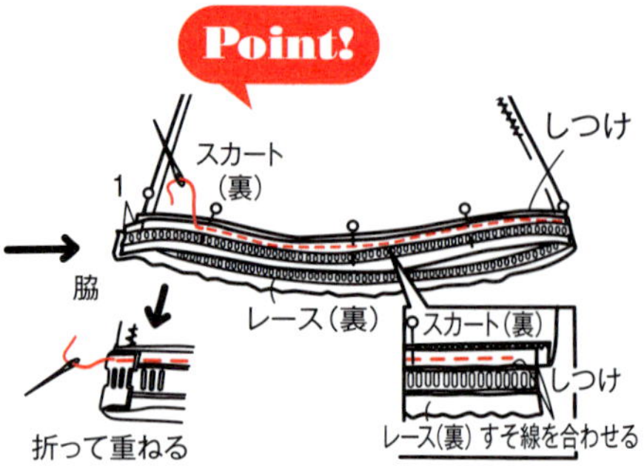
Point!
スカート（裏）
1
しつけ
脇
レース（裏）
折って重ねる
スカート（裏）
しつけ
レース（裏）すそ線を合わせる

すそを1cm折り上げ、アイロンをかけます。

レースを図のようにすそ線と合わせて、マチ針でとめてしつけをします。このとき、レースの片方の脇は前後とも1cm出し、折って重ねます。

4. すそにミシンをかける

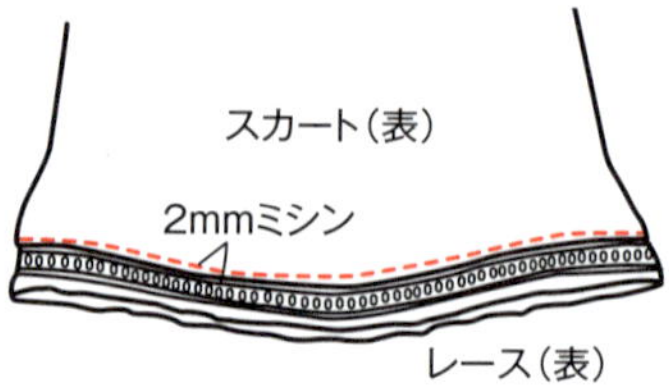
スカート（表）
2mmミシン
レース（表）

表に返して、スカートのすそに端ミシンをかけます。

5. 別布にできあがり線をかく

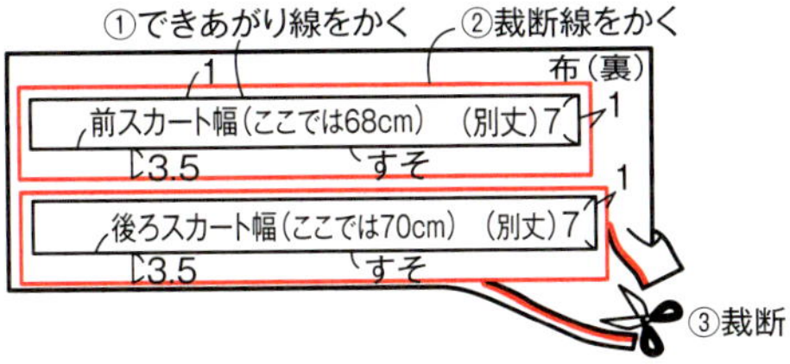

前スカートと後ろスカートの、すそ幅の長さを測ります。丈をそれぞれ7cmとり、図のようにチャコペンでできあがり線をかきます（今回は、前すそ68cm、後ろすそ70cm）。

6. 別布にミシンをかける

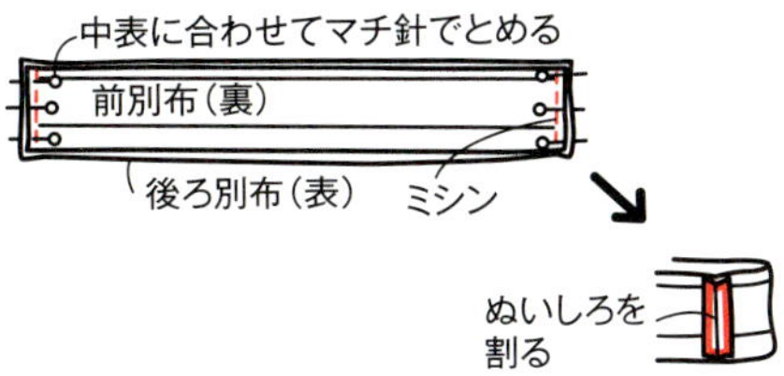

前スカートと後ろスカートの別布を、中表にして合わせ、脇をマチ針でとめます。線にそってミシンをかけます。ぬいしろは割ります。

7. 別布のすそをしまつする

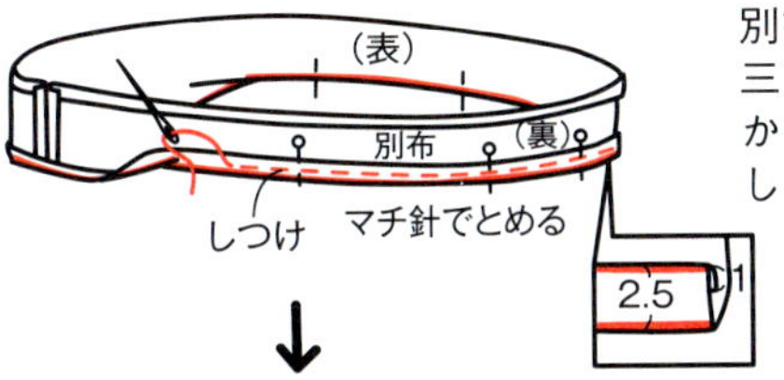

別布のすそは、図のような三つ折りにしてアイロンをかけ、マチ針でとめます。しつけをかけます。

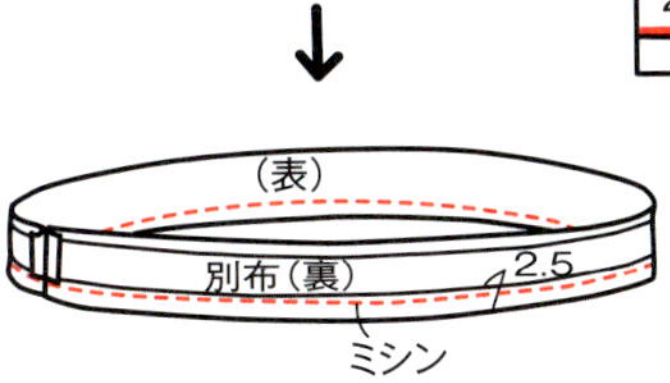

ふちにミシンをかけます。しつけをとります。

8. ぬいしろをしまつする

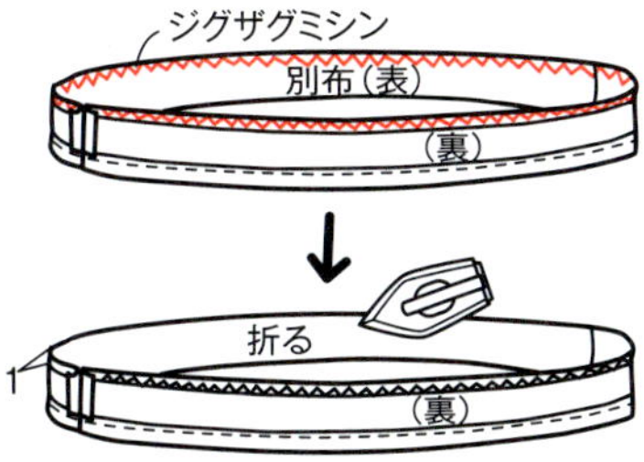

別布の上の端に、ジグザグミシンをかけます。ぬいしろを1cm裏側に折ります。

9. 別布をつける

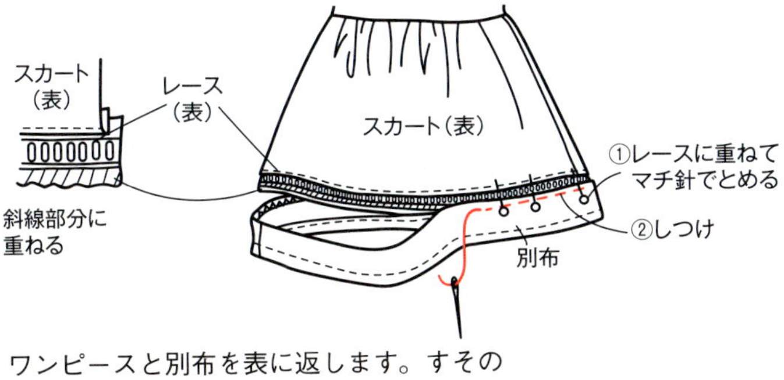

ワンピースと別布を表に返します。すそのレースと別布を図のように重ねて、マチ針でとめ、しつけをかけます。

10. ステッチをかける

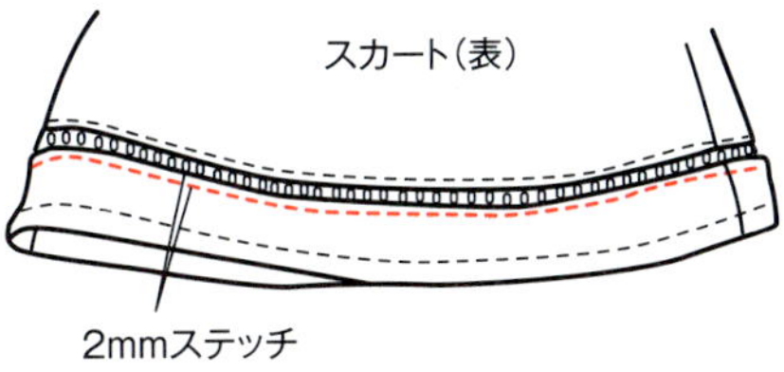

別布に端ミシンでステッチをかけて、できあがり。

ウエスト出しの基本

ウエストを１～２cm 出したい場合は、かぎホックやボタンの位置を外側にずらすのが、いちばんかんたんな方法です。それ以外の方法でつめたいときは、次ページ以降を参照しましょう。

1. かぎホックやボタンをはずす

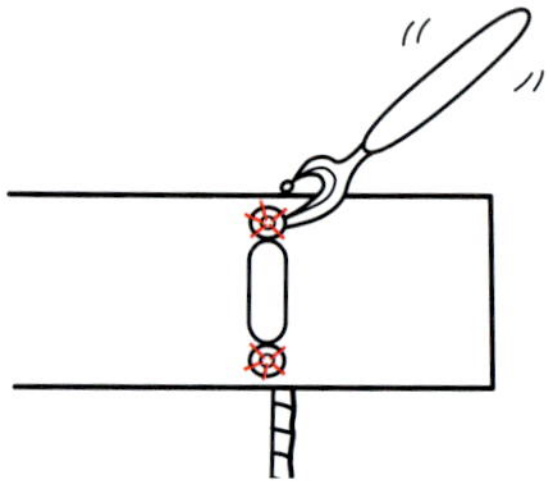

ウエストにあるかぎホックのアイ（11 ページ）、またはボタンの糸をほどいてはずします。

2. つけかえる位置に印をつける

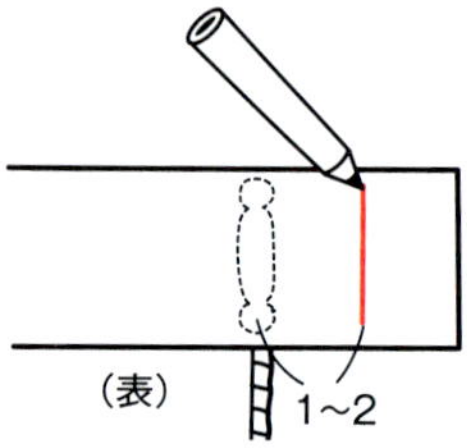

（表）
1～2

もとついていた位置より１～２cm 外側にチャコペンで印をつけます。ファスナーがしまる位置かどうか、チェックしましょう。

3. ホックやボタンをつける

Point!
ぬい終わりは、目立たないように裏で玉どめにする

かぎホックやボタンを手ぬいでつけます（11 ページ）。

プロのコツ！ ホック（前かん）でもサイズ調整できる！

ホックには、三段式、ゴム式やスライド式など、ウエストのサイズを調節できるものが市販されています。

▼三段式

スライド式の「伸びる前かん」は金具自体が伸びます。メンズ用とレディス用があります。

▼伸びる前かん

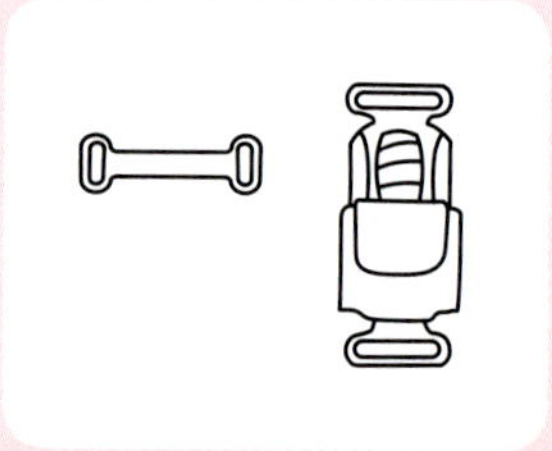

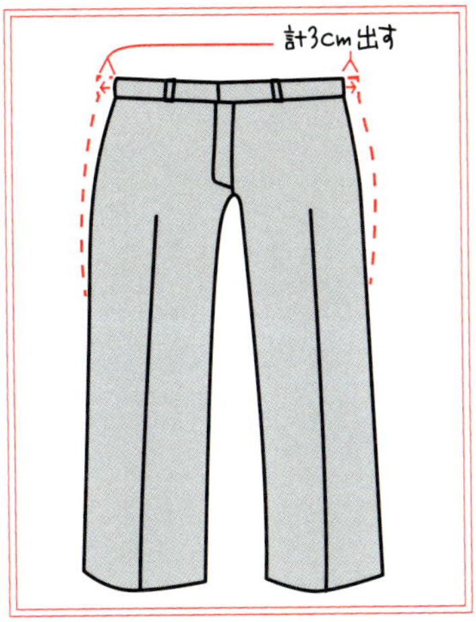

〈紳士もののズボン〉

紳士もののズボンのウエストを多めに出す場合には、後ろズボンのぬい目で調整します。ベルト部分と後ろズボンの股上の両方で、ウエストを広げましょう。股上からヒップラインは力のかかる部分なのでミシンで二度ぬいをします。

＊今回のお直し＊

紳士もののズボンの後ろズボンの、ウエストから股上にかけて、3cm出します。

1. ベルト通しをはずす

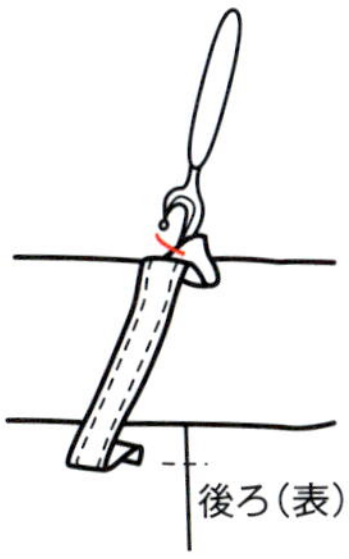

後ろのベルト通しのぬい目をリッパーでほどきます。

2. 見返しをほどく

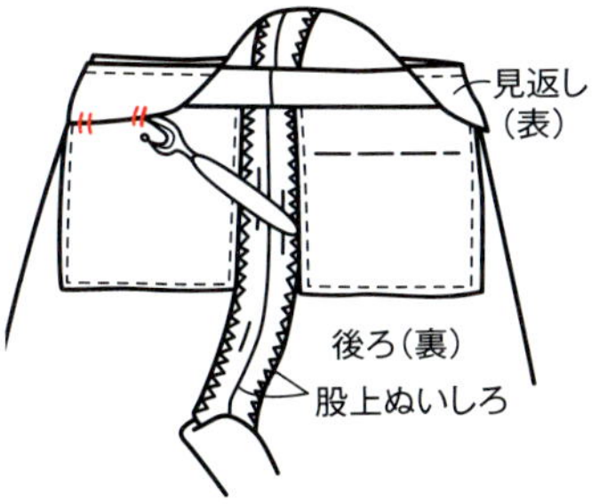

裏に返して、後ろ側の見返しのぬい目をリッパーでほどき、上にめくっておきましょう。

3. できあがり線をかく

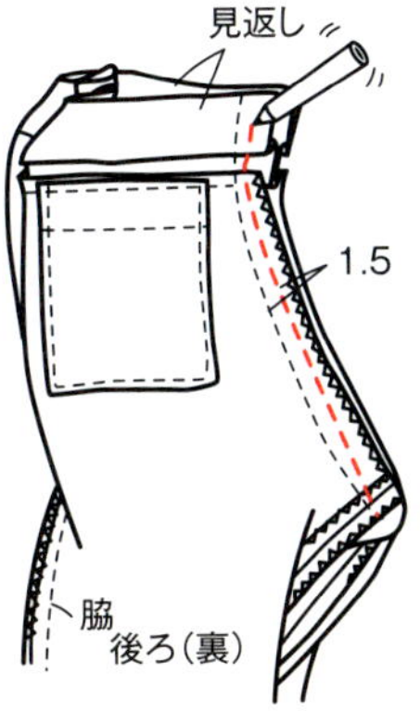

後ろズボンの股上のぬいしろに、アイロンをかけて広げます＊。ぬいしろを立てて、もとのぬい目の1.5cm外側に、できあがり線をチャコペンでかきます。

＊割ってあるぬいしろは、アイロンをかけ広げてから、2枚合わせて作業します。

4. ミシンをかける

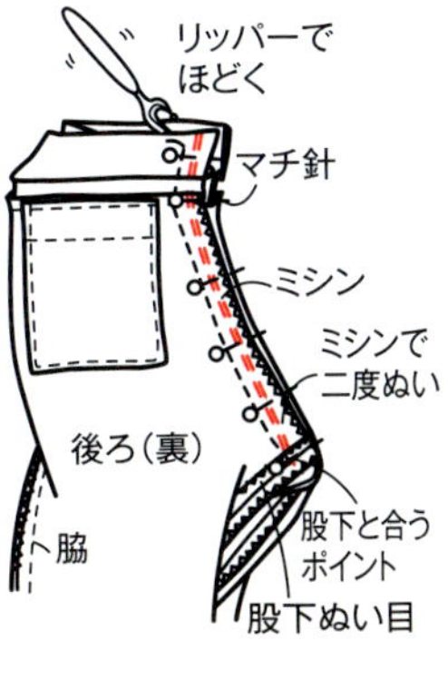

Point!

左右のベルト位置、股下とのぬい合わせ位置がずれないように、マチ針でとめます。できあがり線にそってミシンをかけます。もとのぬい目をリッパーでほどき、ぬいしろを割ります。

5. ベルト通しをつける

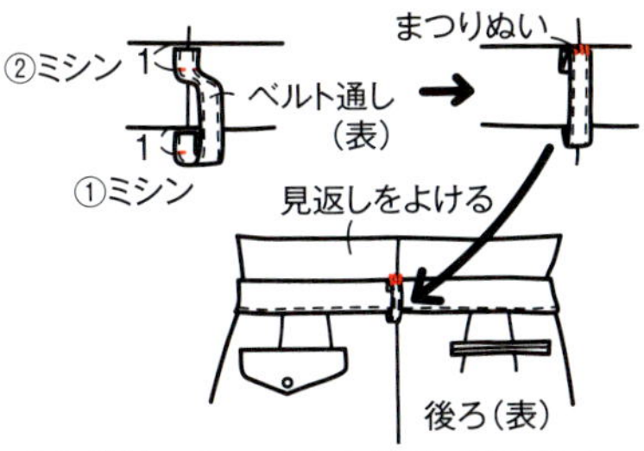

表に返して、ベルト通しを図のようにミシンでぬいます。上の部分は谷折りにして、図のように折って、まつりぬいをします。

6. 見返しをつける

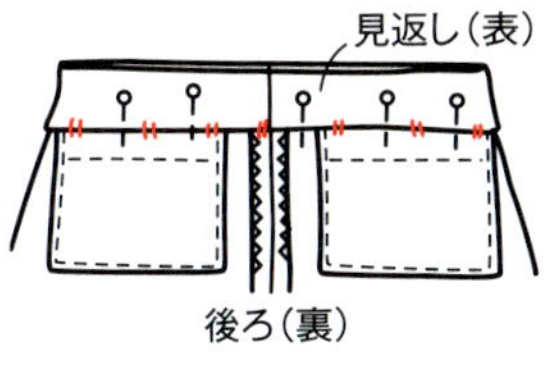

裏に返して、見返しを下ろしてマチ針でとめ、まつりぬいをして、できあがり。

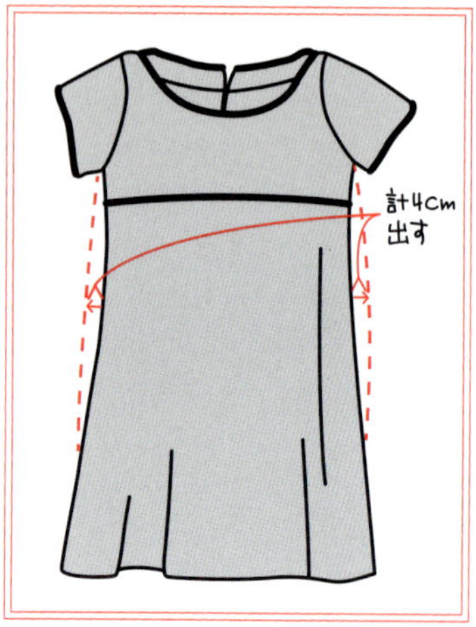
計4cm
出す

〈ワンピース〉

前後身ごろのダーツや、脇のラインで広げます。脇のラインのぬいはじめとぬい終わりは、自然につながるようにしましょう。仕上がりがきれいになります。裏地も同じように、ダーツや脇で広げましょう。

＊今回のお直し＊

ワンピースのウエストの幅を、脇で2cm（1cm×2）、ダーツ4本で2cm（5mm×4）の計4cm広げます。

1. ループをとる

裏スカート
（表）
両側とも
カット

裏に返して、両脇の裏地と表地をつないでいるループをはさみで切ります。裏地は上にめくり、ダーツ地が見えるようにします。

2. 脇とダーツのできあがり線をかく

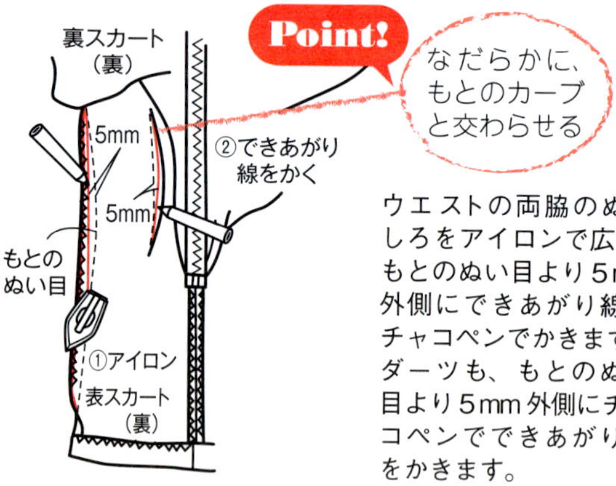
裏スカート
（裏）
Point!
なだらかに、
もとのカーブ
と交わらせる
5mm
②できあがり
線をかく
5mm
もとの
ぬい目
①アイロン
表スカート
（裏）

ウエストの両脇のぬいしろをアイロンで広げ、もとのぬい目より5mm外側にできあがり線をチャコペンでかきます。ダーツも、もとのぬい目より5mm外側にチャコペンでできあがり線をかきます。

3. ミシンをかける

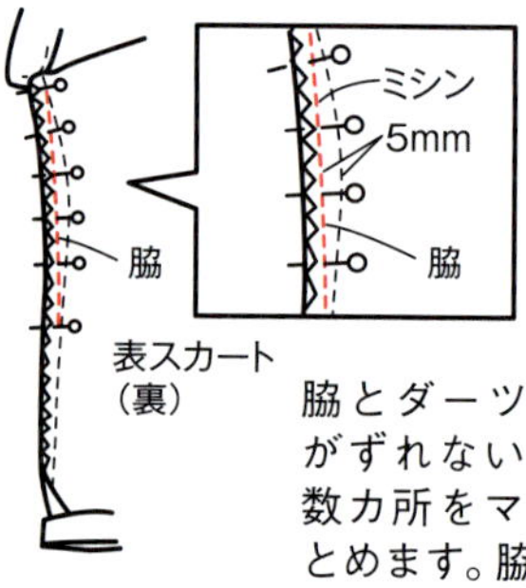
ミシン
5mm
脇
脇
表スカート
（裏）

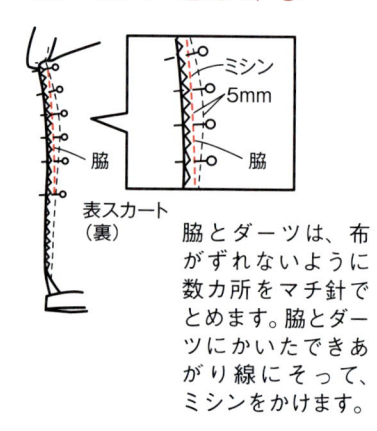

脇とダーツは、布がずれないように数カ所をマチ針でとめます。脇とダーツにかいたできあがり線にそって、ミシンをかけます。

4. もとのぬい目をほどく

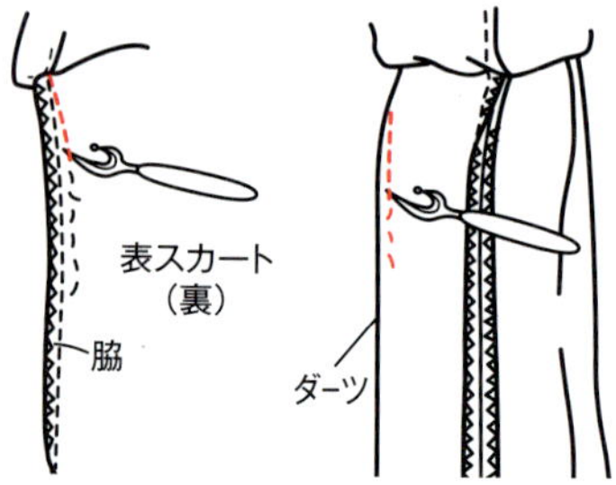
表スカート
（裏）
脇
ダーツ

脇とダーツのもとのぬい目を、リッパーでほどきます。脇のぬいしろは割り、ダーツは内側に倒しましょう。

5. 裏地を仕上げる

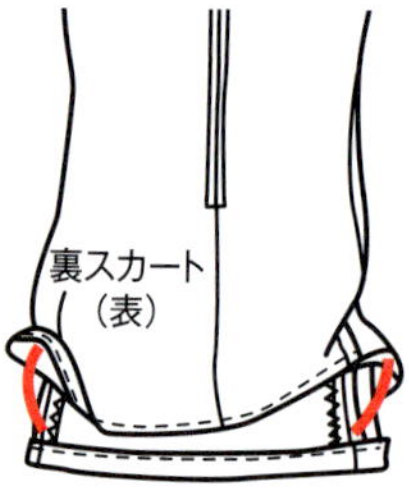
裏スカート
（表）

裏地は、表と同じように脇とダーツで4cm広げます。ループをつくり、すその脇で裏地と表地をとめて、できあがり。

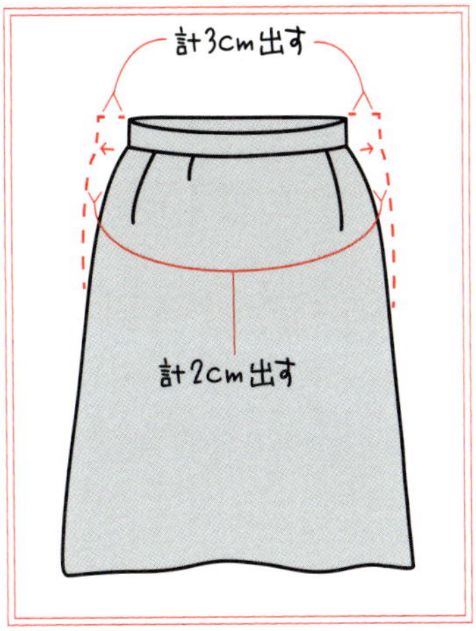

〈ベルトのあるスカート〉

ウエストを多めに出すときは、脇のヒップラインのぬい目を広げます。ベルトは別布をつけて広げましょう。ベルトの別布には、もとの布のぬいしろ分も、忘れずに寸法に入れましょう。

＊今回のお直し＊

スカート（セミタイト、後ろファスナー）のウエストを3cm、ヒップを2cm出します。別布（表地に似た素材と色のもの、90cm × 10cm）、ベルトしんも用意しましょう。

1. ステッチをほどく

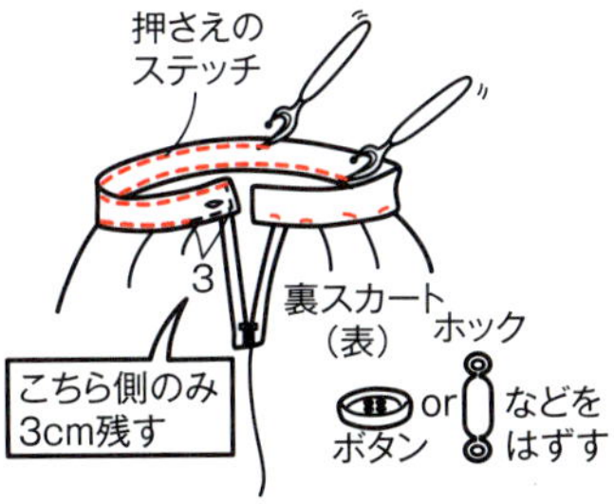

ベルトの端のボタン（とめ具）をとり、ベルトの上下のステッチをリッパーでほどきます。

2. 中心に印をつける

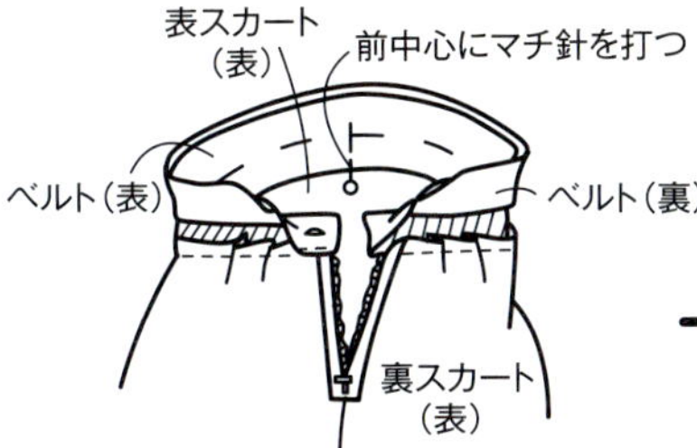

裏に返して、前スカートのウエストの幅を測り、中心に印をつけます。ほどいたベルトを広げます。

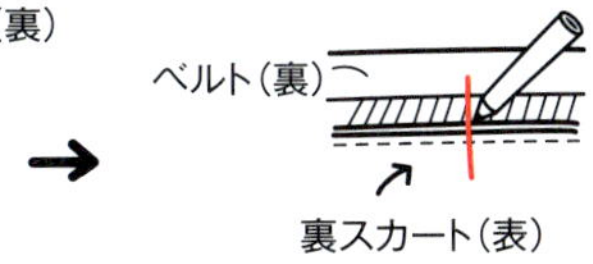

ベルトの裏側の中心にもチャコペンで印をかきます。*1* でのこした3cm以外のベルトを外します。

3. ベルトの端に印をつける

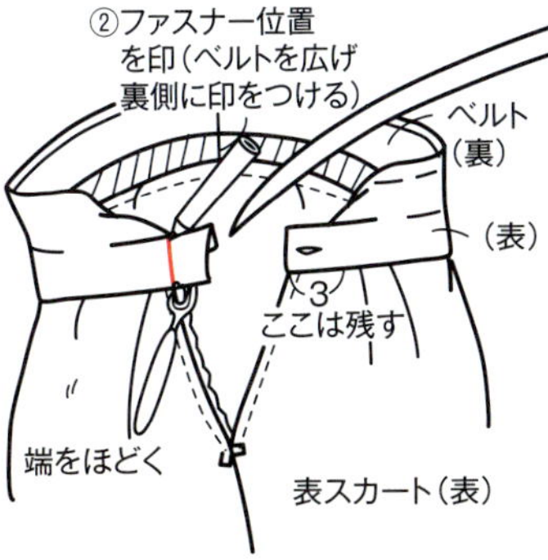

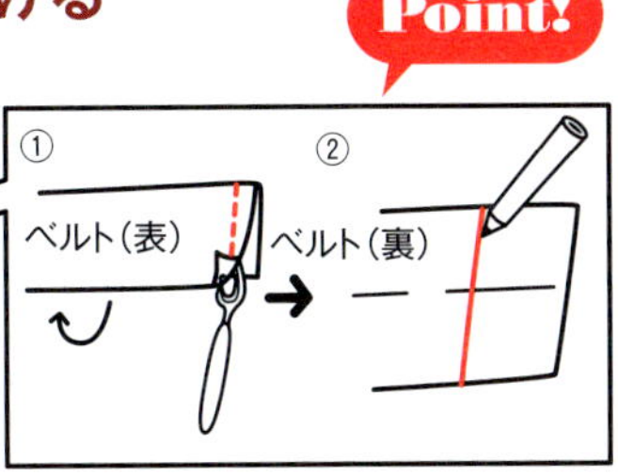

表に返して、ベルトの角をひっくり返して、ぬい目をリッパーでほどきます。スカートのファスナーがぬい合わされていた位置にチャコペンで印をつけます。

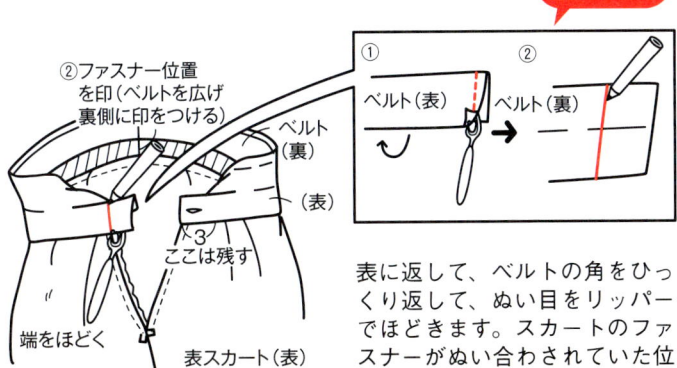

4. ベルトの幅を測る

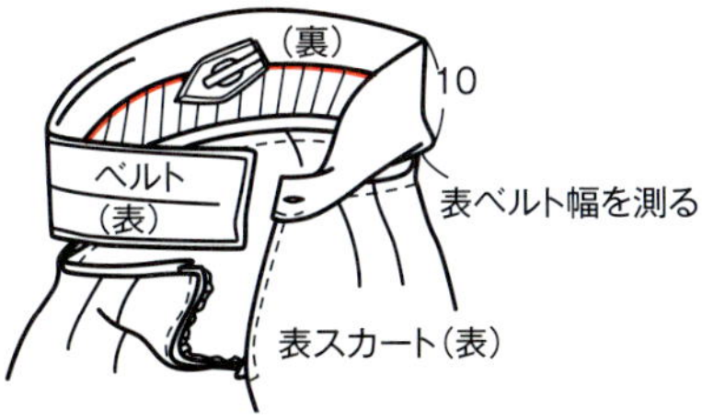

ベルトを開き、アイロンをかけます。ベルトの幅をものさしで測りましょう。今回は、10cmありました。

●次ページへ続く➡

5. ベルトの別布をつくる

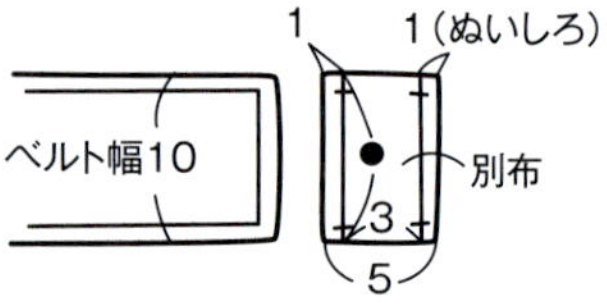
1
1（ぬいしろ）
ベルト幅10
別布
3
5

別布は、ぬいしろを両端に1cmとります。今回は、5cm×10cmの別布を使います。

6. 別布をつける

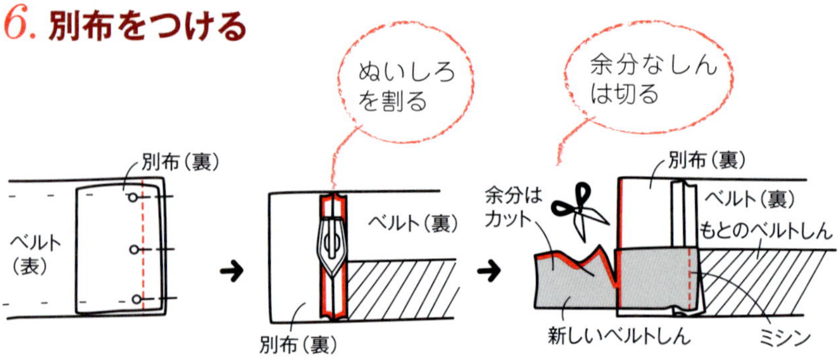
ぬいしろを割る
余分なしんは切る
別布（裏）
ベルト（表）
ベルト（裏）
別布（裏）
余分はカット
別布（裏）
ベルト（裏）
もとのベルトしん
新しいベルトしん
ミシン

別布のぬいしろをベルトに合わせて、マチ針でとめます。ミシンをかけます。

ぬいしろ線にそって、ぬいしろを左右に広げてアイロンで割ります。

新しいベルトしんを足して、ぬい合わせます。

7. 裏地をはずす

ベルト（裏）
5
5
ダーツ
裏スカート（表）

裏に返して、裏地のウエストのぬい目を両脇5cmずつほどきます。両脇のすそのループを切ってはずします。

8. 表地の脇を広げる

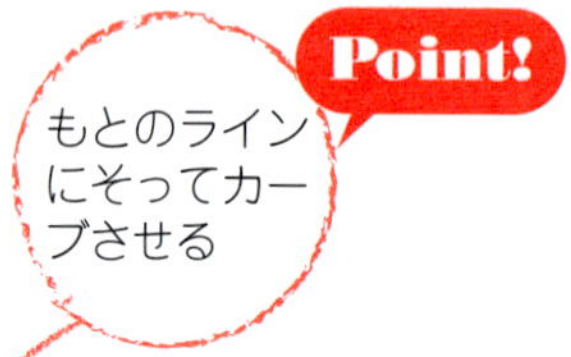
Point!
もとのラインにそってカーブさせる

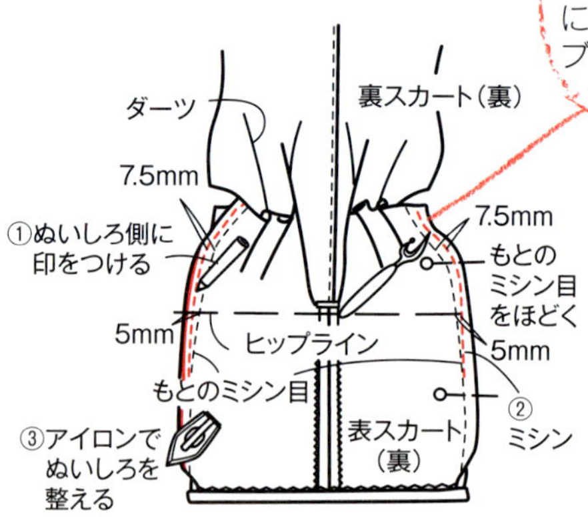
ダーツ
裏スカート（裏）
7.5mm
①ぬいしろ側に印をつける
5mm
ヒップライン
もとのミシン目
③アイロンでぬいしろを整える
7.5mm
もとのミシン目をほどく
5mm
②ミシン
表スカート（裏）

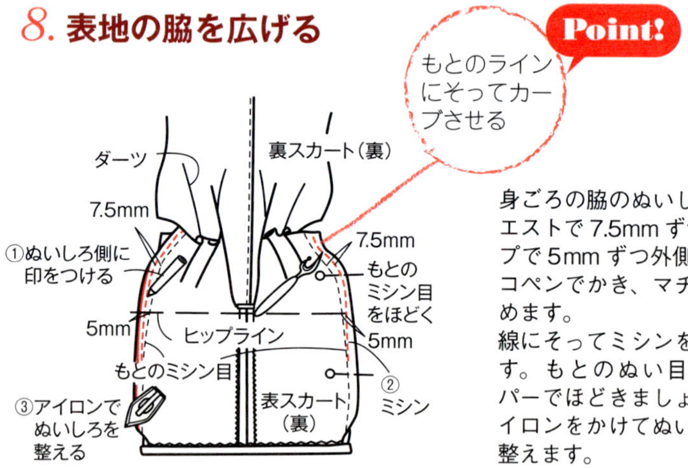

身ごろの脇のぬいしろをウエストで7.5mmずつ、ヒップで5mmずつ外側にチャコペンでかき、マチ針でとめます。
線にそってミシンをかけます。もとのぬい目をリッパーでほどきましょう。アイロンをかけてぬいしろを整えます。

9. 裏地の脇を広げる

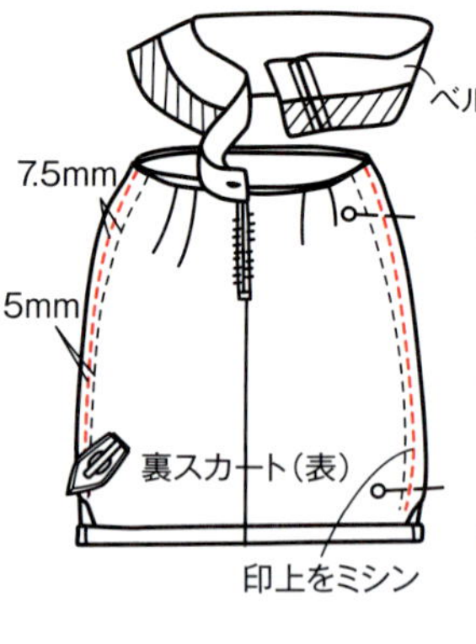
ベルト（裏）
7.5mm
5mm
裏スカート（表）
印上をミシン

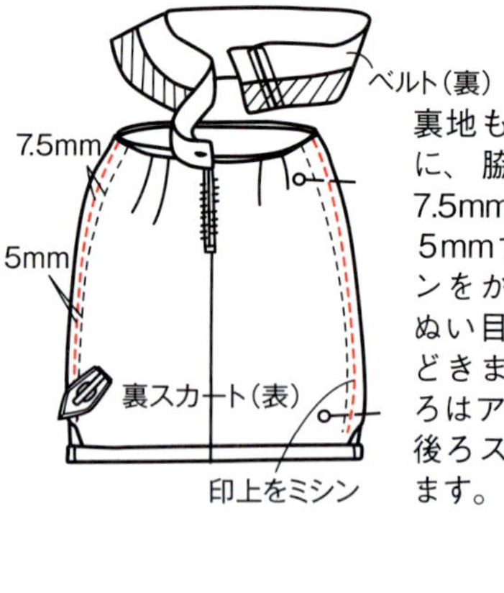

裏地も表地と同じように、脇のぬいしろで7.5mmずつ、ヒップで5mmずつ外側にミシンをかけます。もとのぬい目をリッパーでほどきましょう。ぬいしろはアイロンをかけて、後ろスカート側に倒します。

10. 表地と裏地を合わせる

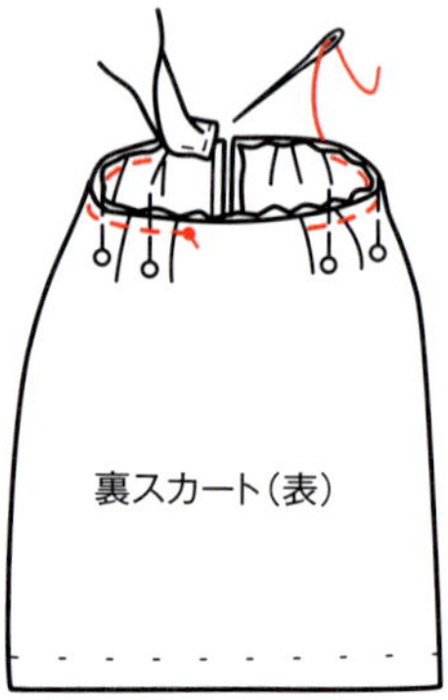
裏スカート（表）

はずしたウエストの脇の部分の表地と裏地を合わせ、マチ針でとめます。しつけをかけます。

11. ベルトをつける

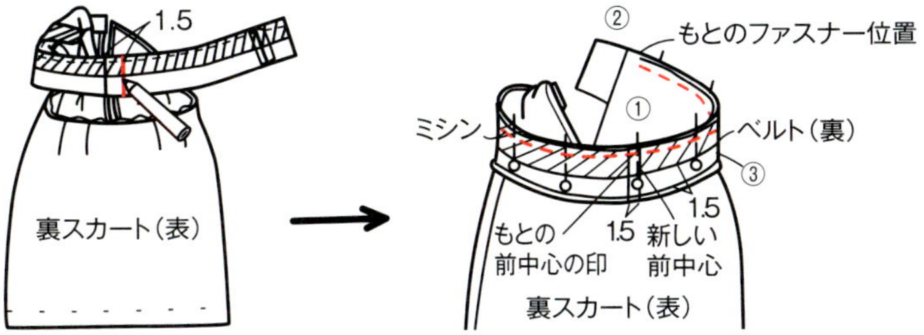

ベルトの中心線から、ボタンのほうに1.5cmずらして、新しい中心線をかきます。

ベルトは開いたまま、①②③の順でマチ針でとめ（①もとの中心の印から1.5cmずらしたところ、②3cm長くなったベルトの端、③①と②の間）、ミシンをかけます。

12. 端をしまつする

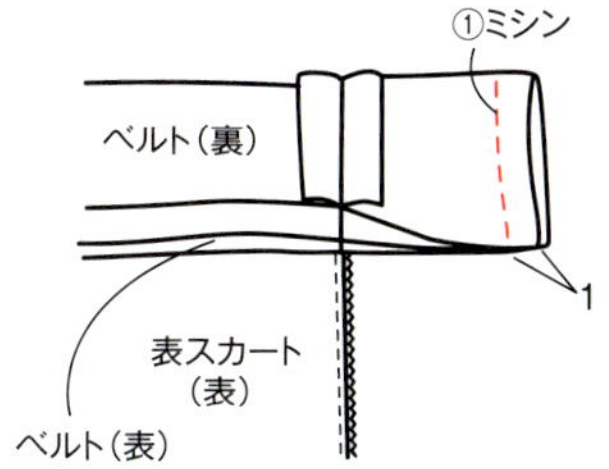

表に返して、ベルトの端は、図のように裏側にして二つ折りにします。ぬいしろを1cmとってチャコペンで線をひき、線にそってミシンをかけます。

13. ベルトをひっくり返す

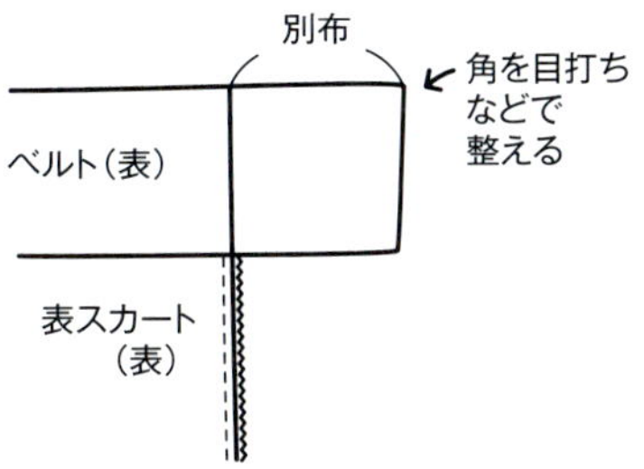

下のすきまから手を入れて、表にひっくり返します。ベルトの角は目打ちなどで整えましょう。

14. ベルトにしつけをかける

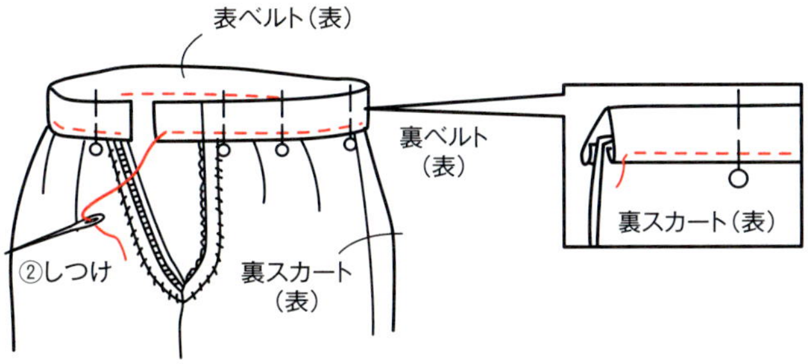

裏に返して、ベルトを二つ折りにして、ぬいしろを内側に折ります。図のように、ベルトをマチ針でとめ、しつけをかけます。

15. ステッチをかける

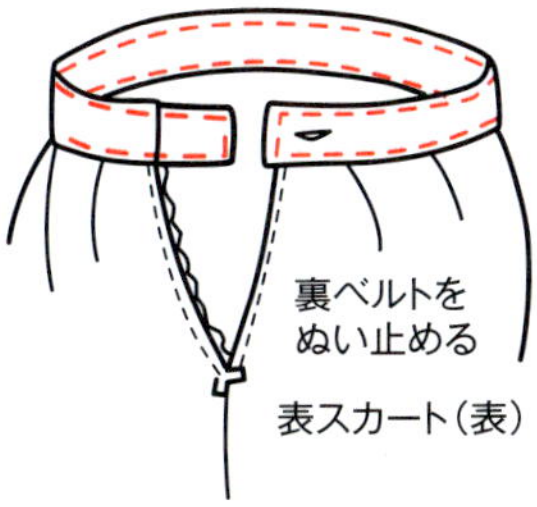

表に返して、残っているもとのぬい目に合わせて、表からステッチをかけます。

16. ボタン（とめ具）をつける

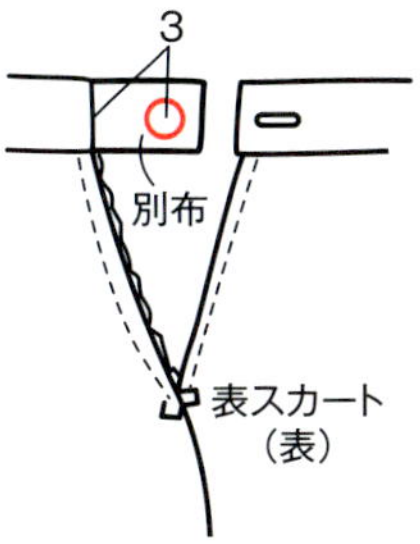

もとのボタンの位置から3cm別布側にぬいつけます。ボタンつけ糸でつけましょう。

17. ループでとめる

裏に返して、裏地のすそを両脇のループでとめて、できあがり。

計3cm出す

〈ベルトなしの**スカート**〉

ホックがつけ替えられないので、ダーツで広げます。前後スカートのウエストの見返しも、ダーツで広げた分と同じ寸法の、別布を足します。
別布は、市販の幅広バイアステープを使うと便利です。

＊今回のお直し＊

スカートのウエストを、ダーツ4本で3cm出します。見返しに似た色の別布（90cm × 10cm）、接着しんも用意しましょう。

1. ウエストのステッチをほどく

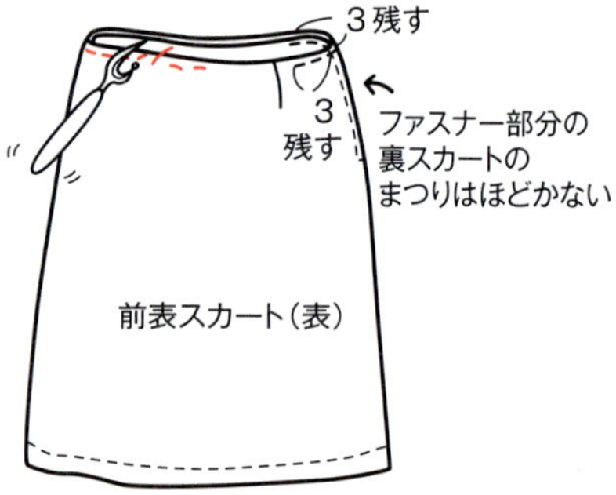

3残す
3
残す
ファスナー部分の
裏スカートの
まつりはほどかない
前表スカート（表）

ウエストのステッチは、ファスナーの手前3cmずつを残して、リッパーでほどきます。

2. 中心線をかく

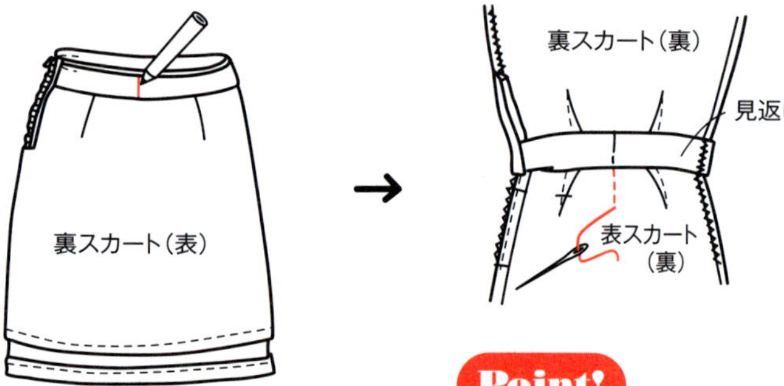

裏スカート（表）
裏スカート（裏）
見返し
表スカート
（裏）

裏に返して、表スカートの中心と、裏スカートの見返しの中心に、チャコペンで印をつけます。

Point!

見返しをめくり、表地の裏にも中心の印を、しつけ糸でつけておきます。

3. 裏地のぬい目をほどく

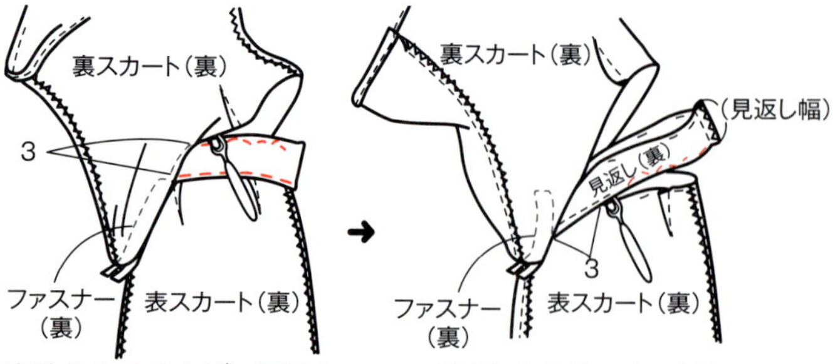

裏スカート（裏）
3
ファスナー
（裏）
表スカート（裏）
裏スカート（裏）
（見返し幅）
見返し（裏）
3
ファスナー
（裏）
表スカート（裏）

裏地をめくり上げ、裏地と見返しのぬい目をファスナーの手前3cmずつを残して、リッパーでほどきます。

見返しと表地のぬい目も、ファスナーの手前3cm残して、ほどきましょう。

4. ダーツにできあがり線をかく

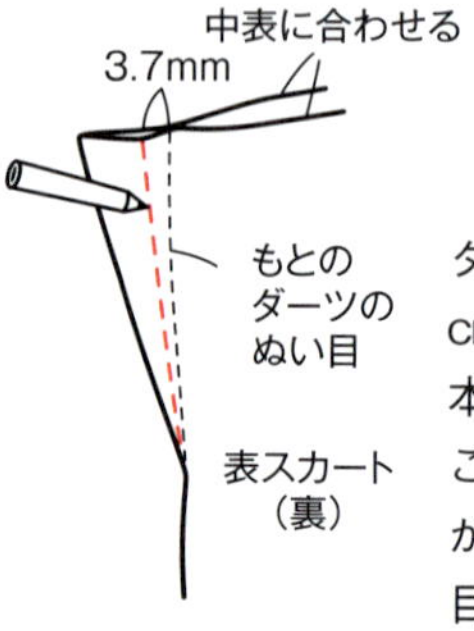

中表に合わせる
3.7mm
もとの
ダーツの
ぬい目
表スカート
（裏）

ダーツ4本で表地を3cm広げます。ダーツ1本で7.5mmずつつめることになります。できあがり線を、もとのぬい目より3.7mm＊外側にチャコペンでかきます。

＊ 7.5mmの半分(3.7mm)、ぬい目を外側に入れることで7.5mmダーツがつめられる。

5. ダーツをミシンでぬう

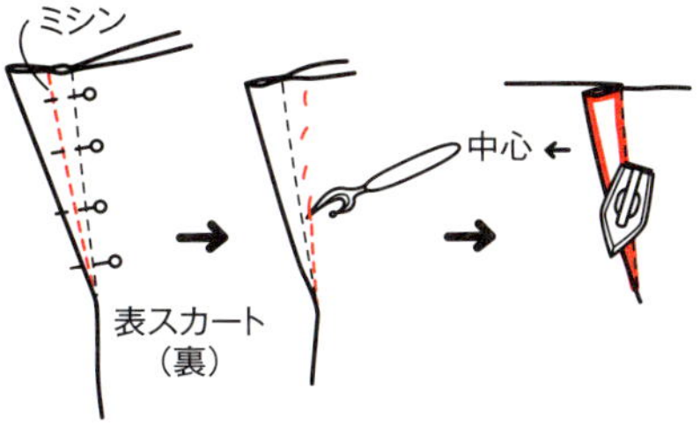

布をぴんと張ってマチ針でとめ、ミシンでぬいます。
もとのぬい目はリッパーでほどきましょう。ダーツは内側に倒します。

6. 見返しの別布をつくる

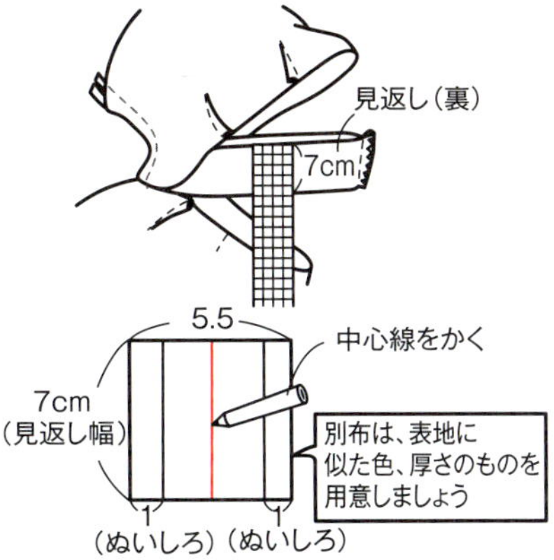

別布を左右5.5cm、上下は見返しに合わせた大きさに切ります（今回は5.5cm × 7cm × 2枚）。
別布の両端に、それぞれ1cmのぬいしろと真ん中に中心線をチャコペンでかきます。
見返しにしんがはってある場合には、別布にも接着しんをつけましょう。

7. 見返しの中心線を切る

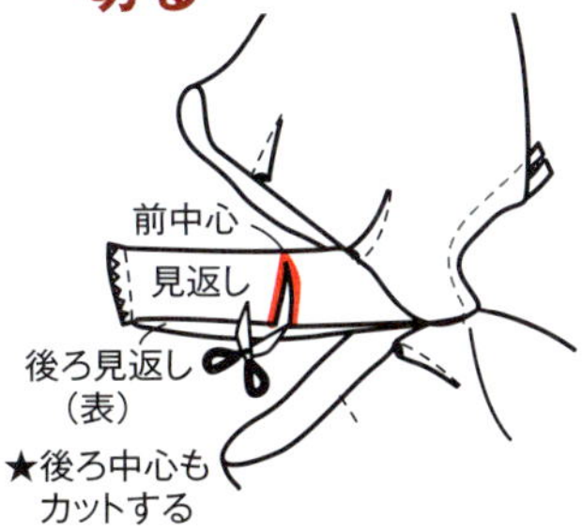

2でかいた前後の見返しの中心線を切ります。両端にぬいしろを1cmとります。

8. 別布をつける

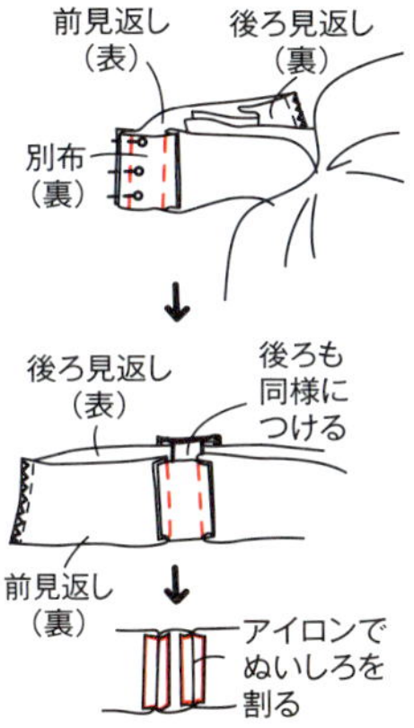

見返しを裏にします。見返しと別布のぬいしろを合わせて、マチ針でとめます。

線にそってミシンをかけ、後ろスカートの見返しも同様に別布を足しましょう。

ぬいしろを割ります。

9. 見返しを表地につける

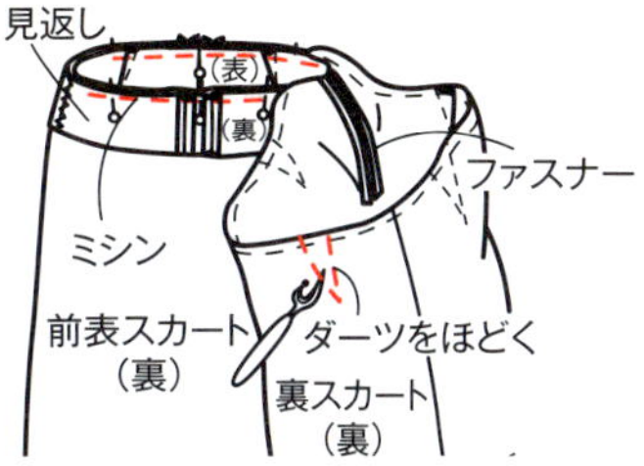

見返しの中心と表地の前後スカートの中心を合わせ、マチ針でとめます。しつけをかけ、ミシンでぬいます。裏地のダーツをリッパーでほどいて広げます。

10. 裏地と見返しをとめる

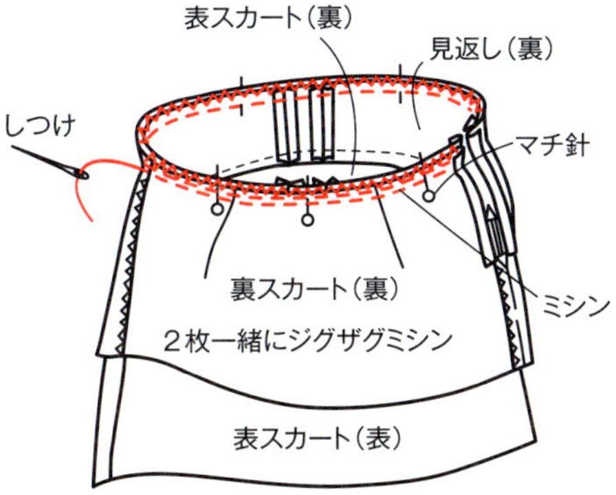

裏地は裏側にして、見返しの寸法に合わせてタックを寄せます。ぬいしろをマチ針でとめ、しつけをかけます。しつけにそってミシンをかけましょう。
裏地と見返しをぬい合わせたふちに、ジグザグミシンをかけます。ぬい目を見返し側に倒します。

11. ステッチをかける

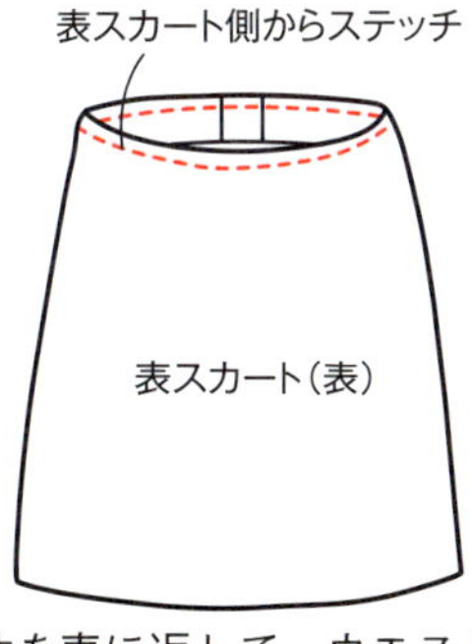

全体を表に返して、ウエストにステッチをかけて、できあがり。

Basic

ウエストつめの基本

かぎホックやボタンを内側にずらすのが、いちばんかんたんな方法です。ただ、つめられる寸法は１～２cm ぐらいです。それ以外の方法でつめたいときは、次ページ以降を参照しましょう。

1. かぎホックやボタンをはずす

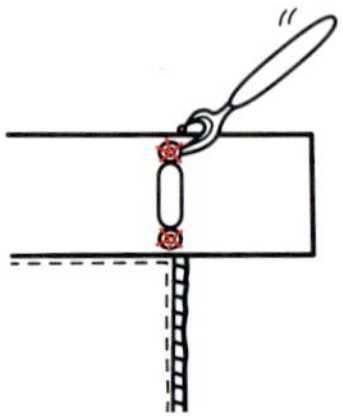

かぎホックのアイ、またはボタンの糸をほどいてはずします。

2. つけかえる位置に印をつける

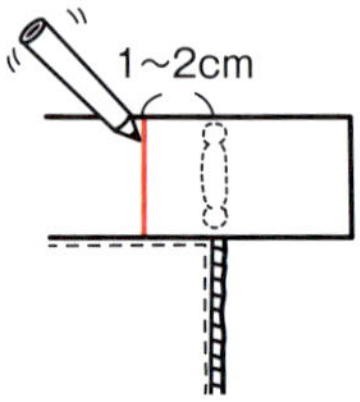

かぎホックのアイがついていた位置よりも１～２cm 内側に、チャコで印をつけます。

3. ホックやボタンをつける

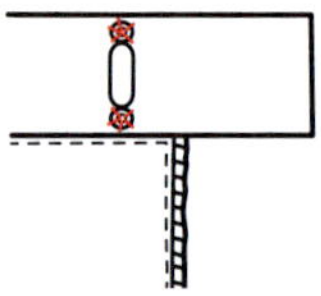

かぎホックやボタン（11 ページ）を手ぬいでつけます。ぬい終わりは、目立たないように裏で玉どめにします。

プロのコツ！ ウエストのとめ具がボタンのとき

ボタンはつけはずしをするときに、何度も力が加わります。そのため、糸が切れてボタンがとれることがよくあります。

とくにウエストのボタンは、腰かけたり、かがんだりするときに強い力がかかります。

ぬうときは、少し太めの強度のある糸（30 番）か、ボタンつけ用の糸を使いましょう。きつめにしっかりとつけると、とれにくいです。

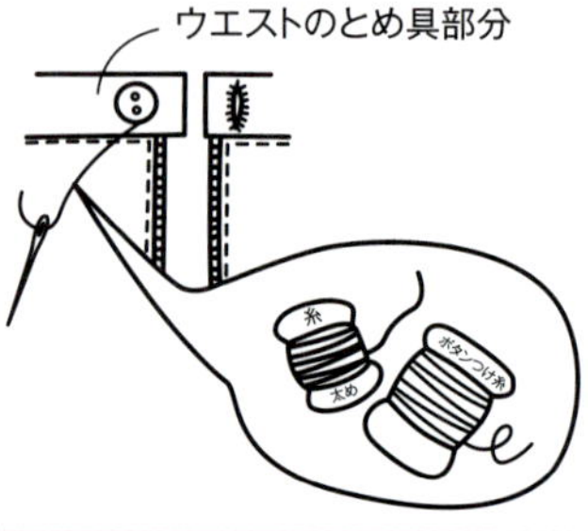

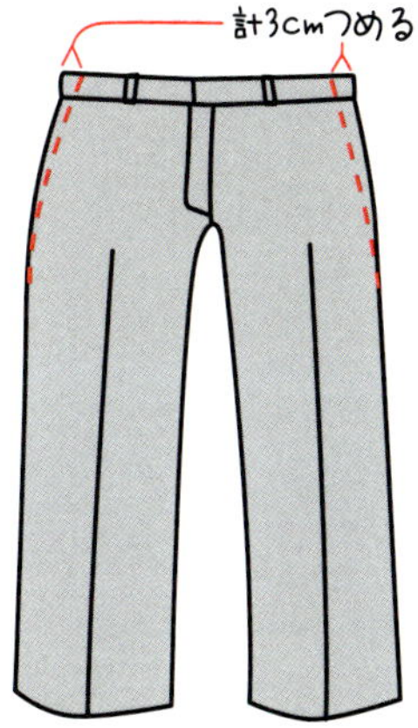
計3cmつめる

〈紳士もののズボン〉

後ろズボンの、ベルトと股上のぬい目をつめます。股上は、力のかかる部分なのでミシンで二度ぬいします。
もとのぬい目はほどいて、ぬいしろをアイロンで割ってきれいに仕上げましょう。

＊今回のお直し＊

紳士もののズボンの、後ろベルトの位置をぬって、ウエストを3cmつめます。

1. ベルト部分の見返しをはずす

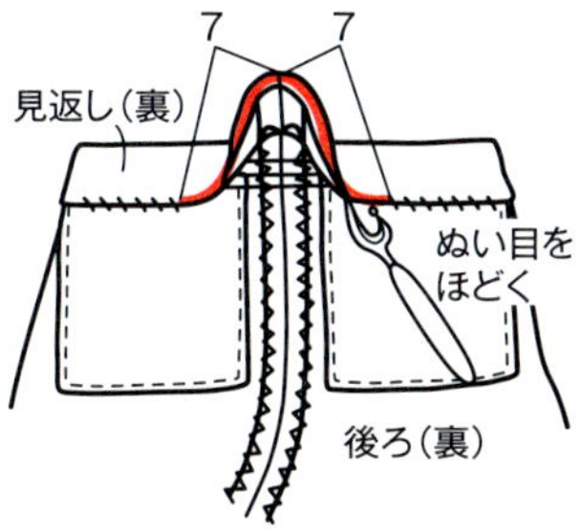
7
7
見返し（裏）
ぬい目を
ほどく
後ろ（裏）

裏に返して、後ろベルトの見返しのぬい目を、中心から左右に約7cmずつ、リッパーでほどきます。

2. できあがり線をかく

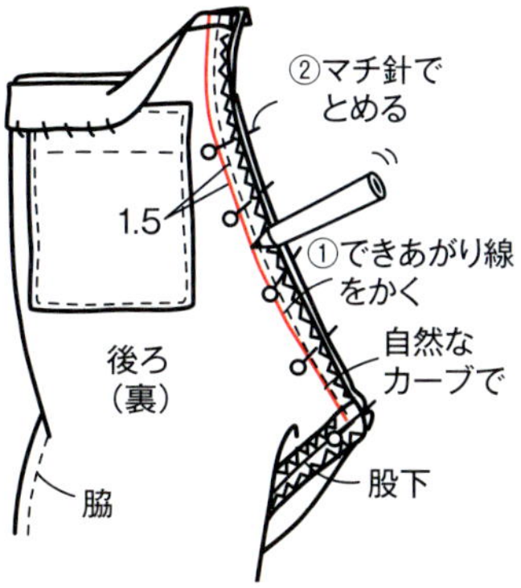
②マチ針で
とめる
1.5
①できあがり線
をかく
自然な
カーブで
後ろ
（裏）
脇
股下

ほどいた見返しを上げ、ぬいしろをアイロンで広げます＊。ぬい目の内側1.5cmのところに線をかきます。ぬい目を合わせてマチ針でとめ、自然な形になるように、見返し部分も同じように線をかきます。

＊割ってあるぬいしろは、アイロンをかけ広げてから、２枚合わせて作業します。

3. ミシンでぬう

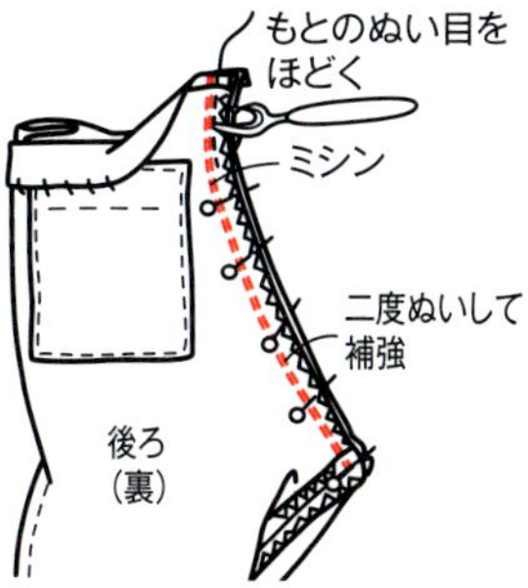
もとのぬい目を
ほどく
ミシン
二度ぬいして
補強
後ろ
（裏）

Point!

線にそってミシンでぬいます。股上のぬい目は、ミシンを２度かけて補強します。もとのぬい目をリッパーでほどきます。ぬいしろを割って、アイロンをかけます。

4. 見返しをもとに戻す

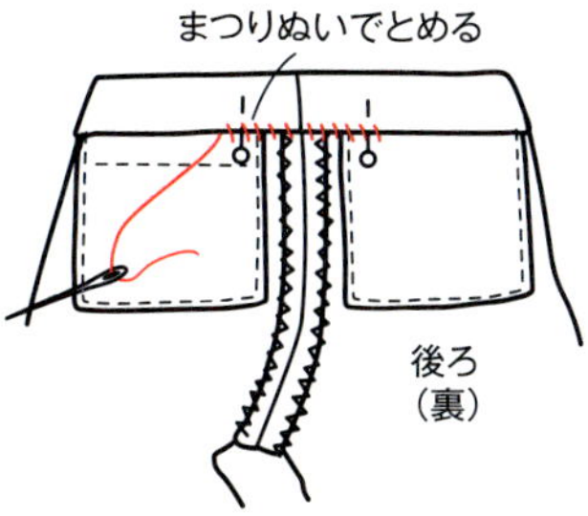
まつりぬいでとめる
後ろ
（裏）

見返しをもとに戻し、ぬいしろを折りこんでマチ針でとめます。見返しをまつりぬいでとめましょう。ポケット布もまつって、できあがり。

計2cmつめる

〈ウエストボタンがハトメの**パンツ**〉

ウエストのボタンがハトメでとめてある場合には、ボタンの位置での調節はできません。そのためウエストのベルトや、ウエストにダーツを入れてつめます。
ダーツは、後ろパンツのウエストに入れるときれいです。

＊今回のお直し＊

パンツ（ウエストボタンがハトメ）のベルトと後ろパンツに、ダーツを２本入れてウエストを２cm つめます。

1. ベルト通しをとる

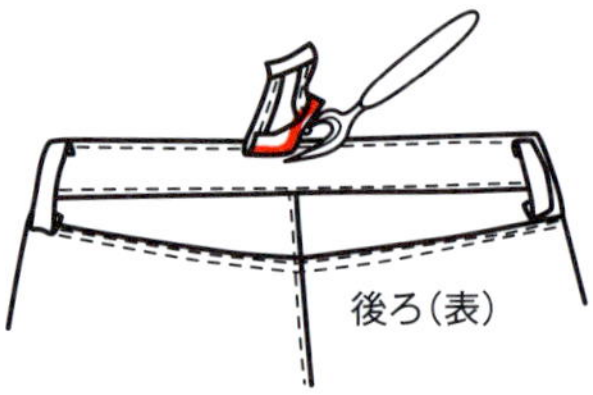
後ろ（表）

後ろ中心のベルト通しのぬい目を、リッパーでほどいて、はずします。

2. チャコペンで印をつける

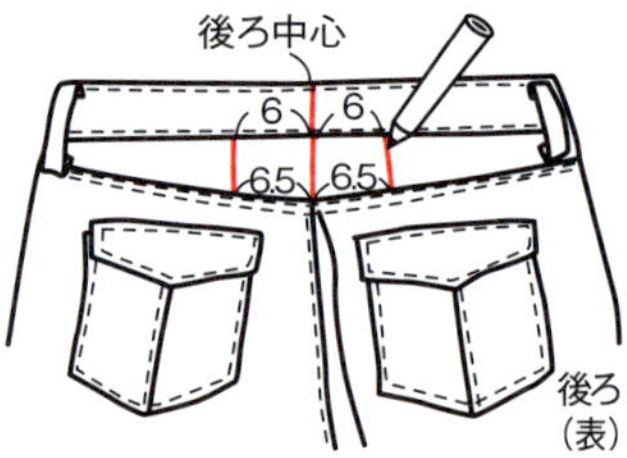
後ろ中心
6
6
6.5
6.5
後ろ
（表）

ベルトの中央に中心線と、その両側にダーツの線をチャコペンでかきます。今回は、中心線から左右6cm（ダーツを入れやすい位置）にダーツの線をかきます。

3. ベルトをはずす

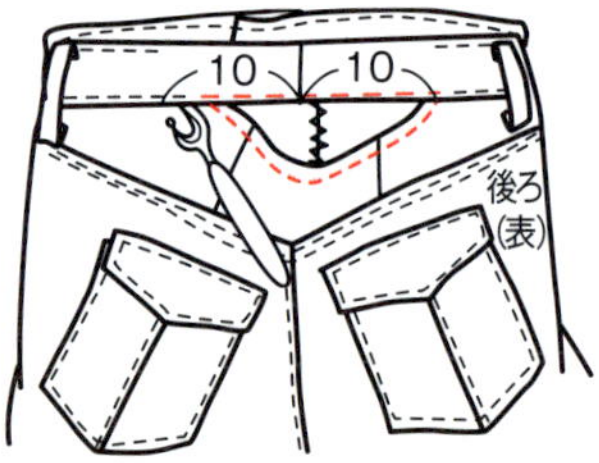
10
10
後ろ
（表）

後ろパンツとベルトのぬい目を、中心線から左右 10cm ほど、ほどきます。ベルトのステッチもリッパーでほどきましょう。

4. ベルトをつめる

Point!

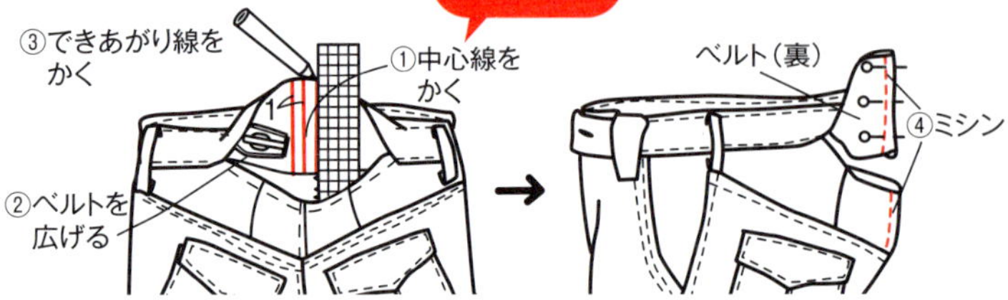
③できあがり線を
かく
①中心線を
かく
1
②ベルトを
広げる
ベルト（裏）
④ミシン

2 でかいた表の中心線に合わせて、裏側にも中心線をかきます。中心線にアイロンをかけて広げ、中心線から左右１cm の部分にそれぞれできあがり線をかきます。

中心線で図のように折り、マチ針でとめます。できあがり線にそってミシンをかけます。

5. ベルトを整える

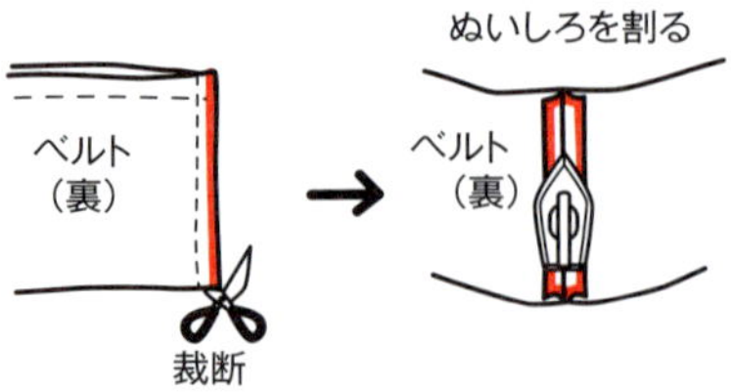
ぬいしろを割る
ベルト
（裏）
ベルト
（裏）
裁断

中心線の輪になっている部分をハサミで切ります。左右に割ります。

6. ダーツを作る

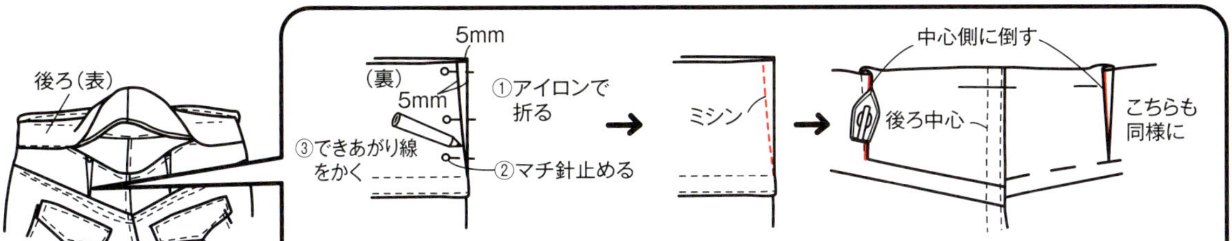

後ろ（表）
5mm
（裏）
5mm
①アイロンで
折る
③できあがり線
をかく
②マチ針止める
ミシン
中心側に倒す
後ろ中心
こちらも
同様に

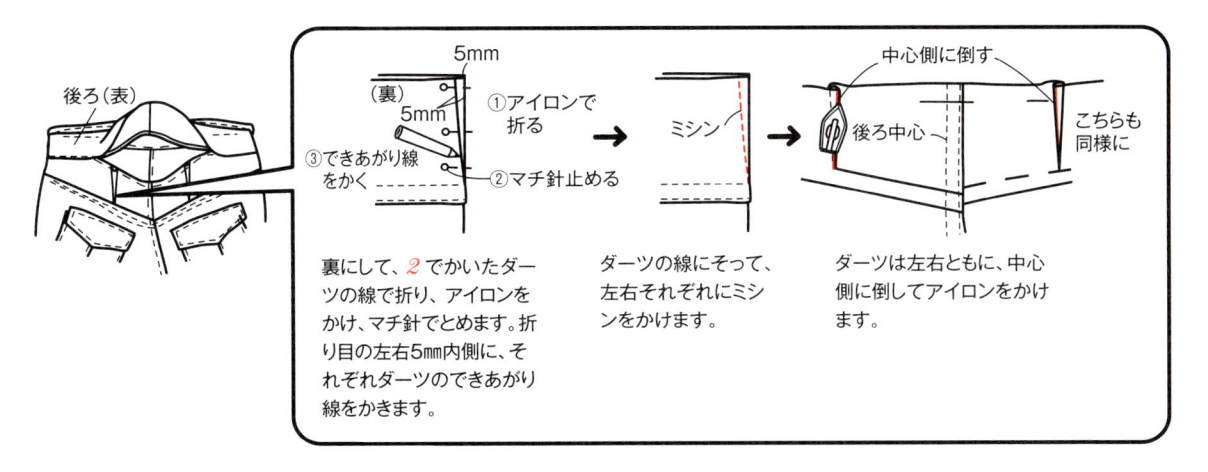

裏にして、2でかいたダーツの線で折り、アイロンをかけ、マチ針でとめます。折り目の左右5mm内側に、それぞれダーツのできあがり線をかきます。

ダーツの線にそって、左右それぞれにミシンをかけます。

ダーツは左右ともに、中心側に倒してアイロンをかけます。

7. ダーツにステッチをかける

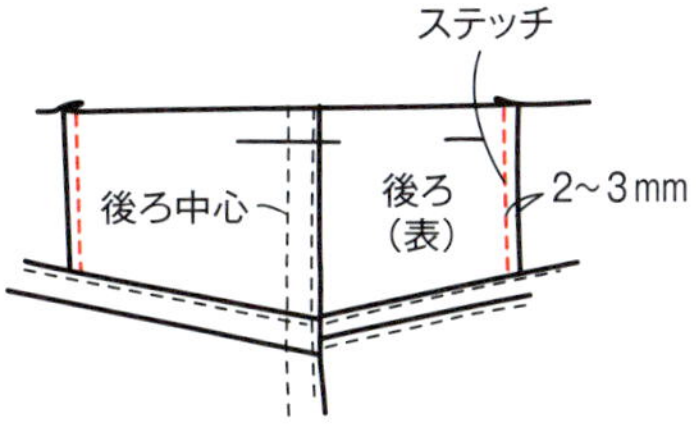

ステッチ
後ろ中心
後ろ
（表）
2~3mm

表に返して、左右それぞれのダーツのぬい目から2～3mm内側に、ミシンでステッチをかけます。

8. ベルトを後ろズボンにつける

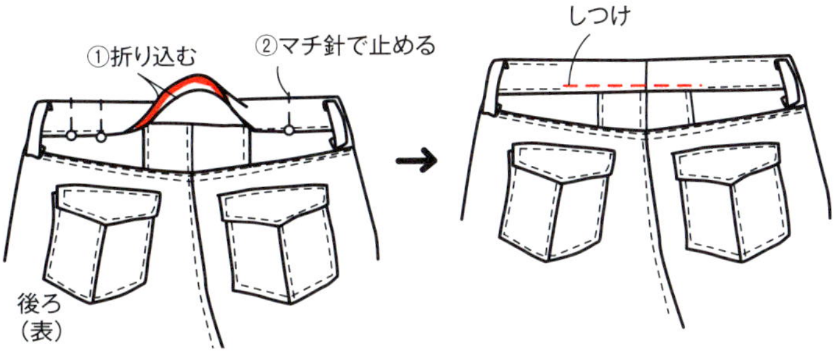

①折り込む
②マチ針で止める
後ろ
（表）
しつけ

ベルトをもとのとおりに半分に折り、ぬいしろを内側に入れます。身ごろにかぶせて、マチ針でとめます。

アイロンをかけて、しつけをします。

9. ベルトにステッチをかける

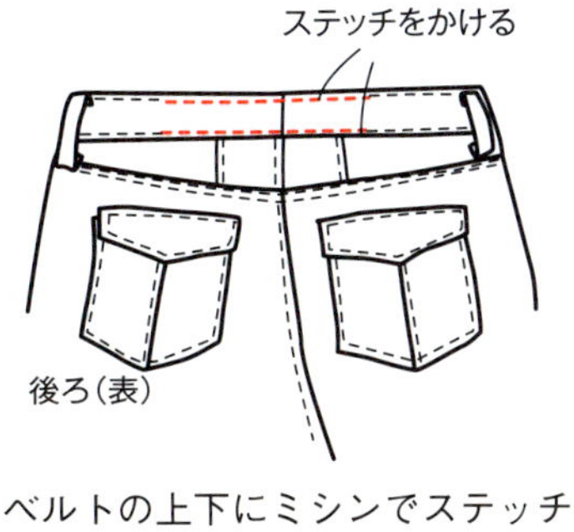

ステッチをかける
後ろ（表）

ベルトの上下にミシンでステッチをかけます。

10. ベルト通しをつける

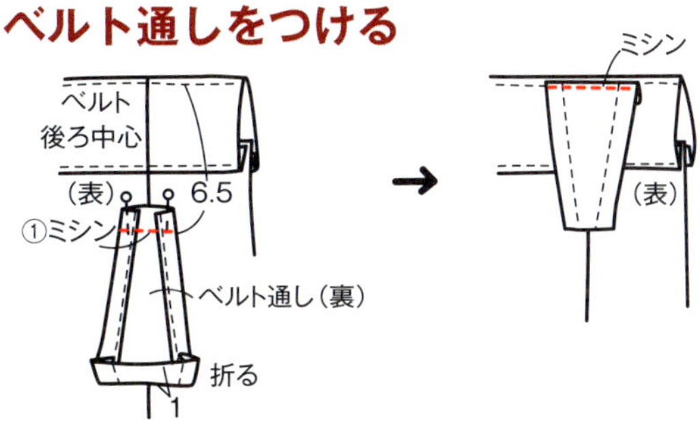

ベルト
後ろ中心
（表）
6.5
①ミシン
ベルト通し（裏）
折る
1
ミシン
（表）

ベルト通しは、下から先にマチ針でとめ、しつけをしてミシンをかけます。上の部分も同じようにしつけをします。

ベルト通しを表に返してミシンをかけて、できあがり。

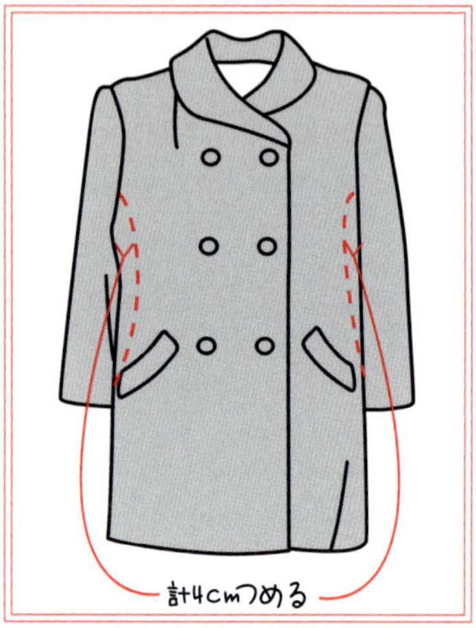

計4cmつめる

〈ゆったりしたコート〉

前後の身ごろに、新しくダーツをとって、ウエストラインの幅をつめます。ダーツの位置と長さを決めるには、身ごろの中心線とウエストラインをきちんと測っておくことが大切です。前身ごろのダーツはボタンやポケットの位置に気をつけてとりましょう。

＊今回のお直し＊

裏地なしのコートに前身ごろと、後ろ身ごろのそれぞれ2本ずつダーツ（4cm）をとり、全体で16cmつめます。

1. ウエストの位置を測る

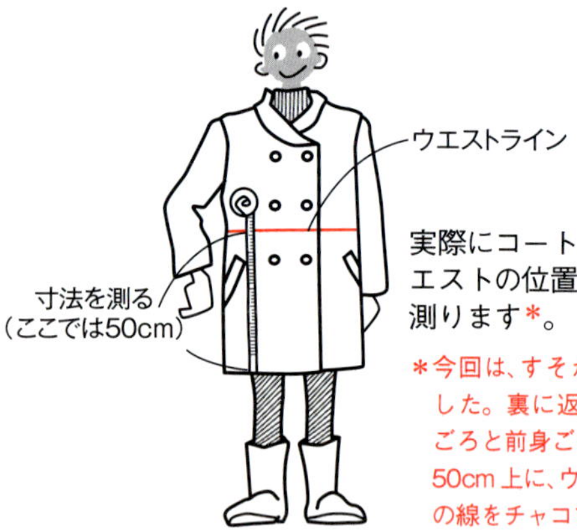

ウエストライン
寸法を測る
（ここでは50cm）

実際にコートを着て、ウエストの位置をすそから測ります＊。

＊今回は、すそから50cmでした。裏に返して、後ろ身ごろと前身ごろのすそから50cm上に、ウエストラインの線をチャコでかきます。

2. 後ろ身ごろのダーツの中心線をかく

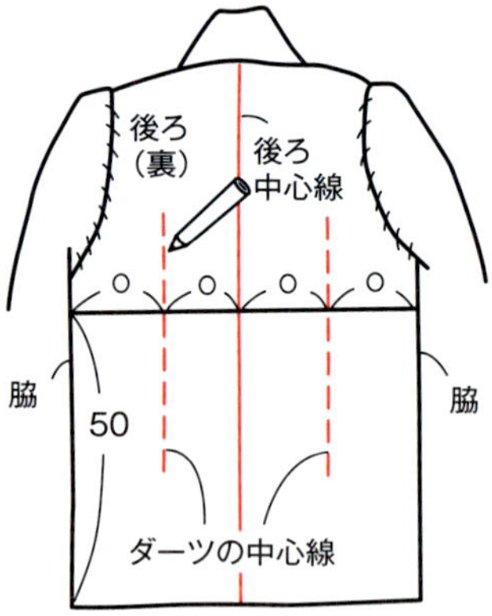

後ろ
（裏）
後ろ
中心線
脇
50
脇
ダーツの中心線

裏に返して、ウエストの位置の幅を測り、中心線をきめます。中心線と脇の真ん中にダーツの中心線を左右にそれぞれかきます。

3. ダーツのできあがり線をかく

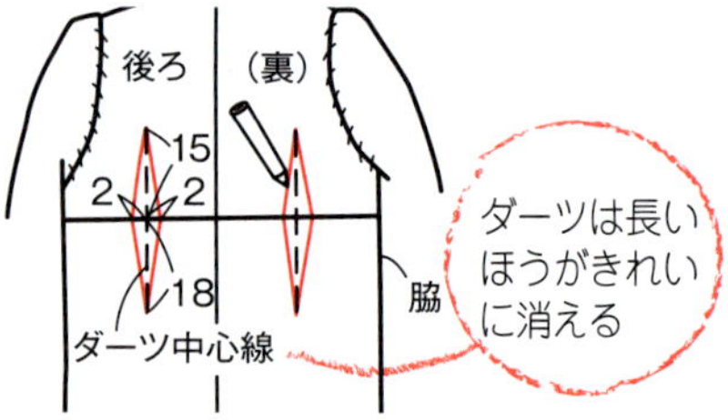

後ろ
（裏）
15
2
2
18
ダーツ中心線
脇
ダーツは長いほうがきれいに消える

ウエストの位置でダーツの幅を4cm（中心線の左右2cmずつ）とり、図のようにできあがり線をチャコでかきます。今回は、ウエストから15cm上、18cm下の長さをとります。

4. 前身ごろのダーツの中心線をかく

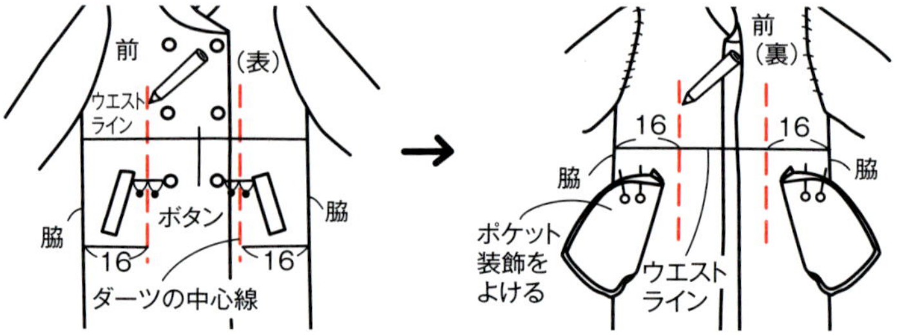

前
（表）
ウエスト
ライン
ボタン
脇
脇
16
16
ダーツの中心線
前
（裏）
16
16
脇
脇
ポケット
装飾を
よける
ウエスト
ライン

表に返して、ポケットとボタンの間の長さを測り、真ん中にチャコペンで印をかきます。しつけ糸で印をつけ、裏側に印を写します。

裏に返して、しつけ糸を目安にして、ダーツの中心線をかきます。

5. ダーツのできあがり線をかく

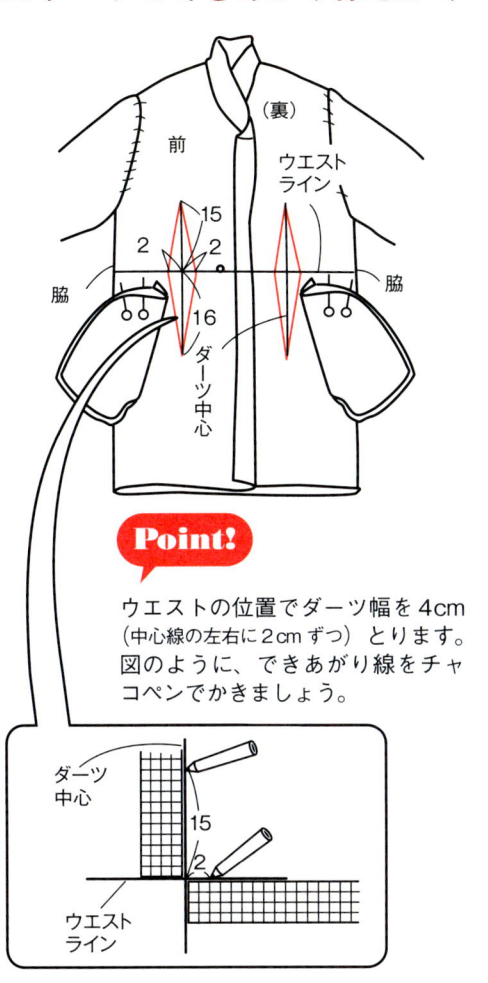

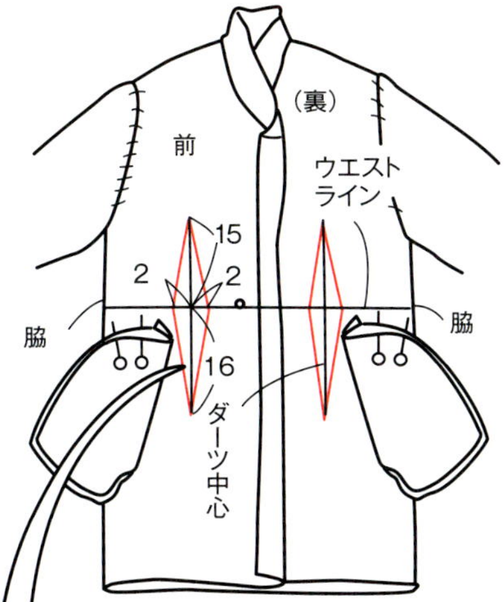

Point!

ウエストの位置でダーツ幅を4cm（中心線の左右に2cmずつ）とります。図のように、できあがり線をチャコペンでかきましょう。

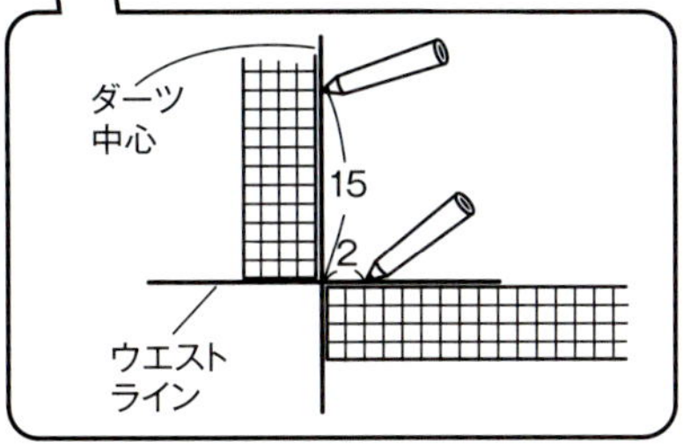

6. ダーツをぬう

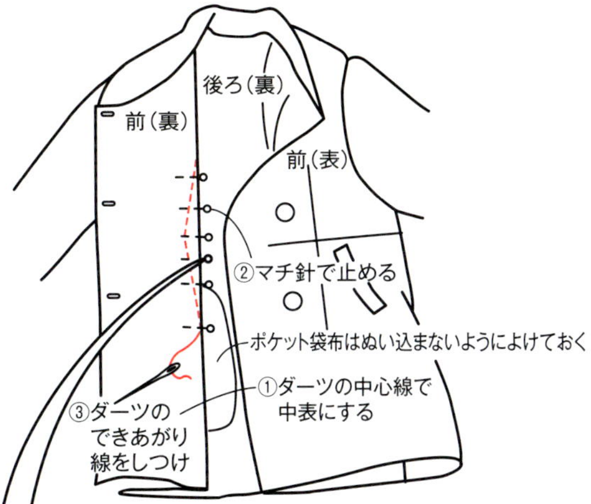

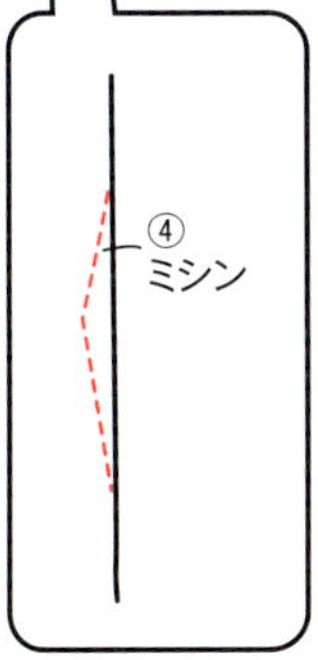

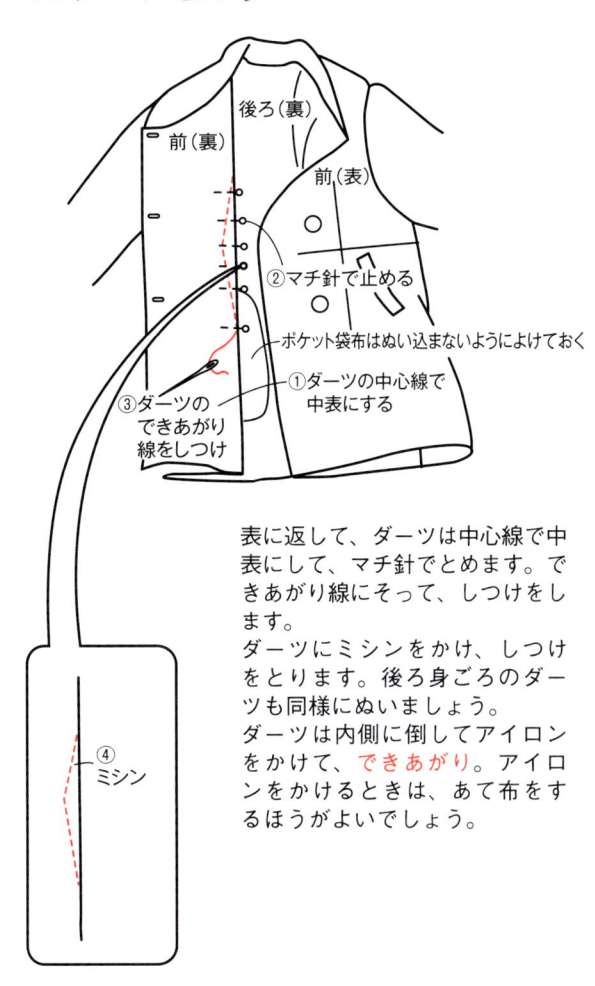

表に返して、ダーツは中心線で中表にして、マチ針でとめます。できあがり線にそって、しつけをします。

ダーツにミシンをかけ、しつけをとります。後ろ身ごろのダーツも同様にぬいましょう。

ダーツは内側に倒してアイロンをかけて、できあがり。アイロンをかけるときは、あて布をするほうがよいでしょう。

こんなときは　コートの長さや、形がちがう

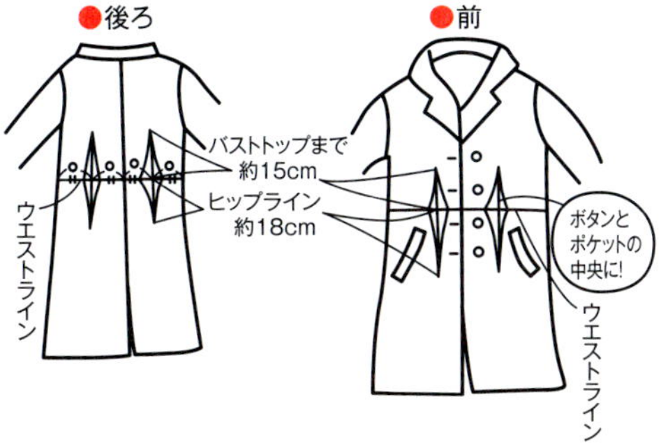

●**ダーツの位置**

身ごろの左右それぞれの中央に、とります。ただし、前身ごろはボタンやポケットなどに、注意して位置を調節します。

●**ダーツの長さ**

ウエストの位置から上は15cm前後、下は18cm前後が目安です。

●**ダーツの幅**

細くしたい寸法の4等分の幅でとります（前後身ごろで4本とる場合）。生地が厚手の場合や柄のある場合には、ダーツの幅を調節＊しましょう。

＊細くしたい分をダーツでとれない場合には、脇のラインもつめるようにしましょう。

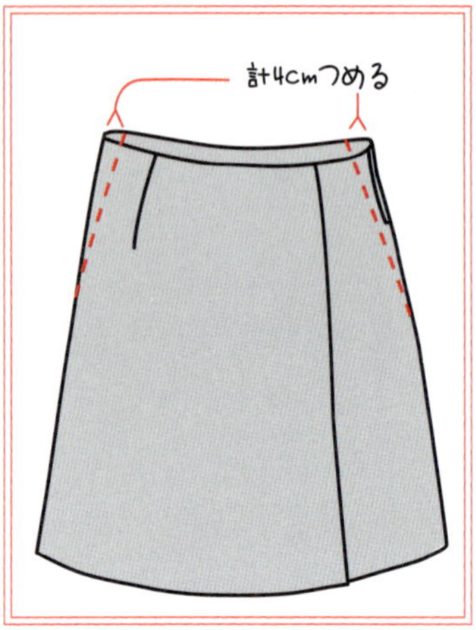
計4cmつめる

〈ベルトなしのスカート〉

脇のぬいしろやダーツで、ウエストをつめます。ベルトなしの場合は、スカートの見返しも、同じようにつめましょう。脇はぬいはじめやぬい終わりが、もとのぬい目に交わるように自然なカーブで仕上げると、シルエットがきれいになります。

＊今回のお直し＊

スカート（ベルトのないもの）に、ダーツ３本と切りかえでそれぞれ１cmとって、合計4cmウエストをつめます。

1. ステッチをほどく

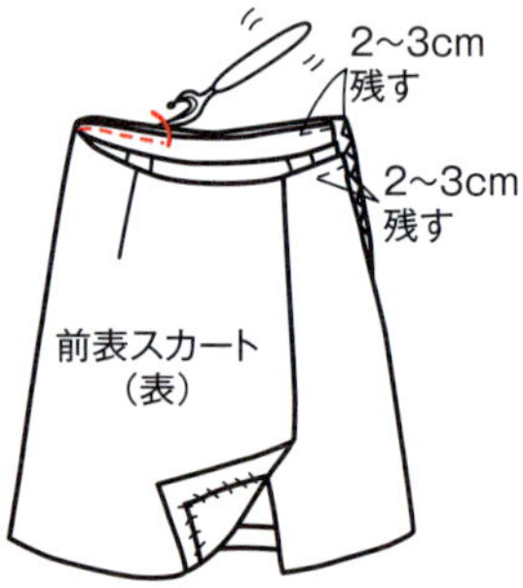
2～3cm
残す
2～3cm
残す
前表スカート
（表）

ファスナーから前後２～３cmを残して、表からリッパーでステッチをほどきます。

2. 裏地のぬい目をほどく

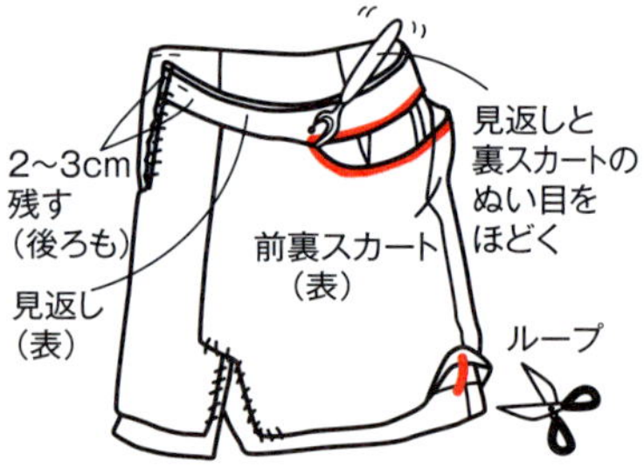
2～3cm
残す
（後ろも）
見返し
（表）
前裏スカート
（表）
見返しと
裏スカートの
ぬい目を
ほどく
ループ

裏に返して、裏地のループをはさみで切ります。裏地と見返しのぬい目をリッパーでほどきます。

3. 見返しのぬい目をほどく

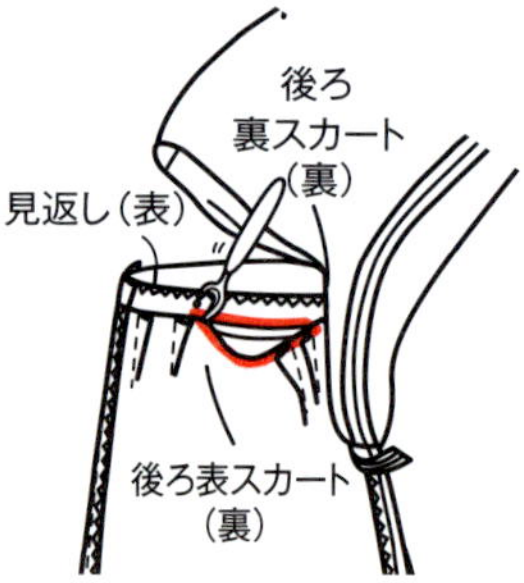
後ろ
裏スカート
（裏）
見返し（表）
後ろ表スカート
（裏）

ファスナーから２～３cmの部分を残して、見返しと表地のぬい目をリッパーでほどきます。

4. 見返しに中心線をかく

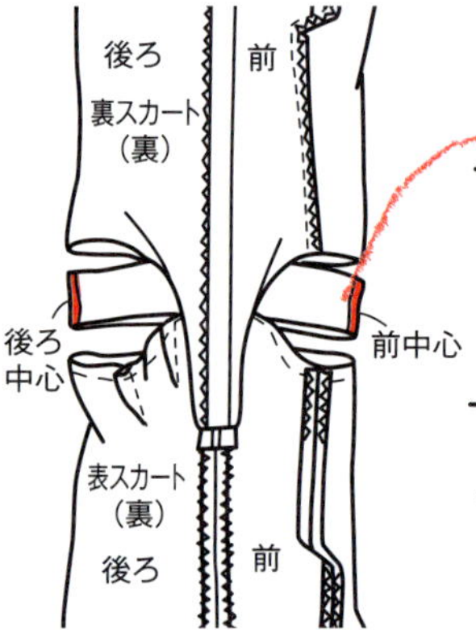
後ろ
裏スカート
（裏）
前
後ろ
中心
前中心
表スカート
（裏）
後ろ
前

Point!
位置がずれ
ないように

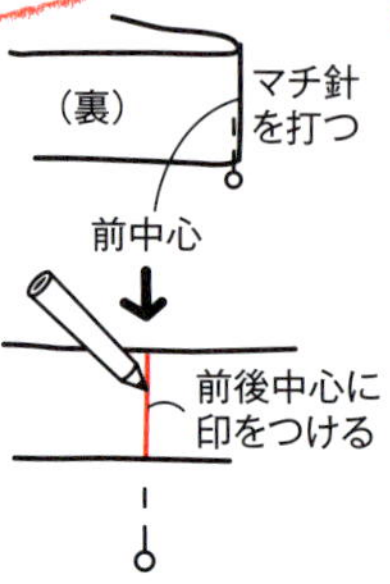
（裏）
マチ針
を打つ
前中心
前後中心に
印をつける

前後の見返しを裏側にして、中心で折ります。折り山にマチ針を打ちましょう。チャコペンで前後の見返しに、中心線をかきます。

5. 見返しをつめる

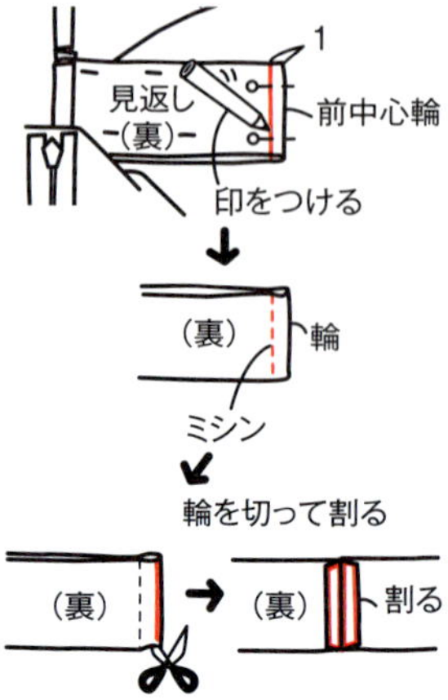
1
見返し
（裏）
前中心輪
印をつける
（裏）
輪
ミシン
輪を切って割る
（裏）
（裏）
割る

見返しの中心線から1cm内側に、チャコペンで線をかきます。

線のとおりにミシンをかけましょう。

輪の部分をはさみで切り、ぬいしろを割ります。

6. ダーツと切りかえをつめる

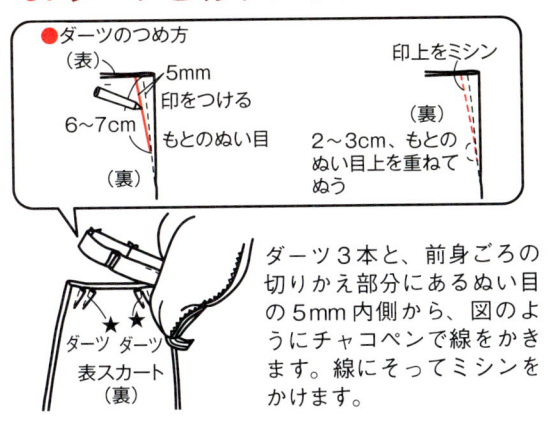

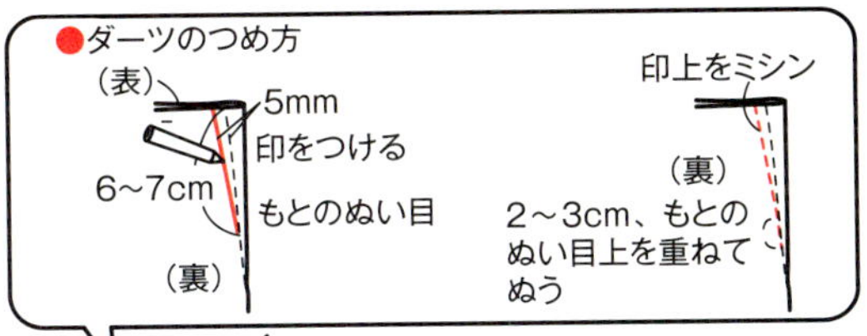
●ダーツのつめ方
(表)
5mm
印をつける
6~7cm
もとのぬい目
(裏)
印上をミシン
(裏)
2~3cm、もとの
ぬい目上を重ねて
ぬう

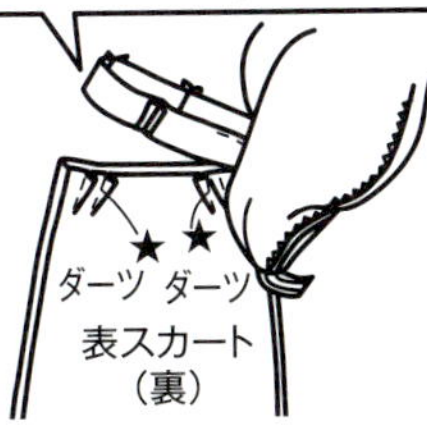
★ ★
ダーツ ダーツ
表スカート
(裏)

ダーツ３本と、前身ごろの切りかえ部分にあるぬい目の５mm内側から、図のようにチャコペンで線をかきます。線にそってミシンをかけます。

7. ダーツを仕上げる

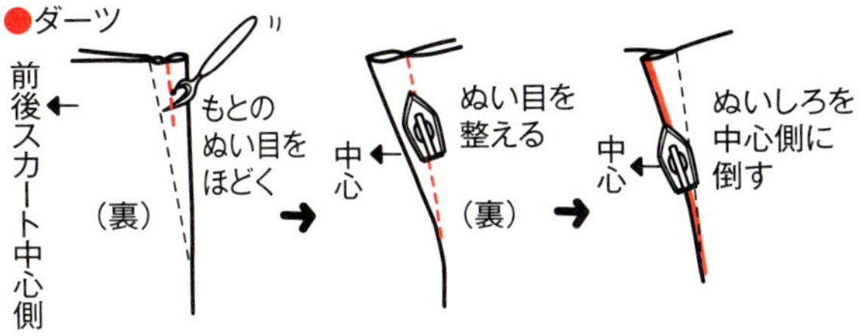
●ダーツ
前後スカート中心側
もとの
ぬい目を
ほどく
(裏)
中心
ぬい目を
整える
(裏)
中心
ぬいしろを
中心側に
倒す

もとのぬい目をほどきます。ダーツはアイロンをかけてぬい目を整え、内側に倒します。

8. 切りかえを仕上げる

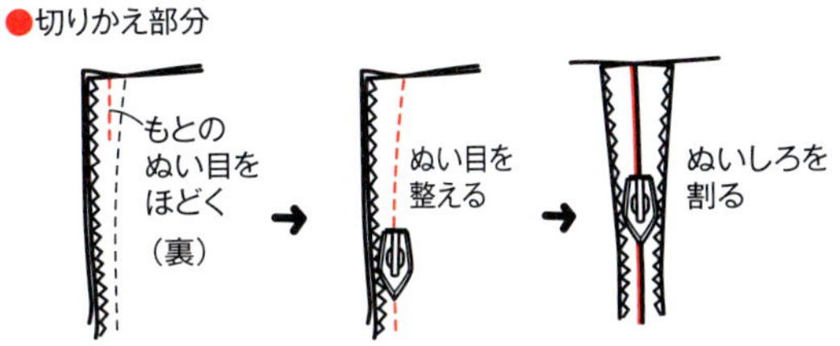
●切りかえ部分
もとの
ぬい目を
ほどく
(裏)
ぬい目を
整える
ぬいしろを
割る

切りかえ部分はもとのぬい目をほどきます。ぬいしろはアイロンをかけてぬい目を整え、左右に割ります。

9. 見返しと表地をぬう

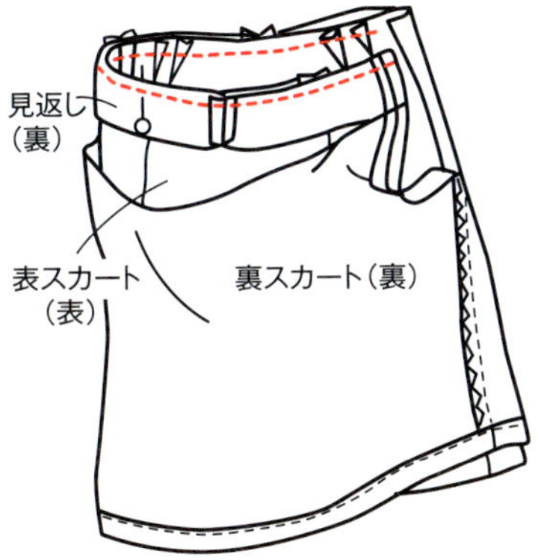
見返し
(裏)
表スカート
(表)
裏スカート(裏)

見返しと表地の中心線を合わせて、マチ針でとめます。ほどいていない部分のぬい目の上からミシンをかけ、ぐるりとぬいます。

10. 見返しと裏地をぬい合わせる

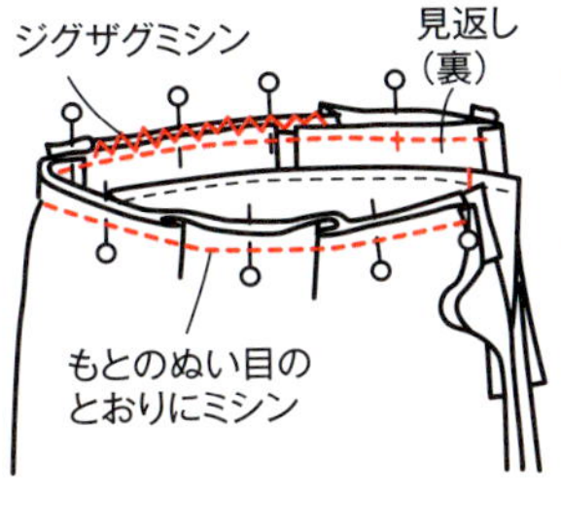
ジグザグミシン
見返し
(裏)
もとのぬい目の
とおりにミシン

裏地はタックをとり、見返しの幅に合わせます。
裏地を見返しの上部に合わせて、マチ針を打ちます。もとのぬい目のとおりにミシンでぐるりとぬいます。
合わせた裏地と見返しの端にジグザグミシンをかけます。
見返しと裏地を内側にひっくり返します。

11. ステッチをかける

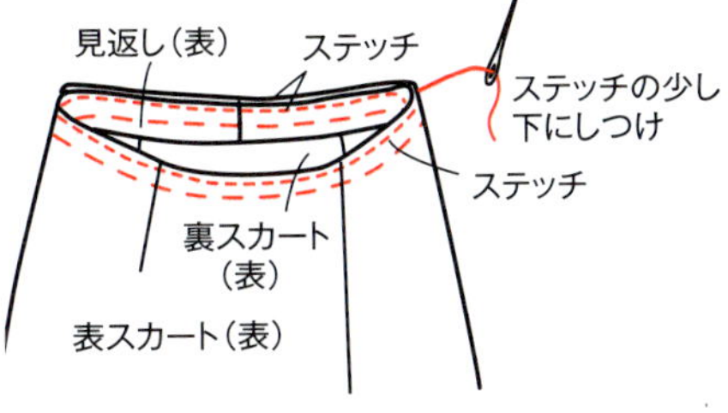
見返し(表)
ステッチ
ステッチの少し
下にしつけ
ステッチ
裏スカート
(表)
表スカート(表)

表に返して、ステッチをかける位置の、少し下にしつけをかけます。
残しておいたもとのステッチに合わせて、ステッチをかけ、しつけをとって、できあがり。

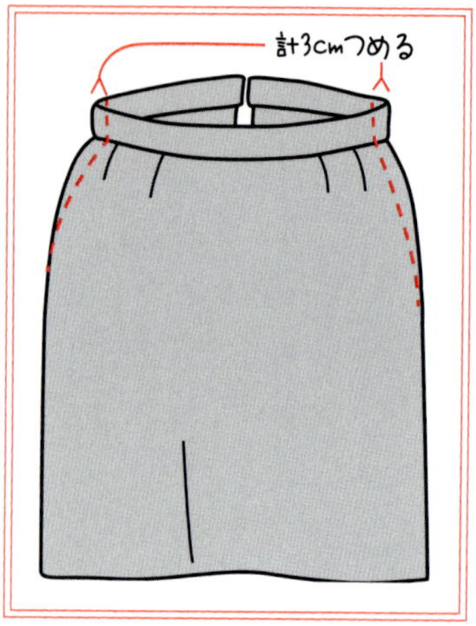

計3cmつめる

〈ベルトのある**スカート**〉

**ベルトのあるスカートは、両脇でつめます。表地と同様に裏地もつめましょう。
ベルトの角は、目打ちなどの先のとがったもので整えると、きれいに仕上がりますよ。**

＊今回のお直し＊

スカートのウエストを、両脇を調整して、3cm つめます。

1. ホックをとりはずす

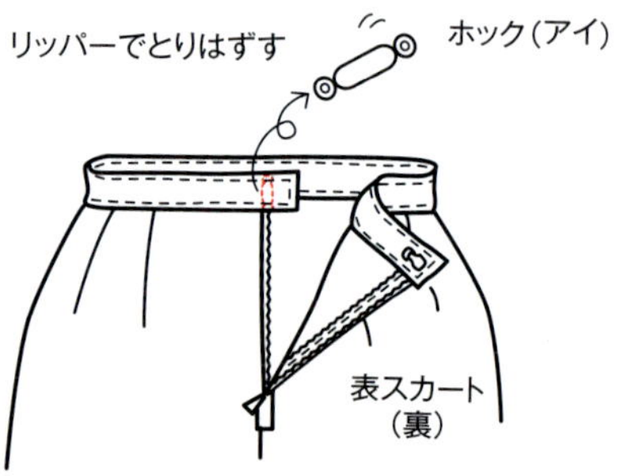

リッパーでとりはずす
ホック（アイ）
表スカート
（裏）

ホック（アイ）のぬい目をリッパーでほどいてとりはずします。

2. できあがり線をかく

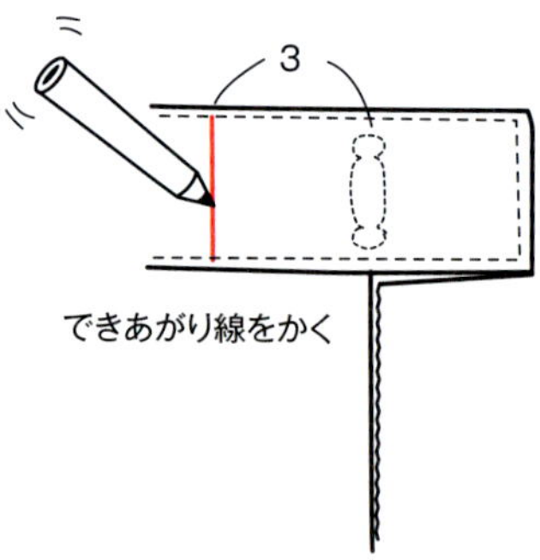

3
できあがり線をかく

とりはずしたアイの位置から 3cm 内側に、できあがり線をチャコペンでかきましょう。

3. ベルトのステッチをほどく

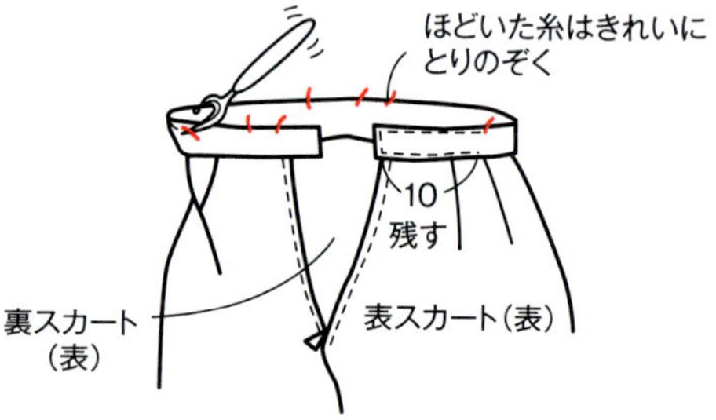

ほどいた糸はきれいに
とりのぞく
10
残す
裏スカート
（表）
表スカート（表）

ベルトのステッチを、フックの手前 10cm だけ残してリッパーでほどきます。

4. 中心線をかく

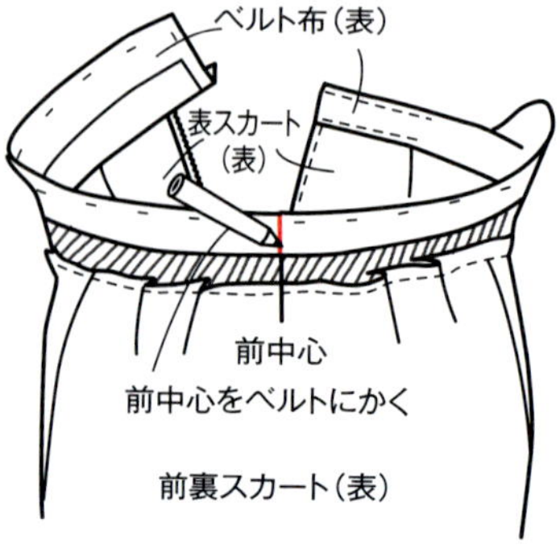

ベルト布（表）
表スカート
（表）
前中心
前中心をベルトにかく
前裏スカート（表）

Point!

裏に返して、前スカートのウエストの中心線をチャコでかきます。ベルトをめくって裏側を出し、前身ごろと同じ位置に中心線をかきましょう。

5. ベルトをはずす

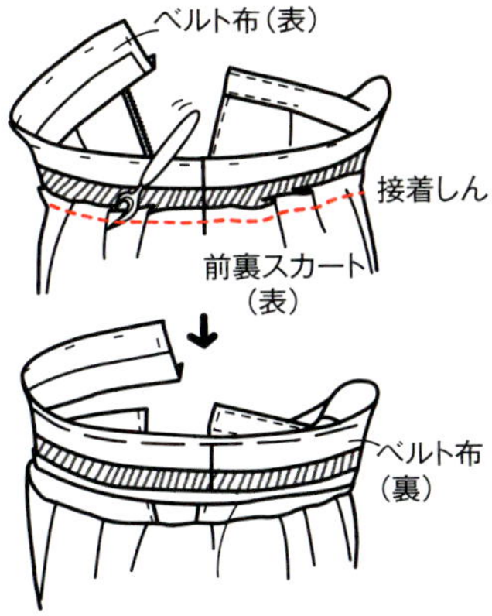

ベルト布（表）
接着しん
前裏スカート（表）
ベルト布（裏）

スカートとベルトのぬい目をリッパーでほどきます。ベルトは、フックの手前10cm残してはずしましょう。

6. 表地の脇をつめる

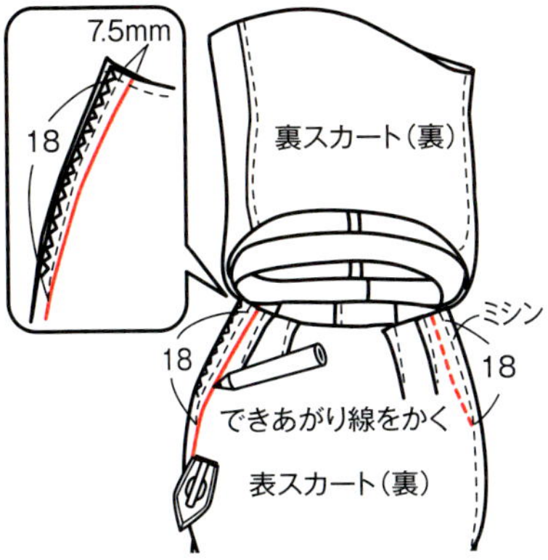

7.5mm
18
裏スカート（裏）
ミシン
18
18
できあがり線をかく
表スカート（裏）

両脇の割ってあるぬいしろはアイロンで広げてから、２枚合わせ作業をします。もとのぬい目の7.5mm内側＊にできあがり線をチャコでかきます。もとのぬい目に自然な線でつなげましょう。線にそって、ミシンをかけます。

＊つめるときは、その半分の長さをぬいます（今回は全体で３cmつめるため、片方の脇で1.5cmずつ）。

7. ぬいしろを整える

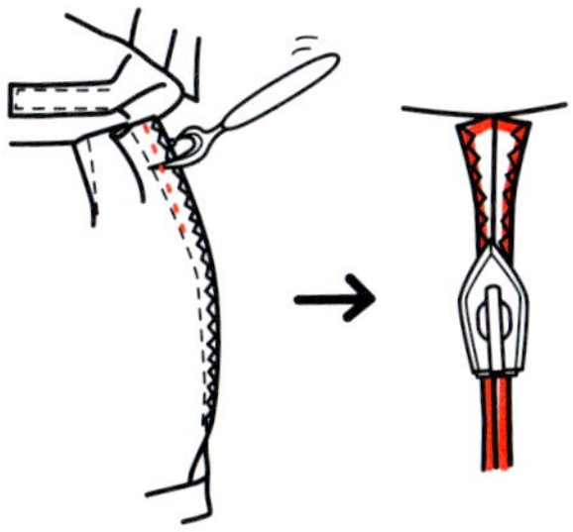

もとのぬい目をリッパーでほどきます。ぬいしろは割って、アイロンをかけましょう。

8. 裏地の脇をつめる

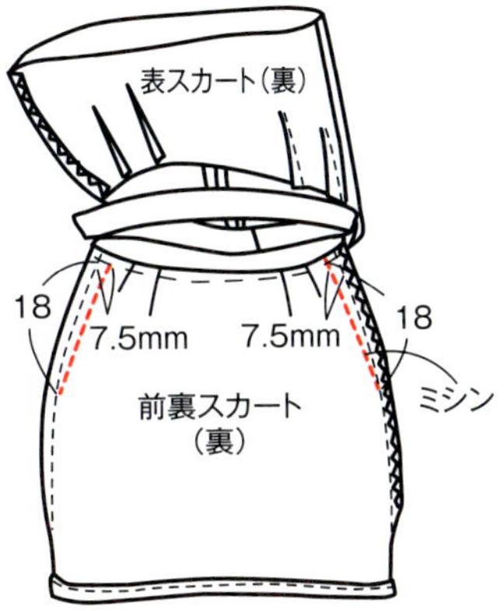

表スカート（裏）
18
7.5mm
7.5mm
18
ミシン
前裏スカート（裏）

裏地を裏に返して、両脇のぬいしろをアイロンで整えます。もとのぬい目の7.5mm内側に、できあがり線を図のようにチャコでかきます。線にそってミシンをかけます。

9. 裏地のぬいしろをしまつする

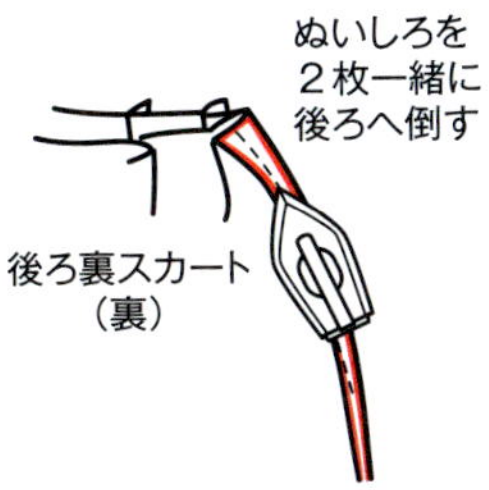

ぬいしろを
２枚一緒に
後ろへ倒す
後ろ裏スカート
（裏）

もとのぬい目はほどかず、ぬいしろを後ろスカートに倒します。

10. ベルトの中心線をずらす

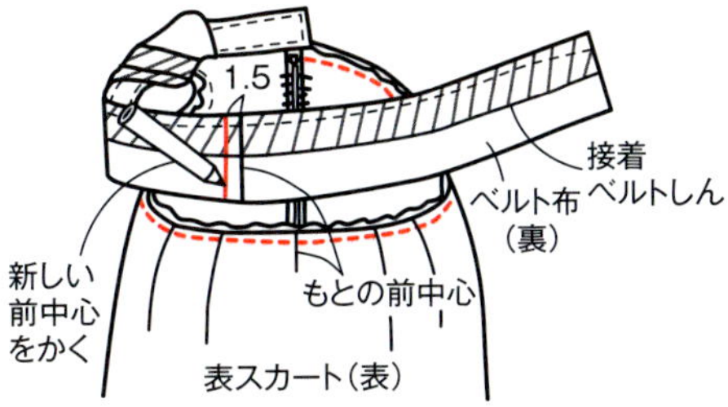

1.5
接着
ベルトしん
ベルト布
（裏）
新しい
前中心
をかく
もとの前中心
表スカート（表）

表に返して、ベルトの中心線からフックのほうに1.5cmずらして、新しい中心線をかきます。前スカートの中心線と、ベルトの中心線を合わせてマチ針でとめます。

●次ページへ続く➡

11. ベルトとスカートをとめる

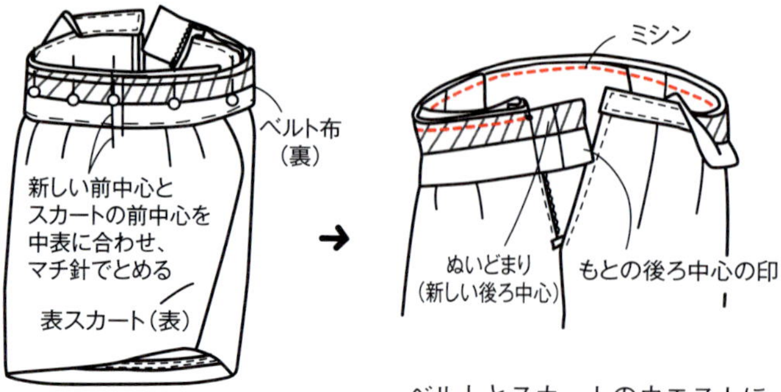

ベルト布
（裏）
新しい前中心と
スカートの前中心を
中表に合わせ、
マチ針でとめる
表スカート（表）
ミシン
ぬいどまり
（新しい後ろ中心）
もとの後ろ中心の印

全体を図のように
マチ針でとめます。

ベルトとスカートのウエストに
しつけをかけます。それから、
ミシンをかけます。

12. ベルトの端を整える

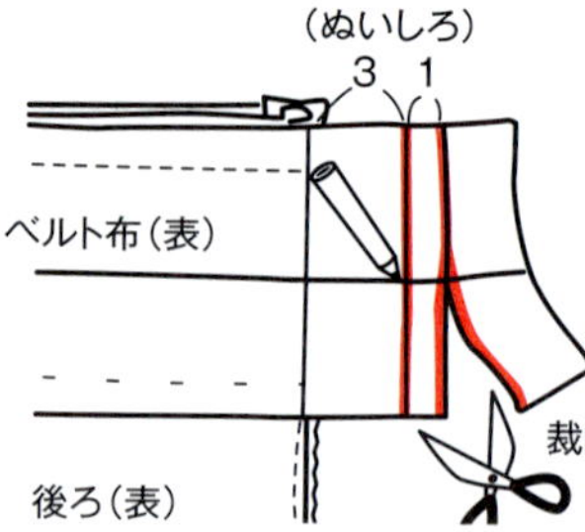

（ぬいしろ）
3
1
ベルト布（表）
後ろ（表）
裁断

ベルトの端のぬい目から3cm
に、できあがり線をかきます。
できあがり線から1cmぬいし
ろをとり、裁断します。

13. ベルトをぬう

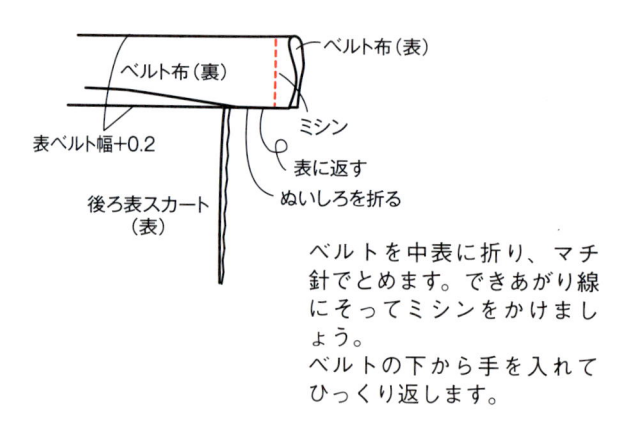

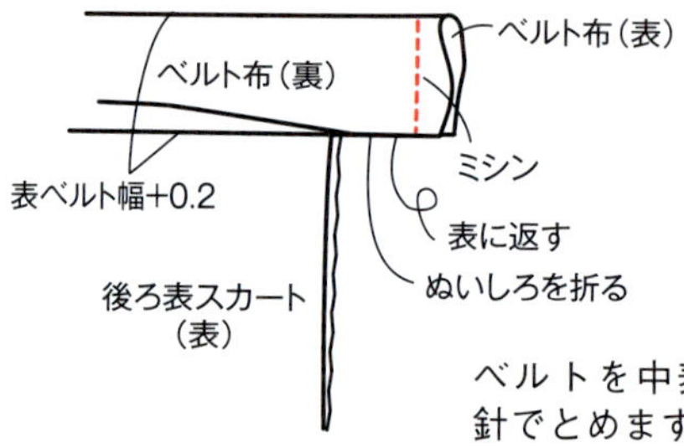

ベルト布（表）
ベルト布（裏）
ミシン
表ベルト幅+0.2
表に返す
ぬいしろを折る
後ろ表スカート
（表）

ベルトを中表に折り、マチ
針でとめます。できあがり線
にそってミシンをかけまし
ょう。
ベルトの下から手を入れて
ひっくり返します。

14. 角を整える

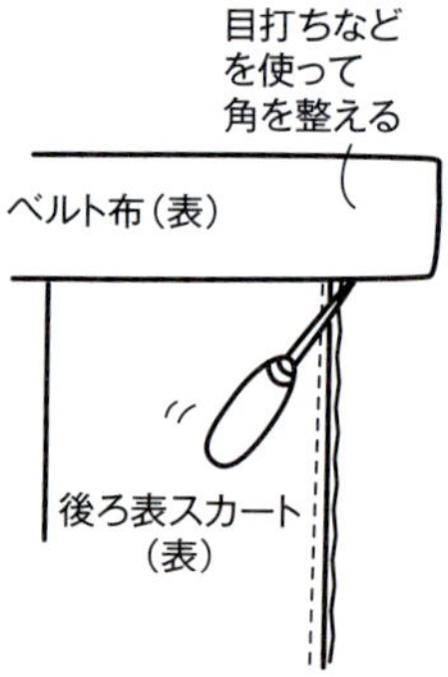

目打ちなど
を使って
角を整える
ベルト布（表）
後ろ表スカート
（表）

ひっくり返した角
は目打ちなどで形
を整えましょう。

15. ステッチをかける

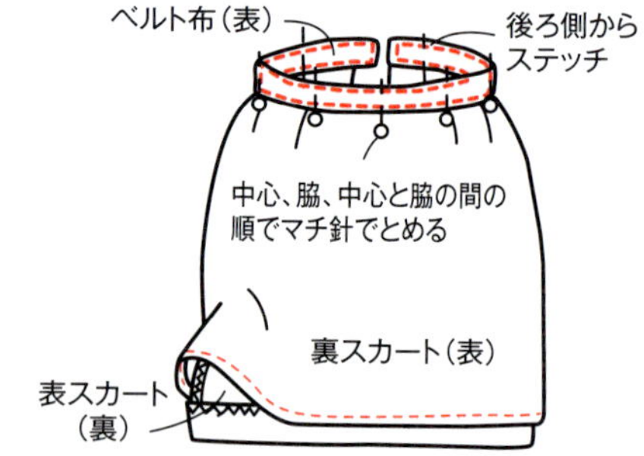

ベルト布（表）
後ろ側から
ステッチ
中心、脇、中心と脇の間の
順でマチ針でとめる
裏スカート（表）
表スカート
（裏）

裏に返して、ベルトを身ごろにかぶせるよう
にして、マチ針でとめます。表に返して、ベ
ルトの上下にステッチをかけます。

16. ホックをつける

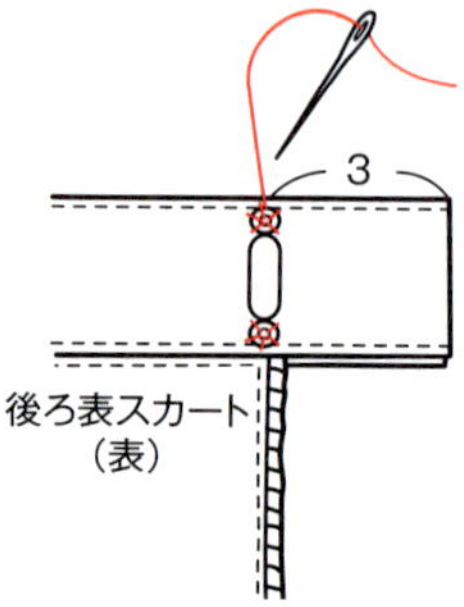

3
後ろ表スカート
（表）

1 でかいたできあがり線にホック
のアイをぬいつけ、できあがり。

袖つめの基本

基本の袖つめです。袖丈をつめるときは、長袖は手首が隠れるくらいの長さにしましょう。七分袖はひじと手首の真ん中ぐらいを目安に、長さを決めましょう。

1. できあがり線をかく

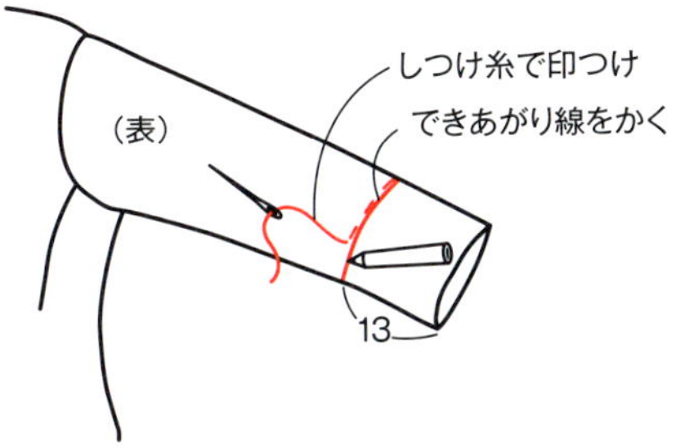

表に袖口から寸法を測り、できあがり線をかきます。線にそって、しつけ糸で印をつけましょう。今回は13cmつめます。

2. まつりぬいをほどく

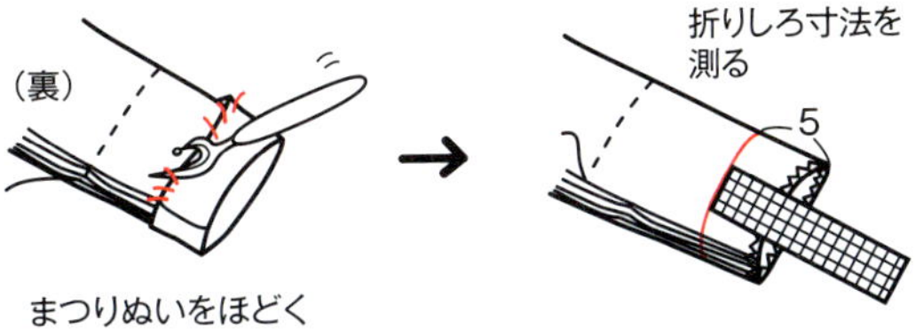

裏に返して、袖口のまつりぬいをリッパーでほどきます。

もとの折りしろの寸法を測ります。今回は、折りしろ5cmでした。

3. 袖口を裁断する

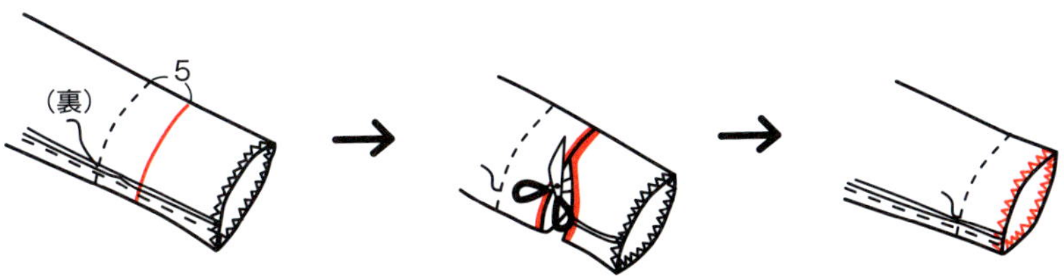

できあがり線から下に5cm（2で測った折りしろと同じ長さ）の折りしろをとり、裁断線をかきます。

線にそって裁断します。

ジグザグミシンをかけて、しまつします。

4. できあがり線で折る

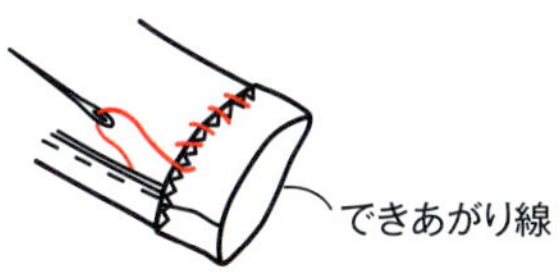

できあがり線で折ってマチ針でとめます。脇のぬいしろから、まつりぬいをします。しつけをとります。

〈シャツの袖つめ〉

シャツは、カフスをはずしてから、袖丈をつめます。丈をつめることで剣ボロとよばれるあき口が短くなりすぎないか、寸法（8～10cm）を確かめましょう。
丈をつめたら、袖口のタックでカフスとの幅を調節します。

＊今回のお直し＊

シャツ（婦人もの）の袖を、3cm つめます。

1. カフスをはずす

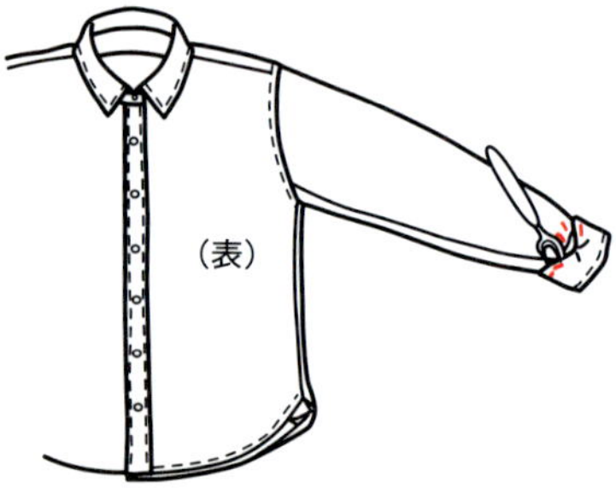

カフスのぬい目をリッパーでほどき、カフスをはずします。

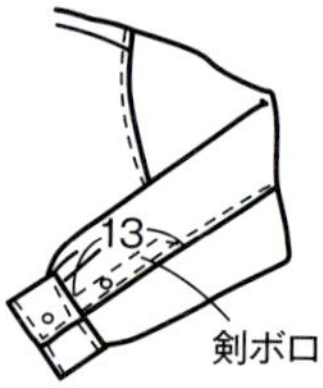

●剣ボロの寸法を測っておく

今回は 13cm だったので、3cm つめることができます。

2. できあがり線をかく

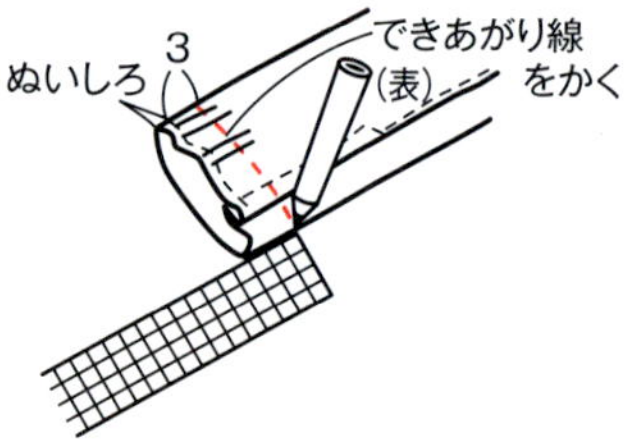

袖口のぬいしろから 3cm のところにできあがり線をかき、しつけをします。袖口のできあがり線とカフスの幅がちがうときは「こんなときは」(62 ページ) に進みます。

こんなときは　袖口の幅とカフスの幅がちがう

例：袖口の幅 14cm、カフスの幅 12cm のとき

❶ 袖口の幅をつめる

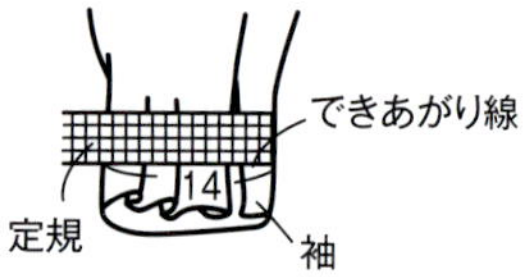

- 袖口のできあがり線がカフスの幅より 2cm 大きかったので、袖口の幅を狭くします。
- 袖口のタック（2 本）の幅をそれぞれ 1cm ずつ大きくとり、アイロンをかけます。

→

❷ タックをぬう

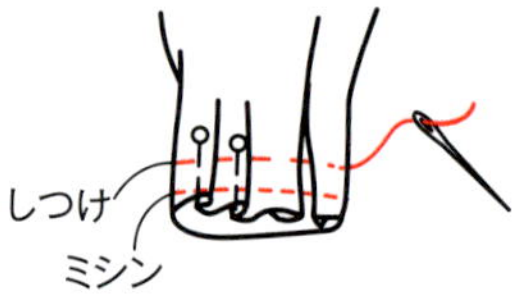

- タックの幅をくずさないように、マチ針でとめ、ていねいにしつけをします。
- しつけにそって、袖の端にミシンをかけます。（袖口とカフスをつける作業は 63 ページ）

3. タックにしつけをかける

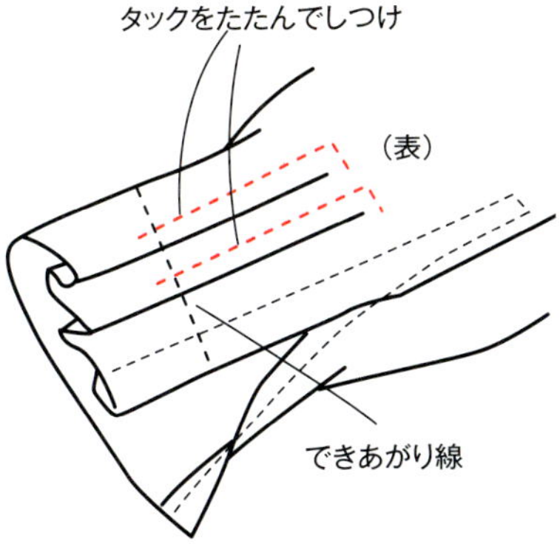

タックをたたんでしつけ
(表)
できあがり線

Point!

袖口のタックがくずれないようにしつけします。

4. 裁断する

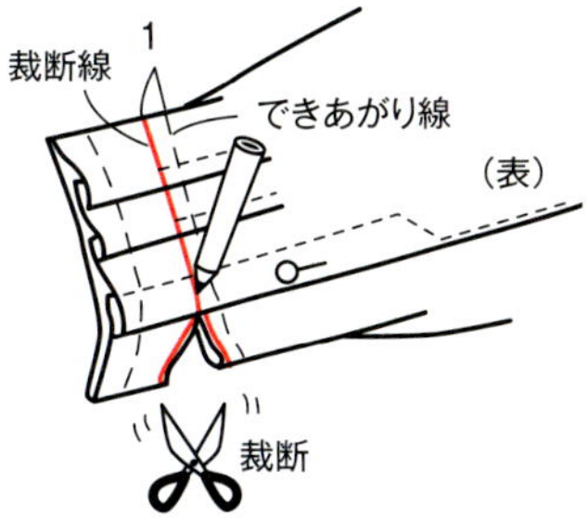

1
裁断線
できあがり線
(表)
裁断

できあがり線から1cm下にぬいしろをとり、裁断線をかきます。線にそって裁断します。

5. 袖口とカフスを合わせる

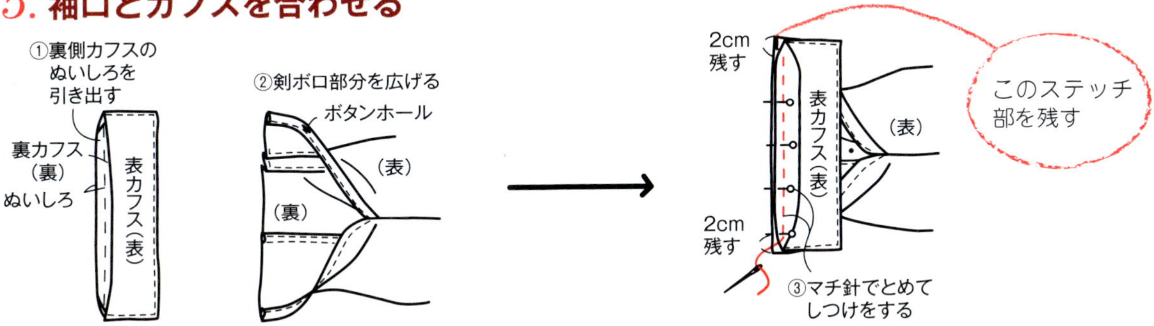

①裏側カフスの
ぬいしろを
引き出す
裏カフス
(裏)
ぬいしろ
表カフス(表)
②剣ボロ部分を広げる
ボタンホール
(表)
(裏)
2cm
残す
表カフス(表)
(表)
2cm
残す
③マチ針でとめて
しつけをする
このステッチ
部を残す

カフスのぬいしろと、袖口のぬいしろの裏を合わせて、マチ針でとめます。

カフスの両端の手前を2cmほど残して、しつけをします。両端のマチ針2本は残しておきましょう。

6. ミシンをかける

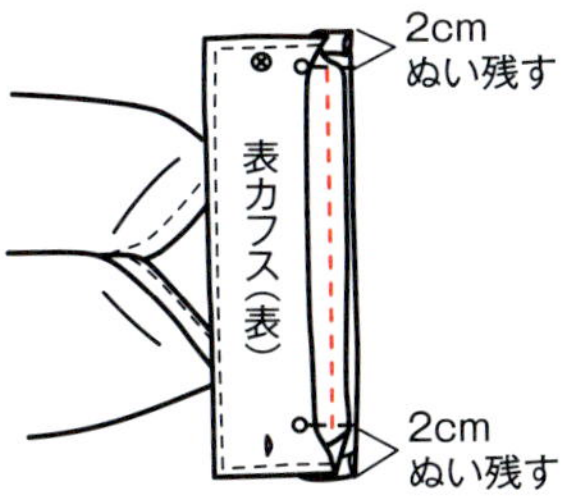

2cm
ぬい残す
表カフス(表)
2cm
ぬい残す

ぬいしろのしつけにそって、ミシンをかけます。このとき、袖をカフスの後ろ側にしてミシンをかけましょう。

7. カフスの両端を整える

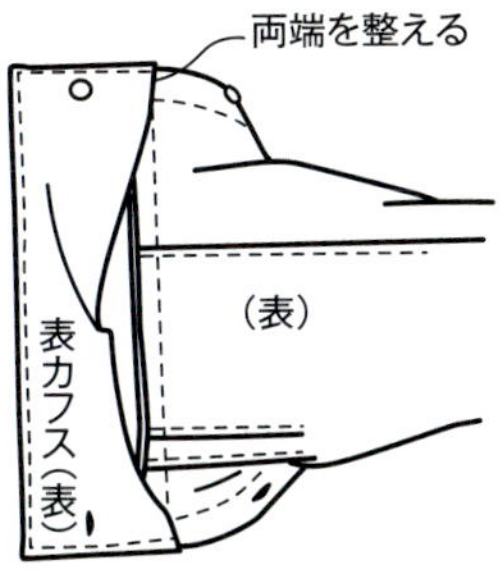

両端を整える
(表)
表カフス(表)

ぬいしろを、カフスの中に入れます。残しておいた両端のぬいしろもカフスの中に入れて、マチ針でとめます。

8. ステッチをかける

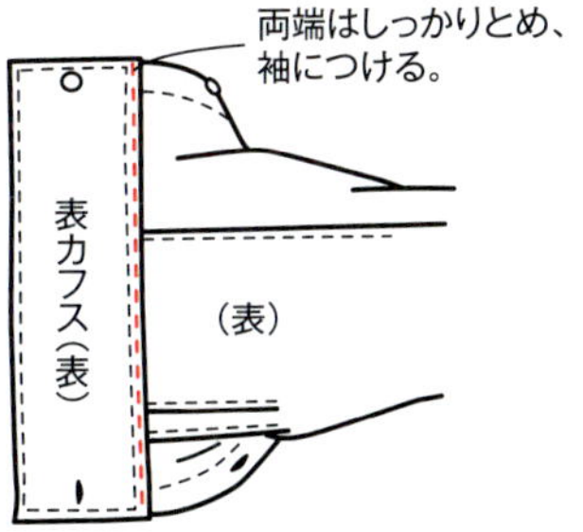

両端はしっかりとめ、
袖につける。
表カフス(表)
(表)

カフスのふちから1～2mmに、ミシンでステッチをかけます。もう片方の袖も同じように袖をつめて、できあがり。

3cmつめる

〈裏地のある**ジャケット**〉

裏地がある場合、表地だけでなく裏地もほどいてつめます。表地の丈をつめてから、裏地の丈をつめましょう。裏地はひじを曲げたときに布がつっぱらないように余裕をもたせるため、袖口の折り目の奥で、表地とぬい合わせるとよいです。

＊今回のお直し＊

ジャケット（婦人もの、裏地のあるもの）の袖を、3cm つめます。

1. 裏地をほどく

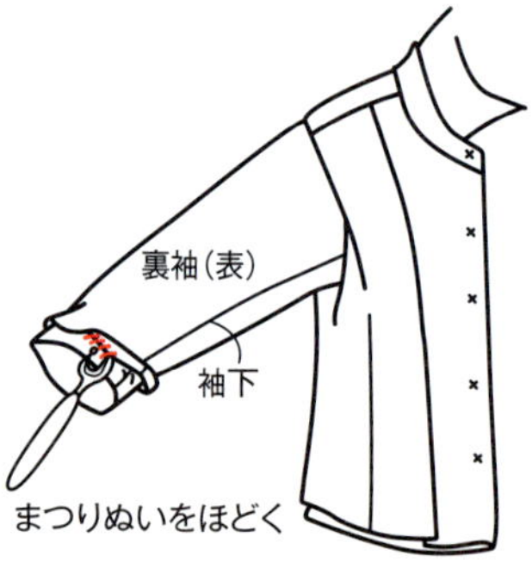
裏袖（表）
袖下
まつりぬいをほどく

裏に返して、袖口の裏地のぬい目をリッパーでほどきます。

2. できあがり線をかく

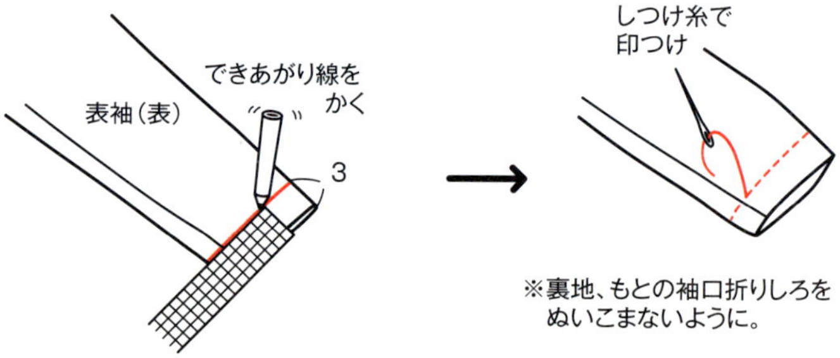
表袖（表）
できあがり線をかく
3
しつけ糸で印つけ
※裏地、もとの袖口折りしろをぬいこまないように。

表に返して、袖口から3cm のところにできあがり線をかきます。

表袖だけをぬうようにして、しつけ糸で印をつけます。

3. 裁断する

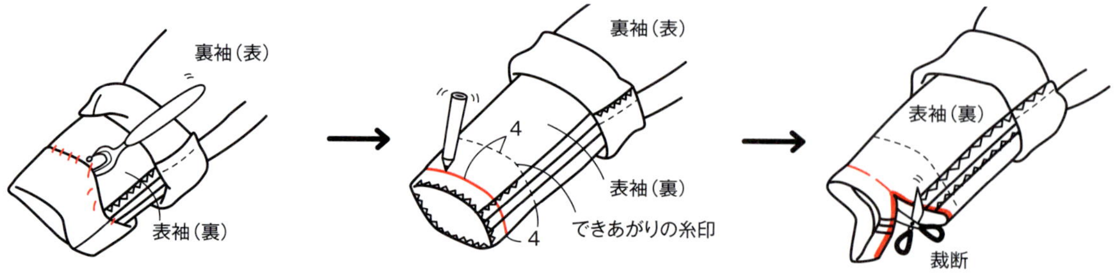
裏袖（表）
表袖（裏）
裏袖（表）
4
表袖（裏）
できあがりの糸印
4
表袖（裏）
裁断

裏に返して、千鳥がけをほどき、折りしろを出します。

できあがり線から折りしろ4cm をとり、裁断線をかきます。

裁ちばさみですこし切れ目を入れてから、表地をぐるりとていねいに裁断します。

4. 袖口の幅を測る

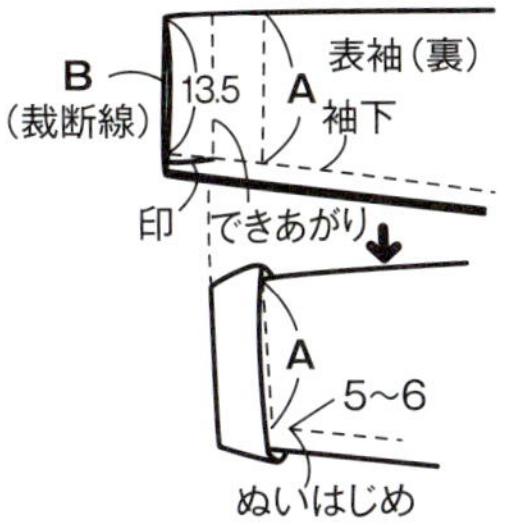

表に返して、できあがり線で折った幅(**A**)と裁断線の幅(**B**)をものさしで測ります。ここでは、**A**が14cm、**B**が13.5cmでした。

5. ぬいしろを広げる

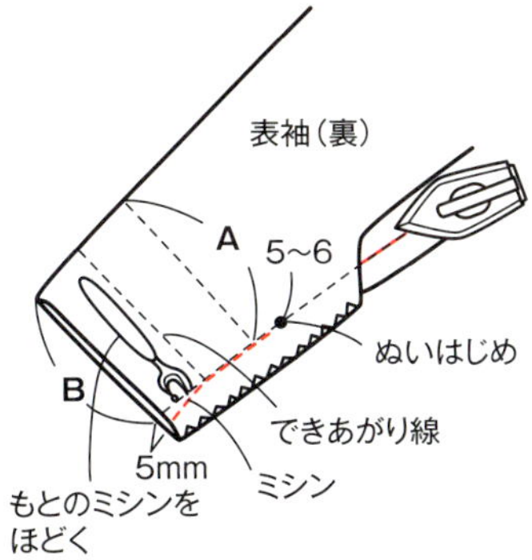

できあがり線で折った幅(**A**)より、裁断線(**B**)が5mmせまかったので、袖口を広げます。袖口下のぬいしろを図のように5mm広くして、チャコペンでかきます。

できあがり線より5～6cm手前からぬいはじめ、広げた線にそってミシンでぬいます。もとのぬい目をほどきます。アイロンでぬいしろを割ります。

6. 千鳥がけをする

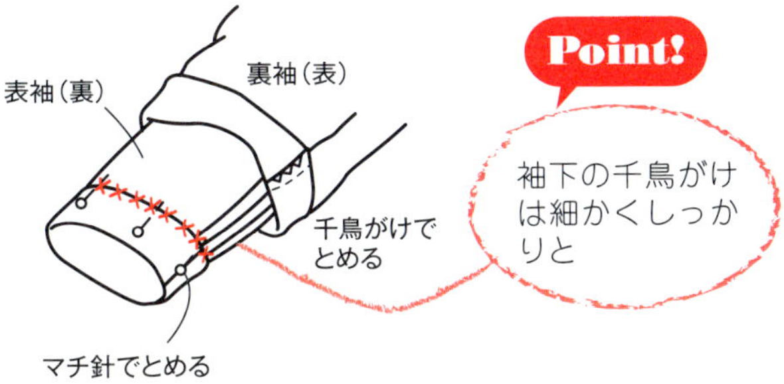

できあがり線で折り、マチ針でとめ、千鳥がけ(10ページ)にします。できあがり線のしつけをとりましょう。

7. 裏地のできあがり線をかく

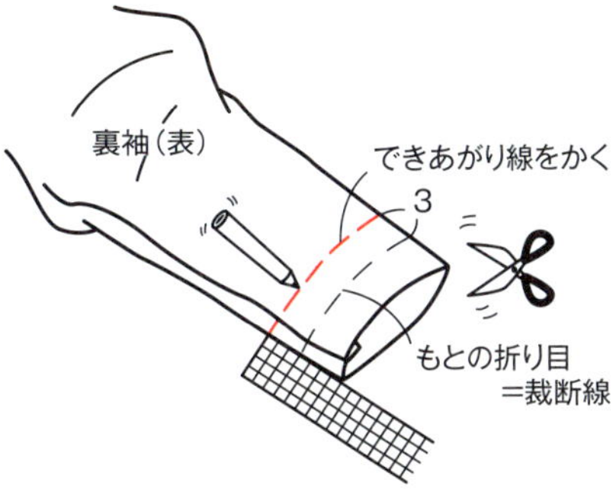

もとの折り目から3cm上に、できあがり線をチャコペンでかきます。できあがり線の3cm下に裁断線をかいて、裁断します。

8. 裏地をまつる

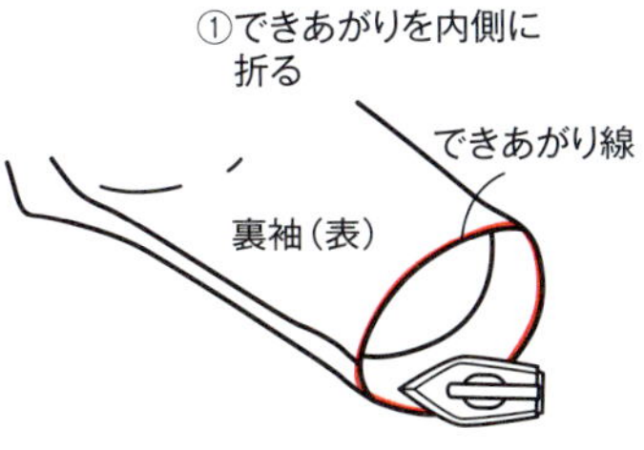

ぬいしろをできあがり線にそって内側に折ります。

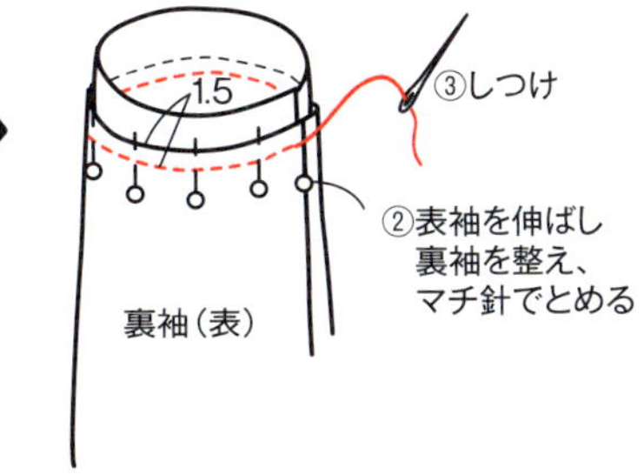

マチ針で表地をとめます。袖口より1.5cm上でしつけをしましょう。

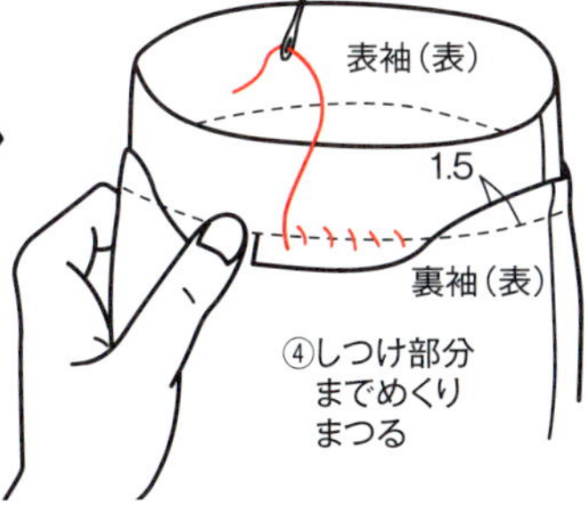

裏地の折り山に奥まつり(10ページ)で内側を細かくまつりぬいをして、できあがり。

〈ジャケットの肩幅つめ〉

肩幅をつめるときは、一度袖をはずし、身ごろの脇のラインでつめます。女性の場合、バストラインの幅に余裕があることを確認してから、つめる寸法を決めましょう。袖をはずしたら、袖山のふくらみがつぶれないように、そっととっておきましょう。

＊今回のお直し＊

左右の肩幅を、それぞれ 1.5cm つめます。

1. 肩の中心線をつける

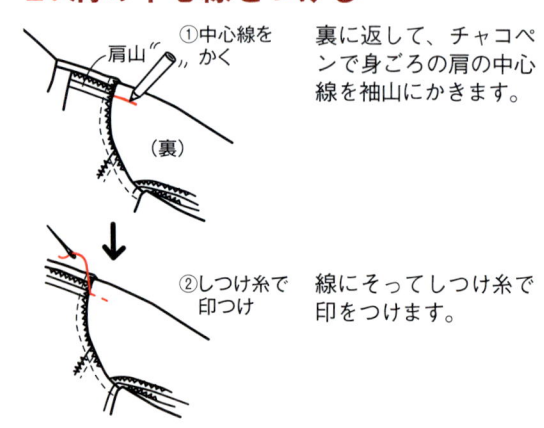

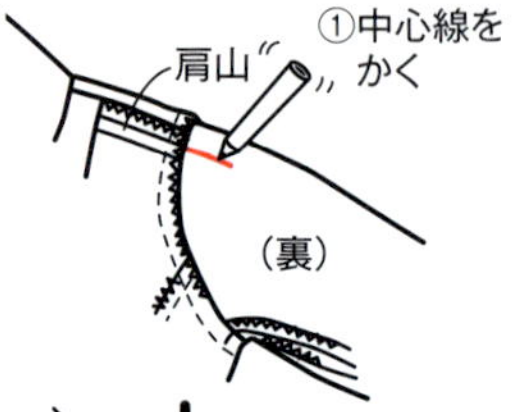

裏に返して、チャコペンで身ごろの肩の中心線を袖山にかきます。

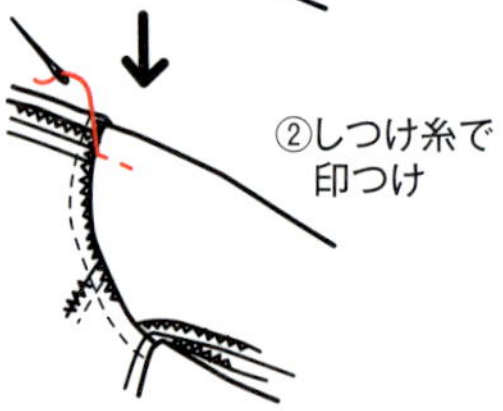

線にそってしつけ糸で印をつけます。

2. 身ごろにできあがり線をかく

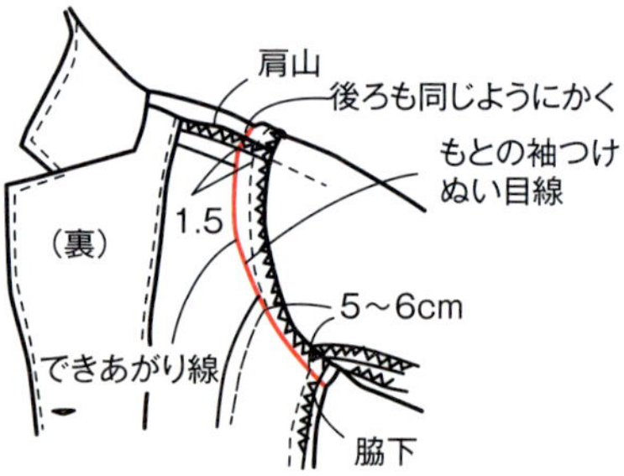

肩と袖山のぬい目から 1.5cm 内側に、できあがり線をチャコペンでかきます。肩から脇の下に向かってなだらかにかきましょう。

3. 袖をとりはずす

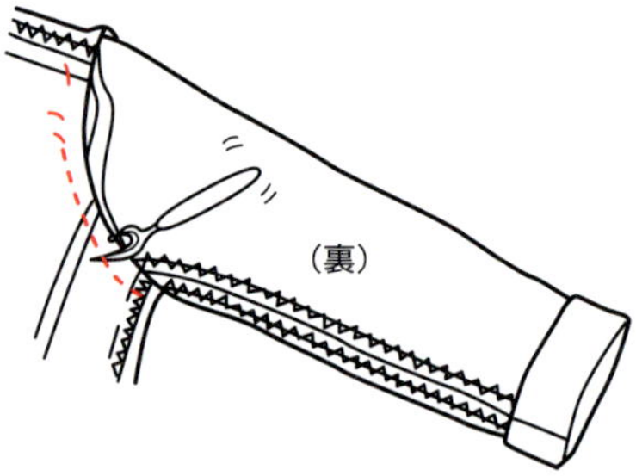

袖ぐりのぬい目をほどき、袖をとりはずします。

4. 袖ぐりとできあがり線の長さを測る

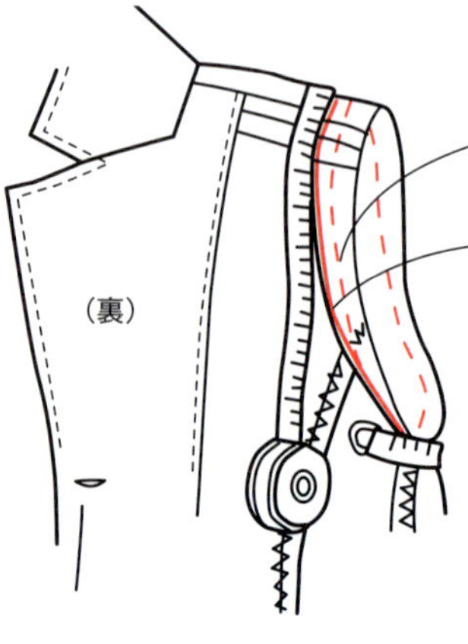

はずした袖の袖ぐりの長さと、2 のできあがり線をメジャーで測ります。今回は袖ぐり 49cm、できあがり線 50.5cm だったので、袖ぐりとの差 1.5cm を、脇のぬいしろでつめます。

5. 脇にできあがり線をかく

(裏)
チャコペンで
印をつける
7.5mm
(裏)
印から
脇のミシン目に
向ってなだらかに
できあがり線をかく

脇のぬいしろをアイロンで整え、もとのぬい目の7.5mm 内側に、できあがり線をかきます。

もとのぬい目に自然に交わるようにかきましょう。

6. 脇にミシンをかける

Point!
もとのぬい
目に重ねて、
5cm長めに
かける
(裏)
ミシン

できあがり線にそって、ミシンをかけます。脇のもとのぬい目をリッパーでほどきます。

7. 袖ぐりのぬいしろを整える

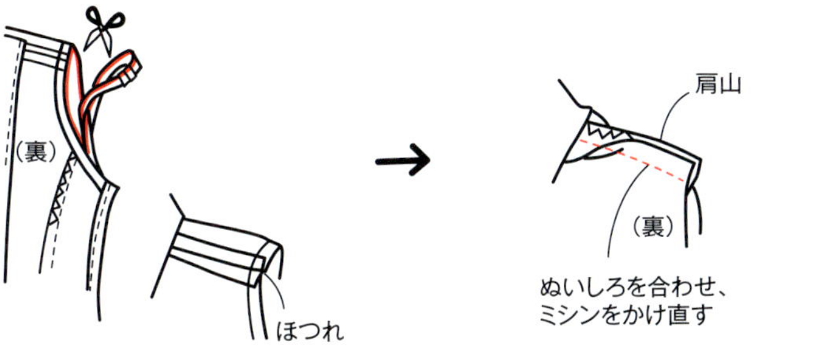
(裏)
ほつれ
肩山
(裏)
ぬいしろを合わせ、
ミシンをかけ直す

前身ごろと後ろ身ごろの袖ぐりのぬいしろを、1cmほどを残して裁断して、ぬいしろのほつれを整えます。

肩山のぬいしろがほつれていたら、ぬいしろを合わせ、ミシンをかけ直しておきましょう。

8. 身ごろと袖を合わせる

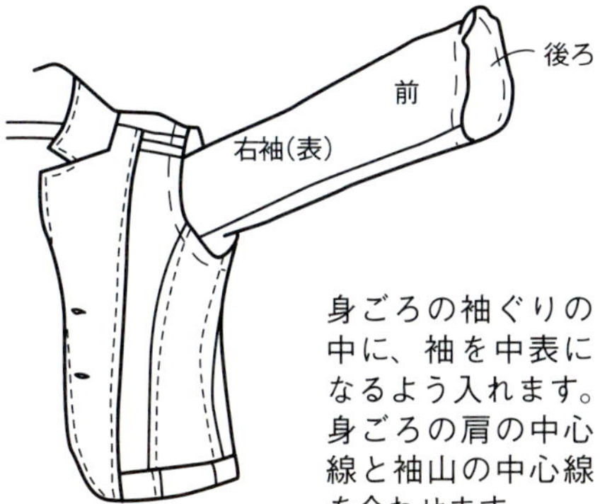
後ろ
前
右袖(表)

身ごろの袖ぐりの中に、袖を中表になるよう入れます。身ごろの肩の中心線と袖山の中心線を合わせます。

9. 袖ぐりにしつけをする

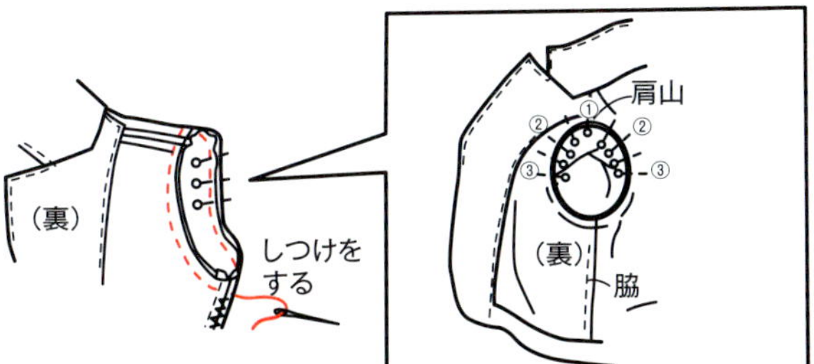
(裏)
しつけを
する
肩山
①
②
②
③
③
(裏)
脇

肩中心から2/3くらいまでマチ針をうちます。袖下までは自然になじませます。できあがり線にしつけをしましょう。

①〜③の順でマチ針でとめます。袖のいせこみ(ギャザーのように寄せた部分)をのばさないように注意しましょう。

10. 身ごろと袖をミシンでぬう

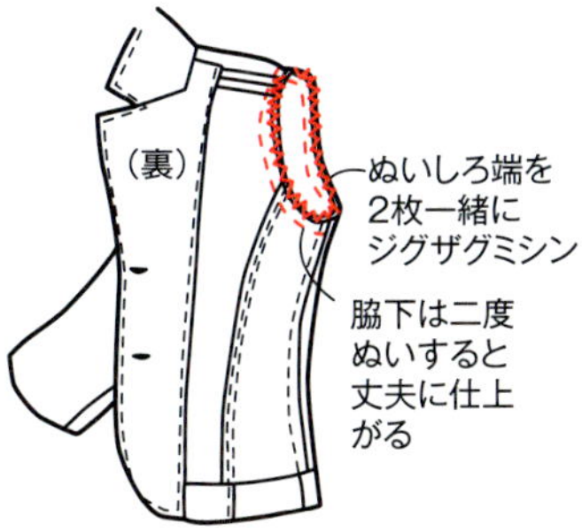
(裏)
ぬいしろ端を
2枚一緒に
ジグザグミシン
脇下は二度
ぬいすると
丈夫に仕上
がる

できあがり線にそって、袖ぐりをぐるりとミシンでぬい、身ごろと袖をつけます*。ぬいしろに、ジグザグミシンをかけます。身ごろの袖ぐりから袖を出し、全体を表に返してできあがり。

*同時に作業するときは、袖に「右」「左」と印をつけましょう。

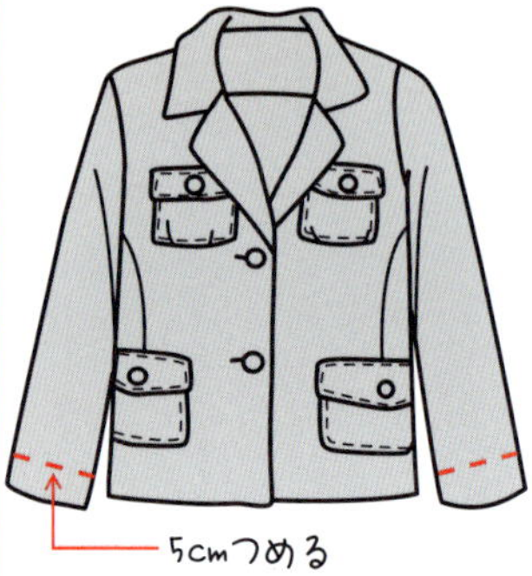

〈春夏もののジャケットを七分袖に〉

長袖を七分丈の袖にする場合、ひじから手首のちょうどまん中くらいに袖丈をつめるようにしましょう。春・夏もののジャケットの袖口は、折って着られるように、折りしろを長めにとると便利。おしゃれに着こなせます。

＊今回のお直し＊

ジャケット（春夏もの）の袖丈を、5cmつめます。

1. できあがり線をかく

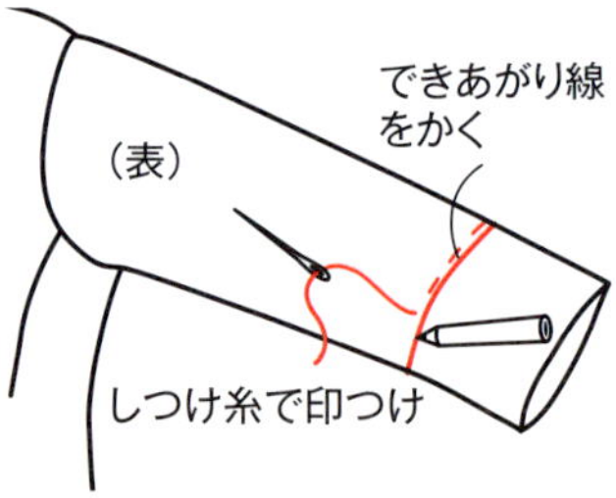

表にできあがり線をかき、しつけ糸で印をつけます。袖口のまつりぬいは、ほどいておきましょう。

2. 裁断する

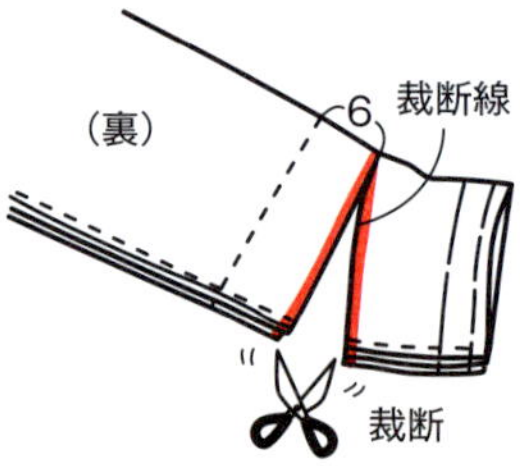

裏に返して、できあがり線から下に6cmの折りしろをとり、裁断線をかいて線にそって裁断します。

3. 袖口の幅を測る

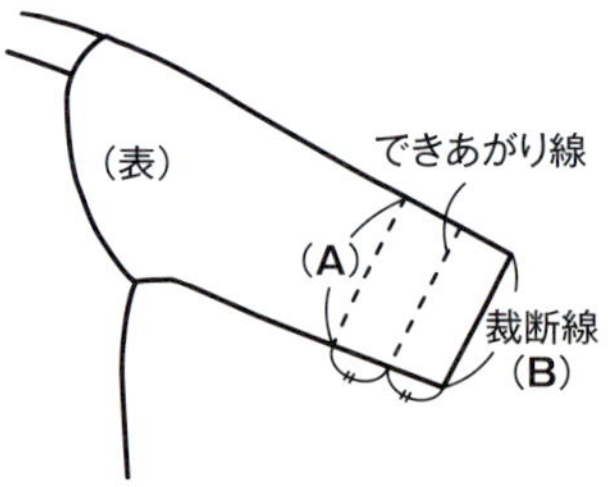

できあがり線で折ります。折ったところの寸法(**A**)と裁断線(**B**)を測ります。長さがちがうときは、65ページの5の手順で直します。

4. 袖口のぬいしろを内側に折る

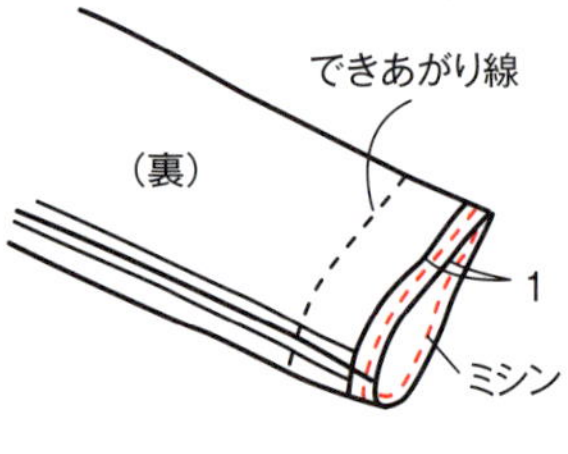

Point!

裏に返して、袖口の折りしろから1cm内側に折ります。マチ針でとめて端ミシンをかけましょう。

5. まつりぬいをする

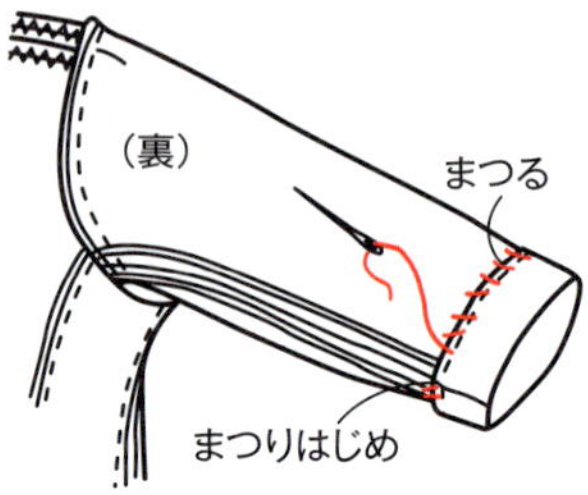

できあがり線で折り、マチ針でとめます。脇のぬいしろから、まつりぬいをして、できあがり。

袖出しの基本

袖丈を出すときは、袖口の折りしろがどれくらいあるかを、確かめます。
最大でも、折りしろの半分を目安にしましょう。

1. 袖口のぬい目をほどく

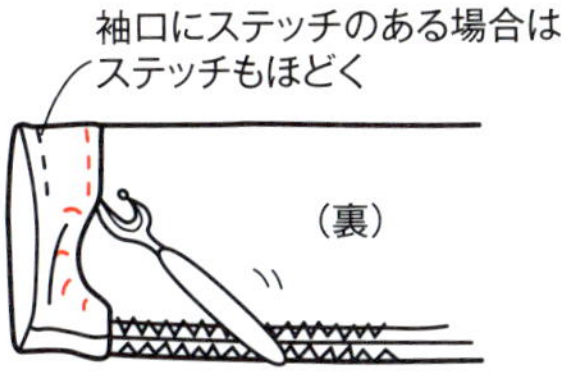

袖口にステッチのある場合は
ステッチもほどく
（裏）

裏に返して、袖口のぬい目をリッパーでほどきます。

2. できあがり線をかく

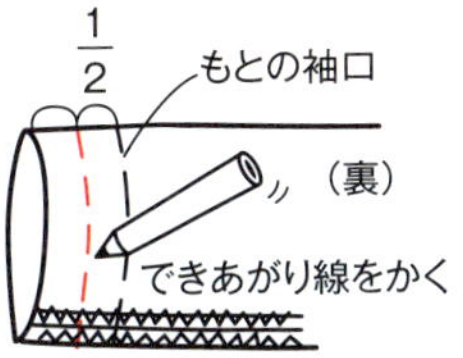

1/2
もとの袖口
（裏）
できあがり線をかく

もとの折りしろの長さの半分をぬいしろにして、できあがり線をかきます。

3. 袖口を三つ折りにする

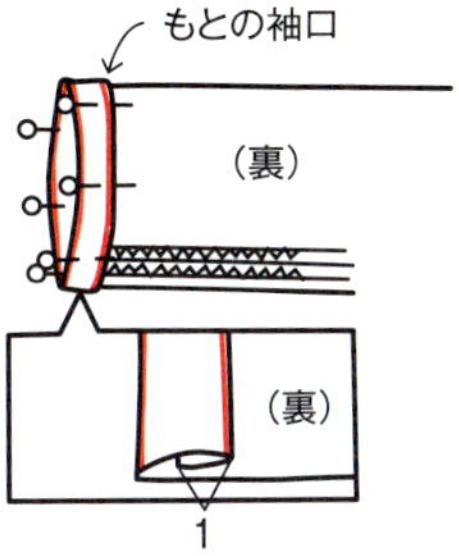

もとの袖口
（裏）
（裏）
1

袖口を1cm幅の三つ折りにして、アイロンをかけます。マチ針でとめてしつけをかけます。

4. ミシンでぬう

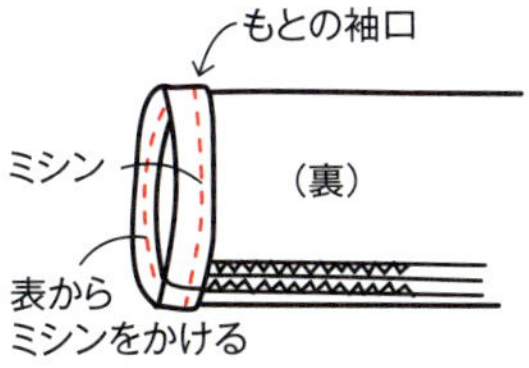

もとの袖口
ミシン
（裏）
表から
ミシンをかける

しつけにそって、袖口を裏返したまま、表からミシンでステッチをかけます。しつけをほどきます。

プロのコツ！ もとの折り山をじょうずに消すには

もとの折り山を目立たなくするには、スチームアイロンをかけます。

折り山に当て布をして、アイロンを強く押し当てるようにていねいにかけると、折り山が目立たなくなります。

生地のテカリを防ぐために当て布は、必ずしきましょう。

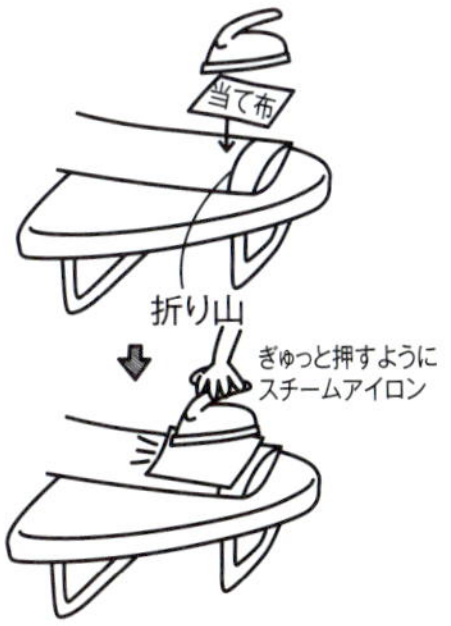

当て布
折り山
ぎゅっと押すように
スチームアイロン

〈ノースリーブに袖をつける〉

ノースリーブのワンピースのすそから袖を作って、フレンチスリーブのカットソーに直します。すそでフレンチスリーブをとると、しまつしているすそのぬい目を、そのまま袖口に利用できて便利です。
袖は２本どりのまつりぬいで、しっかりつけましょう。

＊今回のお直し＊

ノースリーブのすそを20cm短くし、その布で袖を作ります。

1. すそを裁断する

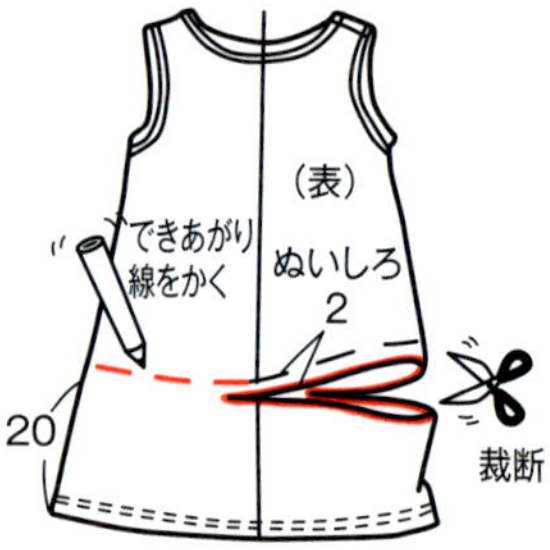

すそから20cm上のところに、チャコペンでできあがり線をかきます。ぬいしろを2cmとり裁断します。

2. すそをしまつする

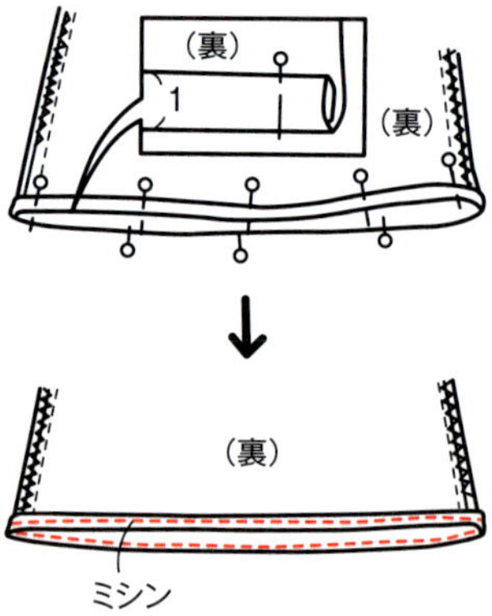

裏に返して、すそを1cmの三つ折りにし、マチ針でとめます。

端ミシンをかけてすそのしまつをします。

3. 袖ぐりの長さを測る

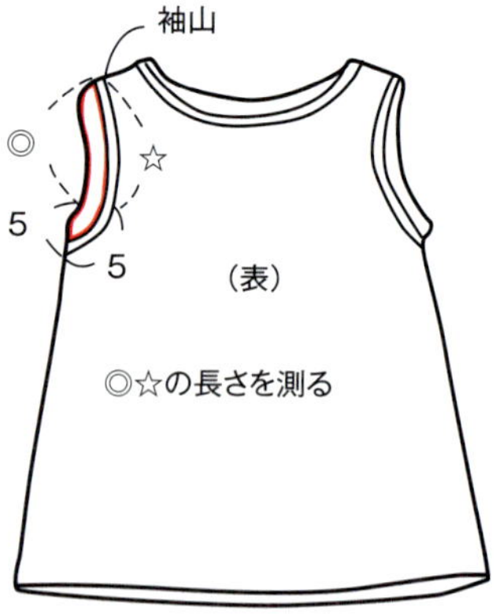

●型紙

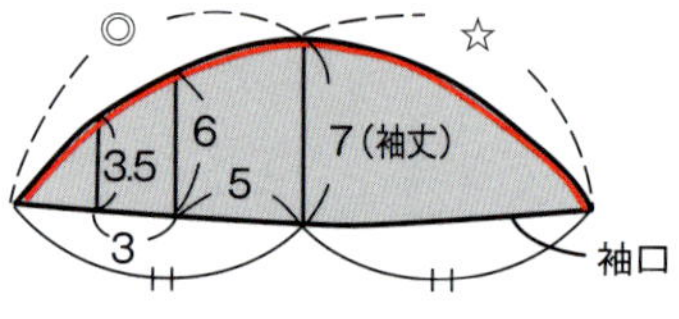

表に返して、袖下から5cmのところにチャコペンで印をかきます。袖ぐりの◎印と☆印までの長さを測ります。袖丈を決めて型紙を作ります。今回は袖丈7cmで型紙を作りました。

4. 袖のできあがり線をかく

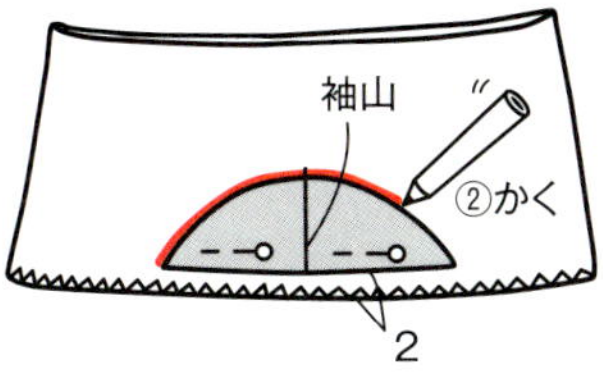

袖山
②かく
2

1 で裁断したワンピースの前身ごろのすそから２cm*離して、袖の型紙をマチ針でとめます。型紙にそってチャコペンで線をかきます。

*すその三つ折り部分が、袖口のぬいしろになるように型紙を置くと、袖のぬいしろのしまつをしなくてもよいので便利です。

5. 裁断する

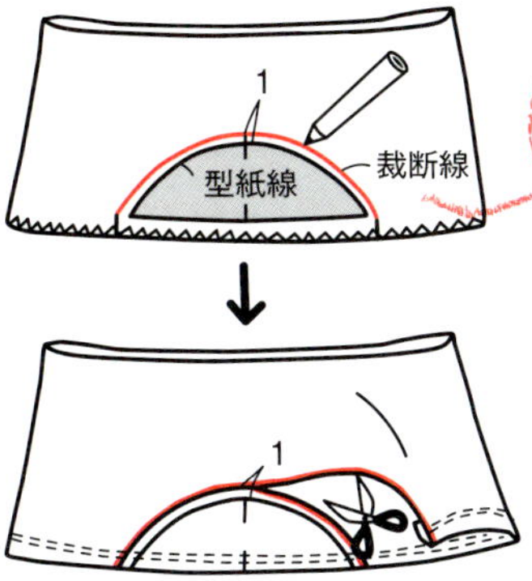

1
型紙線
裁断線
1

Point! 型紙の中心線はかき写しておく

袖山のぬいしろ 1cm をチャコペンでかきます。

袖を裁断線にそって裁断します。

6. 袖山をしまつする

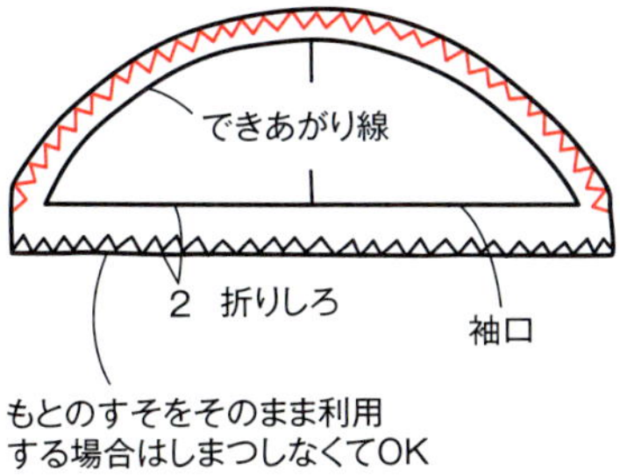

できあがり線
2　折りしろ
袖口
もとのすそをそのまま利用
する場合はしまつしなくてOK

袖山にジグザグミシンをかけて、袖山のぬいしろをしまつします。

7. 袖口にステッチをかける

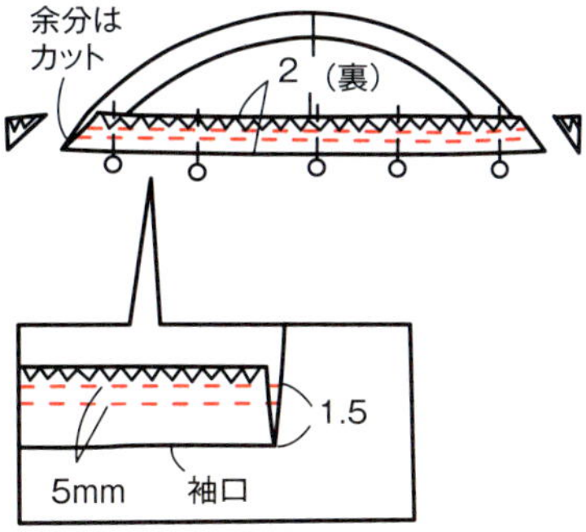

余分は
カット
2
（裏）
1.5
5mm
袖口

袖口は、できあがり線で折ってマチ針でとめ、端の余分な部分はカットします。

袖口にミシンでステッチを１本かけ、間を５mm あけてもう１本かけます。

8. 袖山と肩の中心を合わせる

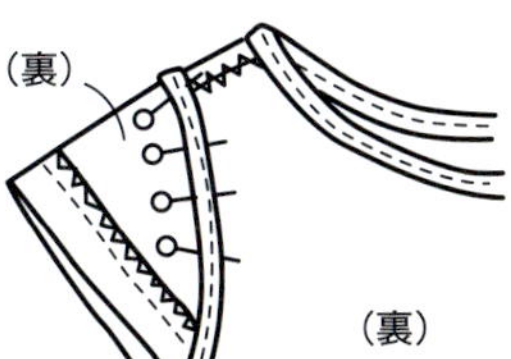

（裏）
（裏）

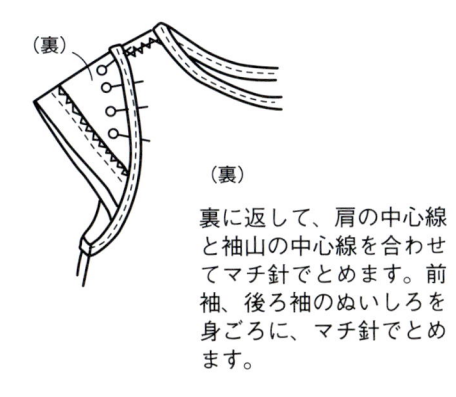

裏に返して、肩の中心線と袖山の中心線を合わせてマチ針でとめます。前袖、後ろ袖のぬいしろを身ごろに、マチ針でとめます。

9. 袖をつける

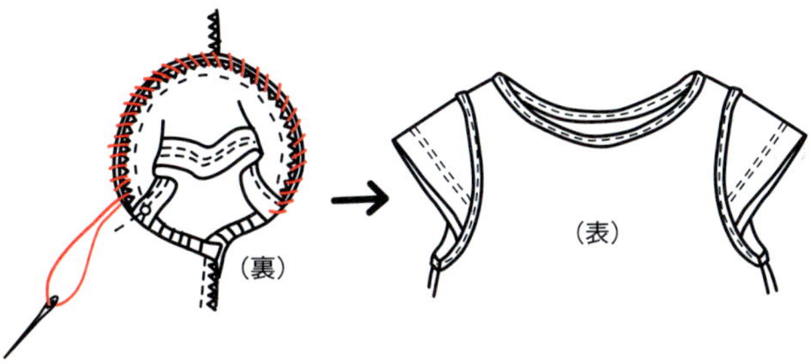

（裏）
（表）

袖は、二本どりのまつりぬいで、表地にひびかないように(ぬい目が表に出ないように)身ごろとぬい合わせます。

左右同じように袖をつけて、できあがり。

2cm出す

〈ジャケット〉

厚手の生地のジャケットは、もとの折り山が消えにくいです。
袖丈を出す場合には、もとの折り山だったところが、袖を出したあとのステッチの位置になるように、出す丈の寸法を調節しましょう。

＊今回のお直し＊

ジャケット（婦人もの、裏地のないもの）の袖丈を、2cm出します。

1. 袖口をほどく

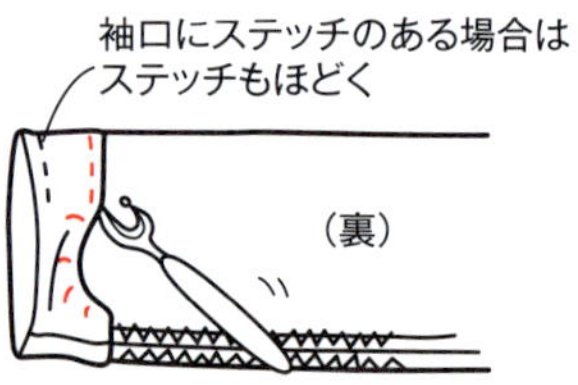
袖口にステッチのある場合は
ステッチもほどく
（裏）

裏に返して、袖口のぬい目とステッチをリッパーでほどきます。

2. できあがり線をかく

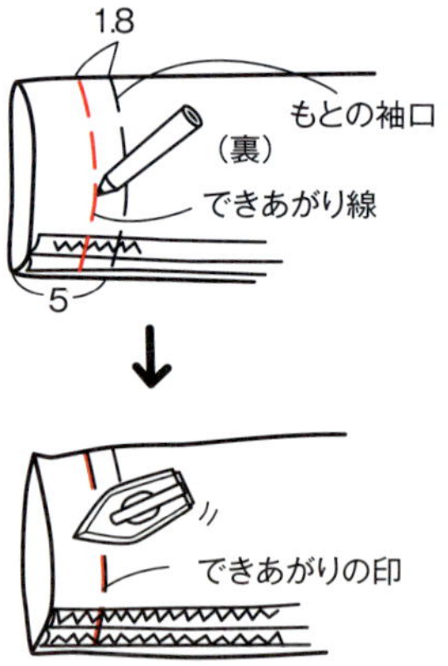
1.8
もとの袖口
（裏）
できあがり線
5
できあがりの印

折りしろを出し、もとのできあがり線から1.8cm下＊に、チャコペンでできあがり線をかきます。

＊もとの折りしろが4+1（ぬいしろ）=5cmなので、その半分の2cmにステッチをかけるための余裕をもたせ、1.8cmにします。

もとのできあがり線は、アイロンで消しておきます。

3. 袖口をできあがり線で折る

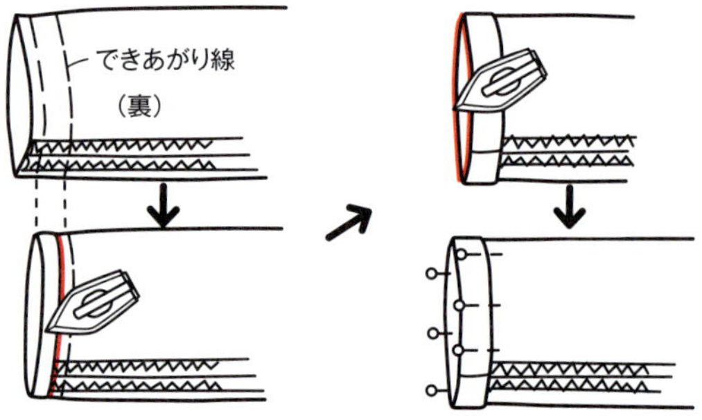
できあがり線
（裏）

袖口を図のように三つ折りにして、アイロンをかけ、マチ針でとめます。

4. ステッチをかける

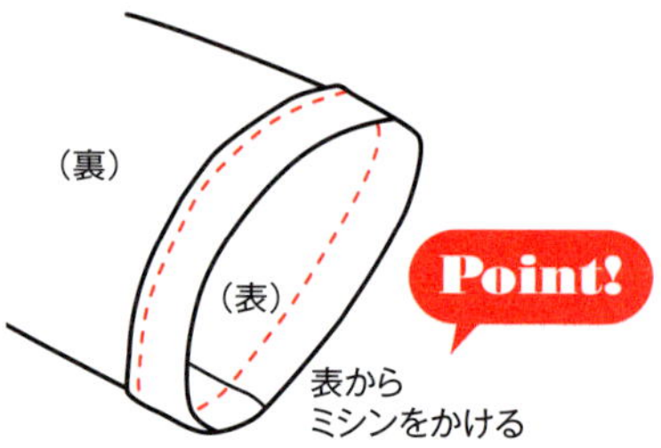
（裏）
（表）
Point!
表から
ミシンをかける

袖口を裏返しにしたまま、袖口を輪にして、表からもとの袖口にミシンをかけて、できあがり。

Part 3
すりきれ、ほつれなどのお直し

スボンのすそのすりきれや、スカートのすそのほつれなど、服のトラブルを直す方法がいっぱいです。

〈ジーンズのすりきれ〉

ここを直す

ジーンズがすり切れてしまったら、似た色のデニム生地を使って補修します。直した部分が目立たないように、ジーンズと同色の糸でぬいましょう。

＊今回のお直し＊

直径約 3cm の穴があいたジーンズに、別布をぬいつけます。デニム生地（90 × 5cm）、布用接着剤も用意しましょう。

1. 別布をつける

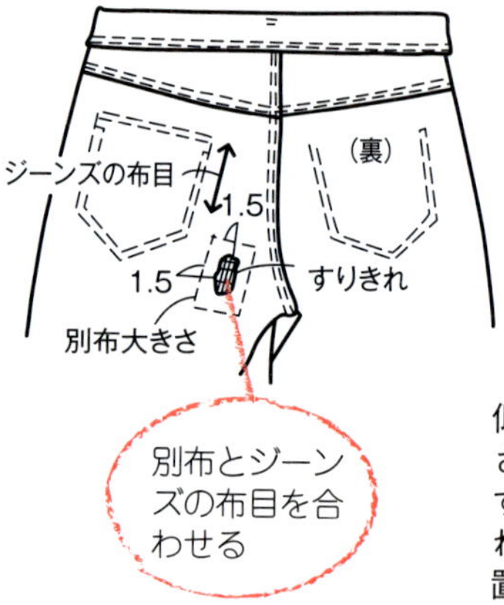
ジーンズの布目
1.5
（裏）
1.5
すりきれ
別布大きさ
別布とジーンズの布目を合わせる

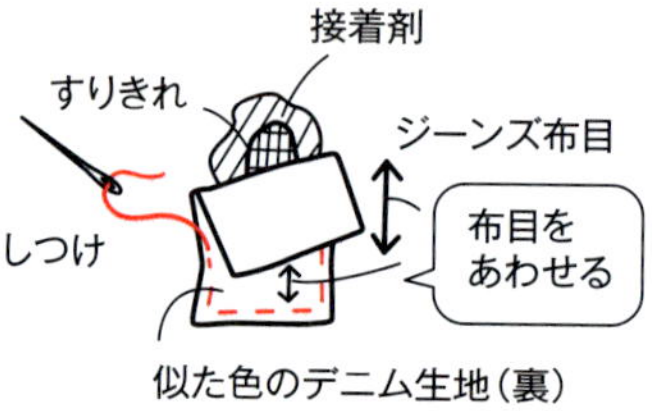
接着剤
すりきれ
ジーンズ布目
しつけ
布目をあわせる
似た色のデニム生地（裏）

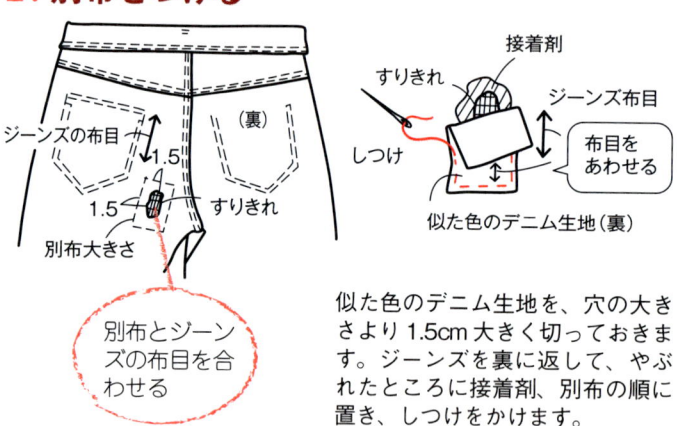

似た色のデニム生地を、穴の大きさより 1.5cm 大きく切っておきます。ジーンズを裏に返して、やぶれたところに接着剤、別布の順に置き、しつけをかけます。

2. ほつれた糸を整える

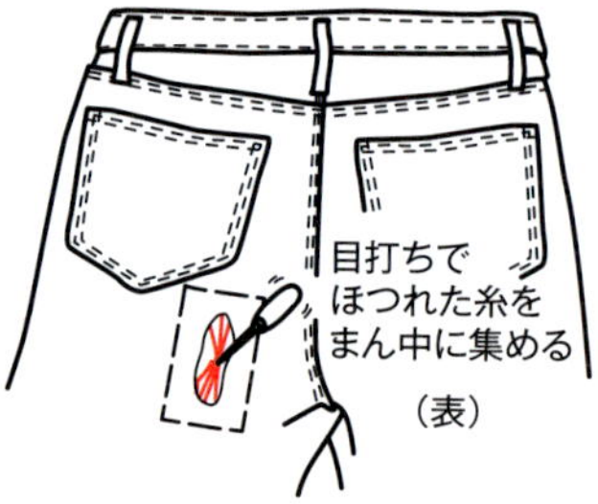
目打ちでほつれた糸をまん中に集める
（表）

表に返して、ほつれた糸をすり切れのまん中に集めて目打ちで整えます。かたくしぼったぬれタオルをあて、アイロンをかけます。

3. まわりをぬう

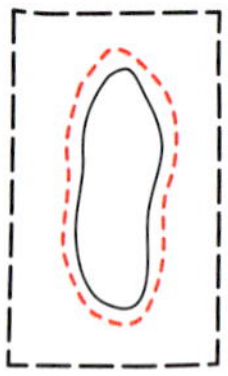

すりきれ部分のまわりをミシンで一周ぬいます。

4. ジグザグにぬう

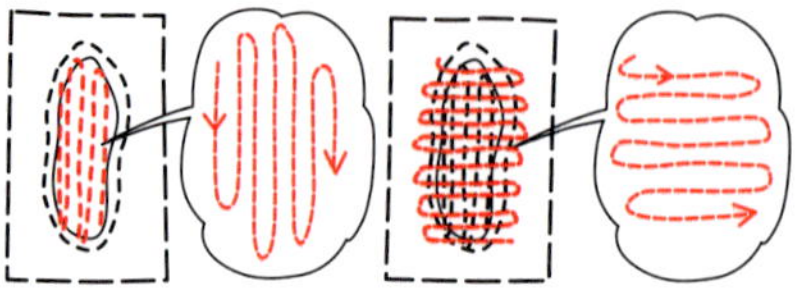

たて、よこの順に細かくジグザグにぬいましょう。

5. 別布を切りそろえる

Point!
まわり1cmくらいを残してカット
別布（裏）

裏に返して、大きく切った別布の角を丸く切りそろえて、できあがり。

〈ズボンの内ポケットのすりきれ〉

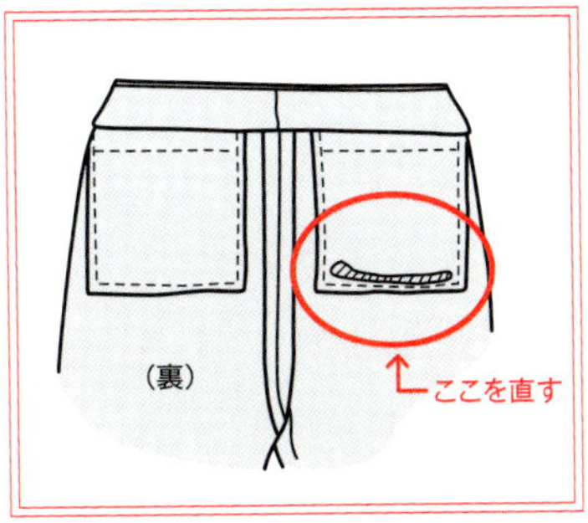

ズボンの内ポケットのすりきれや穴ができたら、穴の部分を裁断し、布を足します。また、布を足すときは、しっかりとぬいつけるために、ステッチを２本かけましょう。

＊今回のお直し＊

紳士もののズボンの内ポケットに、別布をぬいつけます。別布（90cm × 15cm）も用意しましょう。

1. ポケットを裁断する

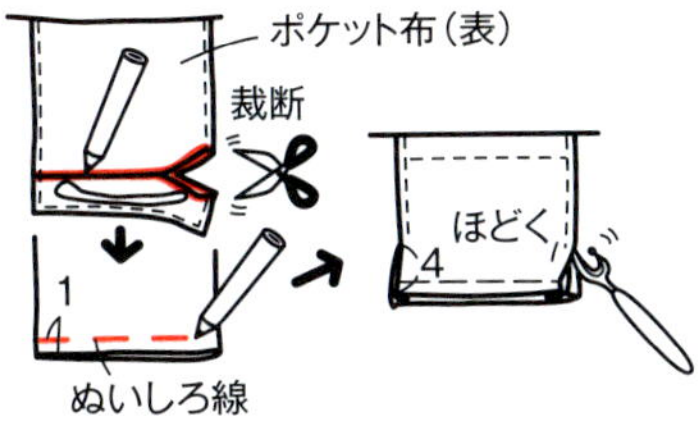

裏に返して、ポケット布の穴のある部分のすぐ上に裁断線をかき、線にそって裁断します。裁断線から１cm 上にぬいしろの線をかきます。脇のぬい目は下から４cm ほどいておきましょう。

2. 別布を裁断する

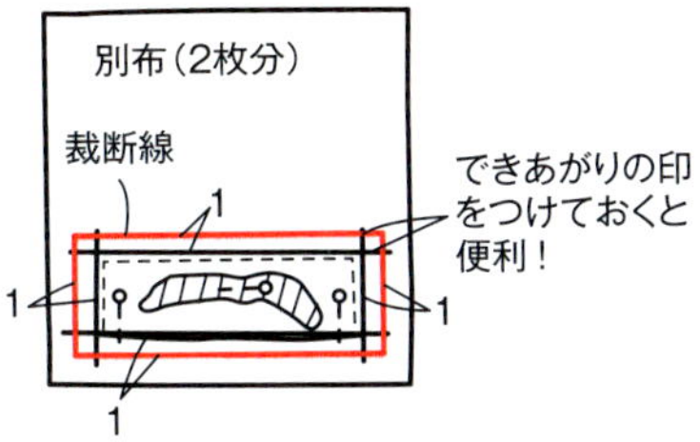

裁断したポケット布を別布の上に置き、マチ針でとめます。図のようにぬいしろをとり、裁断線をチャコペンでかき、線にそって裁断します。これを２枚作りましょう。

3. ポケットと別布をつける

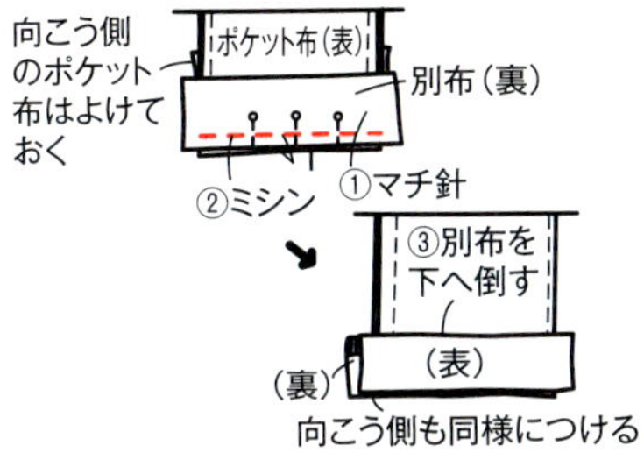

ポケット布の片側と別布を中表にしてマチ針でとめます。できあがり線にそって、ミシンをかけましょう。反対側も同じように別布をつけます。

4. 別布の底をぬう

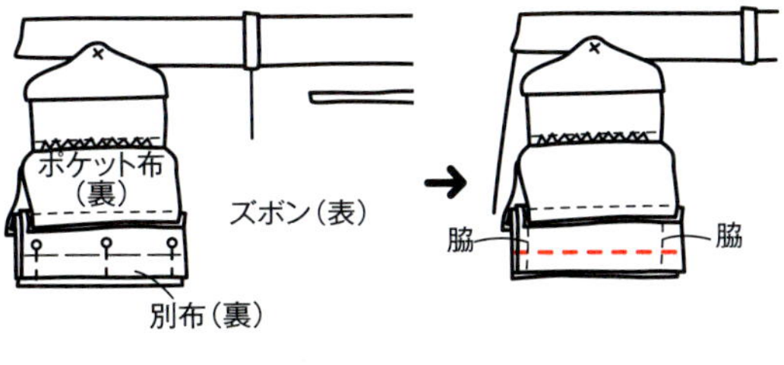

表にして、ポケットの入口からポケット布を出します。

別布の底のできあがり線にそってミシンをかけます。

5. 別布の脇にステッチをかける

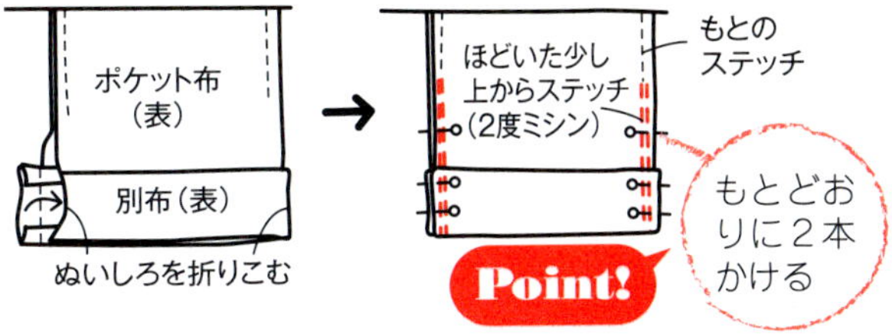

ポケット布をひっくり返して、別布の脇をできあがり線にそって内側に折りこみます。

アイロンをかけてマチ針でとめます。もとのポケットのステッチの位置に合わせて、別布の脇にステッチをかけて、できあがり。

〈パンツの裏地のすりきれ〉

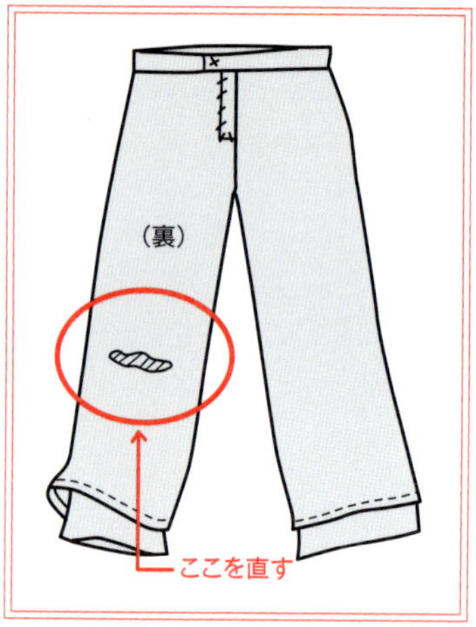

すりきれた部分の裏地を交換します。裏地用の似た色の生地を用意しましょう。はかなくなったスカートやパンツの裏地を代用してもいいでしょう。

＊今回のお直し＊

婦人もののパンツの裏地（ひざ部分）のすりきれに、似た色の生地をぬいつけます。裏地（似た色の生地約 40cm × 60cm）も用意しましょう。

1. すりきれた裏地を裁断する

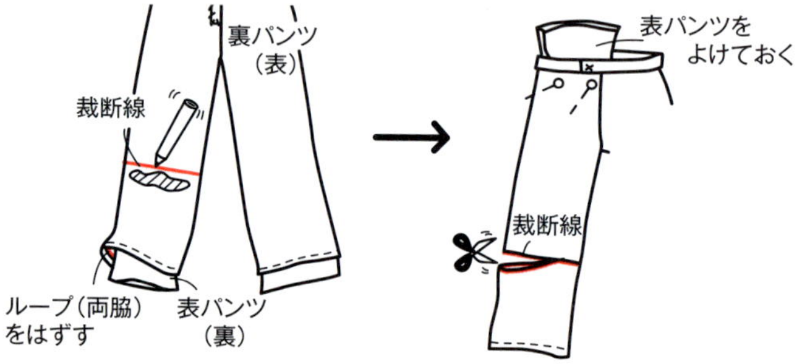

裏に返して、すりきれた部分の上に、チャコペンで裁断線をかきます。両脇のループをはずし、表地をたくしあげます。

線にそって裏地だけを裁断します。

2. 別布を裁断する

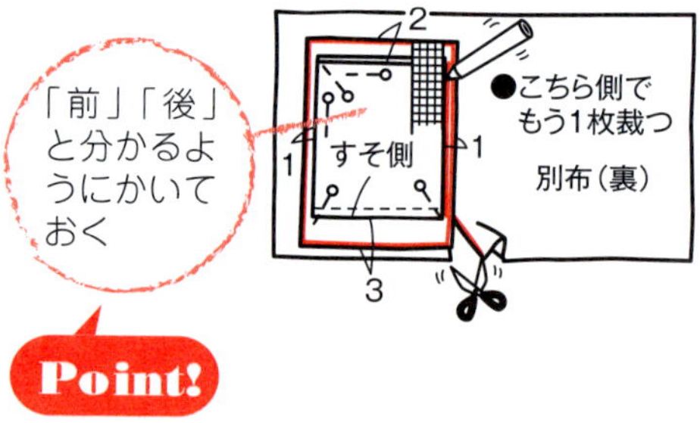

1 で裁断した裏地を別布の上に置き、マチでとめます。図のようにぬいしろをとって裁断線をかき、裁断します。

3. 裏地の脇をほどく

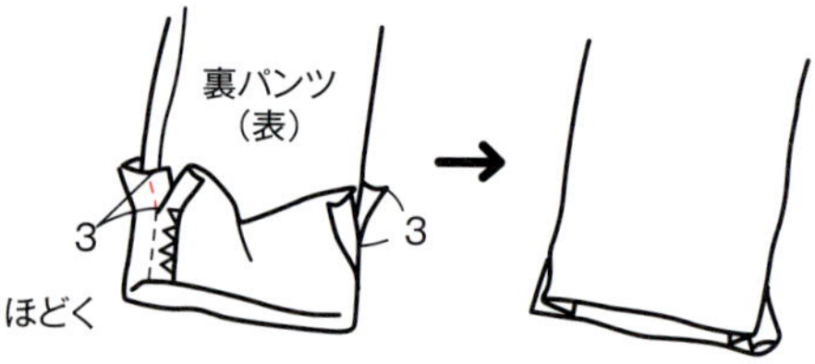

残した裏地を裏にして両脇のぬい目を3cm ほどきます。

4. 前パンツに裏地と別布をつける

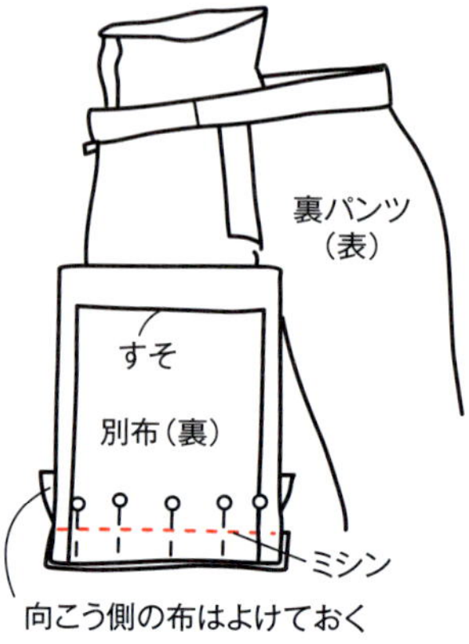

前パンツの残した裏地と別布を、中表にしてそれぞれ合わせ、マチ針でとめます。ミシンをかけましょう。

5. ぬいしろのしまつをする

裏地と別布を合わせた端にジグザグミシンをかけます。

6. ぬいしろを下にたおす

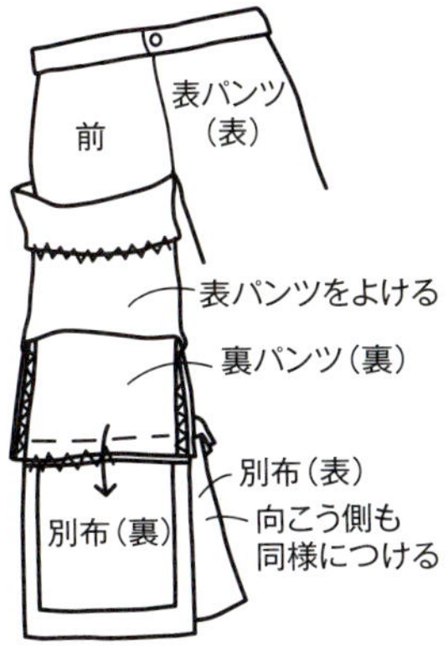

表に返して、別布をおろします。裏地を裏にして、ぬいしろは下にたおします。後ろパンツも3～6の手順で別布をつけます。

7. 脇にミシンをかける

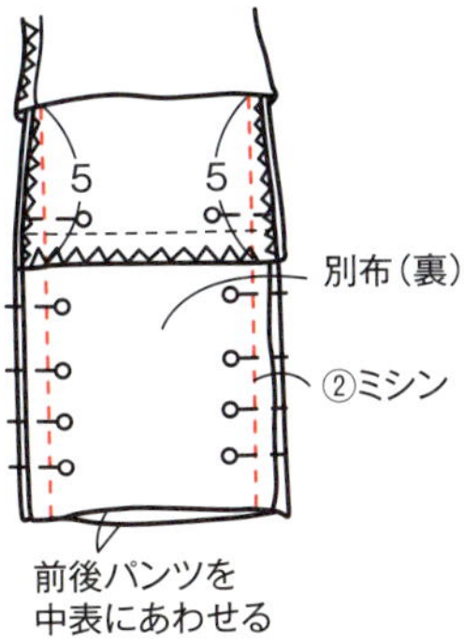

別布の前パンツと後ろパンツの脇を合わせて、マチ針でとめます。しつけをかけて、別布の5cm上からミシンをかけましょう。

8. 脇のぬいしろをしまつする

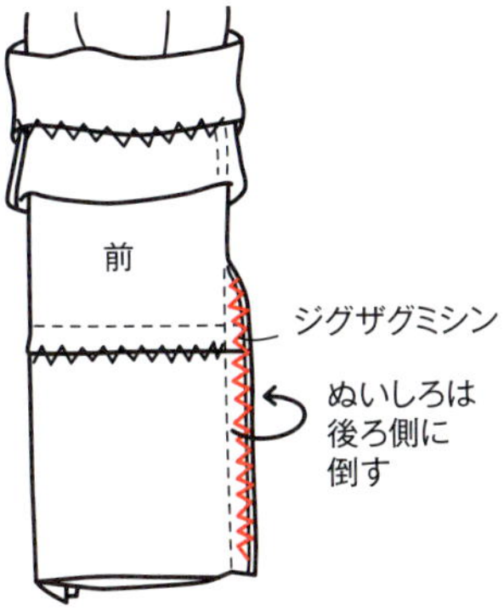

前パンツ、後ろパンツの脇を合わせて、ジグザグミシンをかけます。ぬいしろは、後ろに倒します。

9. 別布のすそをしまつする

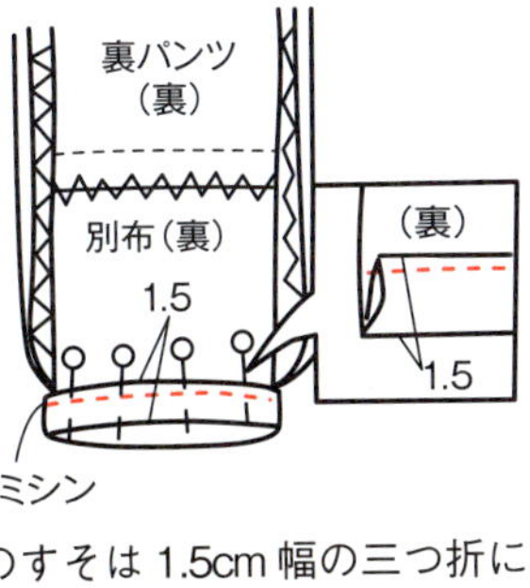

別布のすそは1.5cm幅の三つ折にして、マチ針でとめます。端ミシンをかけます。

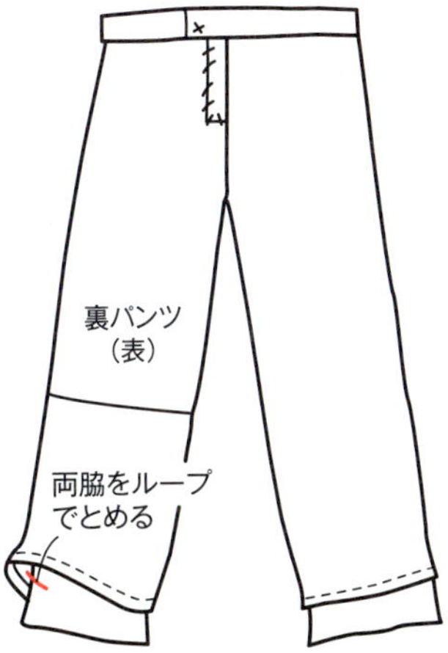

裏地をおろして、両脇をループでとめるとできあがり。

〈ズボンのポケットのやぶれ〉

ここを直す

ポケットの入口がやぶれてしまったら、接着しんで補強して直します。生地と同じような色の力布＊と接着しんで、やぶれた部分を補修しましょう。

＊ポケットの口、ボタン、ベンツの裏など、力のかかるところを補強するためにつける布のこと。

＊今回のお直し＊

紳士もののズボンのポケット入口のやぶれに、力布をぬいつけます。力布（90cm × 5cm）、接着しんも用意しましょう。

1. ほつれている糸を整える

（表）
（裏）

裏に返して、やぶれている部分のほつれた糸を、先の細い目打ちなどで、重ねるようにまとめます。

2. 接着しんを切る

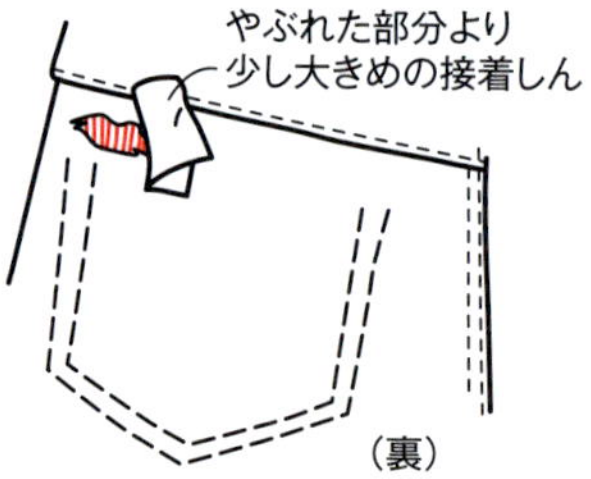
やぶれた部分より
少し大きめの接着しん
（裏）

接着しんをやぶれた部分より少し大きめに切ります。

3. 接着しんをはる

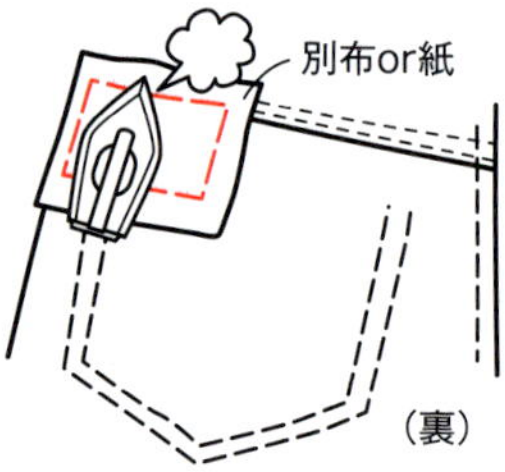
別布or紙
（裏）

やぶれた部分に接着しんをアイロンでつけます。

4. 力布をぬいつける

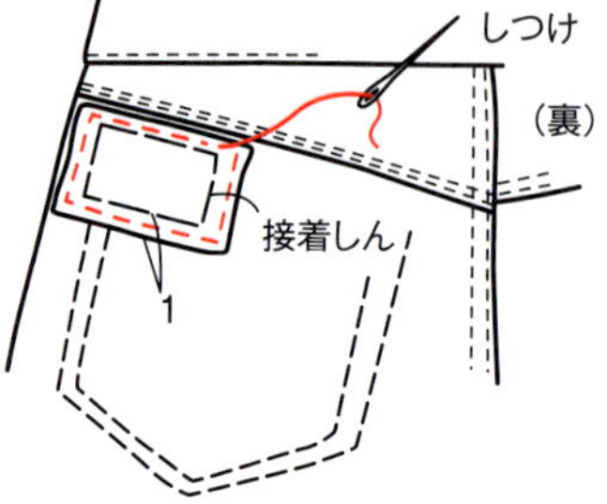
しつけ
（裏）
接着しん
1

ズボンの生地に似た色の力布＊を、接着しんよりも1cmくらい大きめに裁断します。接着しんの上に置いて、しつけをします。

＊力布は、似た色の幅広いバイアステープ（色も豊富なので便利）も代用できます。

〈パンツのすそのすりきれ〉

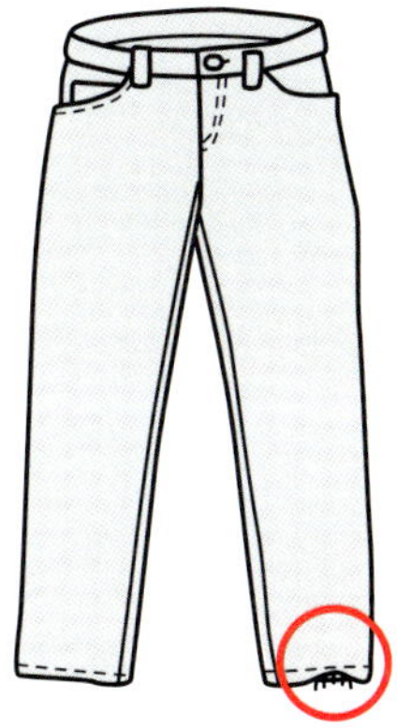
ここを直す

すそのすりきれを直すときは、丈ができるだけ長くなるように、すりきれのある部分のぎりぎりのラインで裁断します。
さらに、すその折り返しの幅を少し狭くて、できるだけ長くなるようにしましょう。

＊今回のお直し＊

婦人もののパンツのすそのすりきれを、すその折り返しを使って直します。

1. すそを裁断する

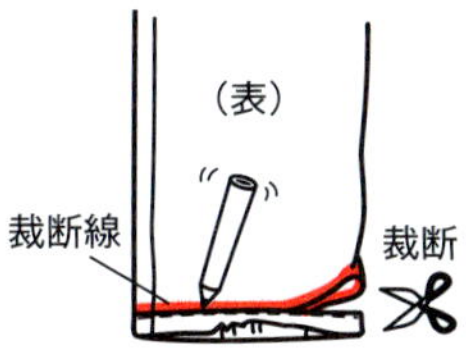
（表）
裁断線
裁断

Point!

すりきれのある部分のすぐ上に裁断線をかき、裁断します。すそから裁断線までの寸法をはかって、もう一方にも同じように裁断線をかきましょう。

2. すそを三つ折りにする

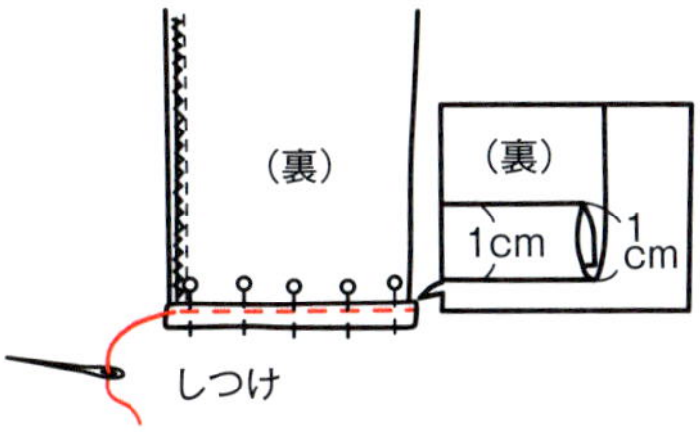
（裏）
（裏）
1cm
1cm
しつけ

裏に返して、すそを1cmの三つ折りにします。マチ針でとめます。しつけをかけます。

3. ステッチをかける

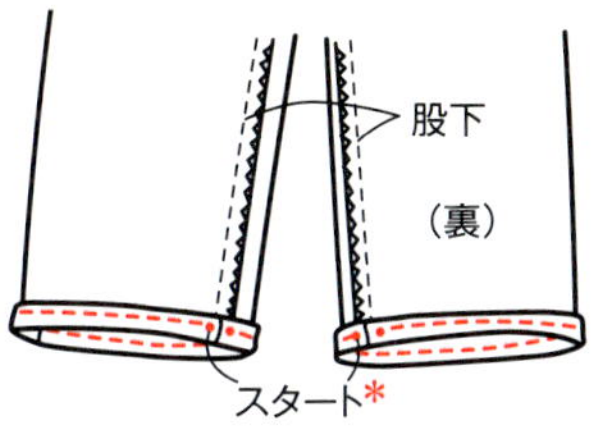
股下
（裏）
スタート＊

ステッチを、内側の脇からかけはじめます。ぬい止まりは返しぬいにして、できあがり。

＊内側の脇は外から見えにくいので、ステッチのぬい止まりも目立たなくなります。

5. ミシンでぬう

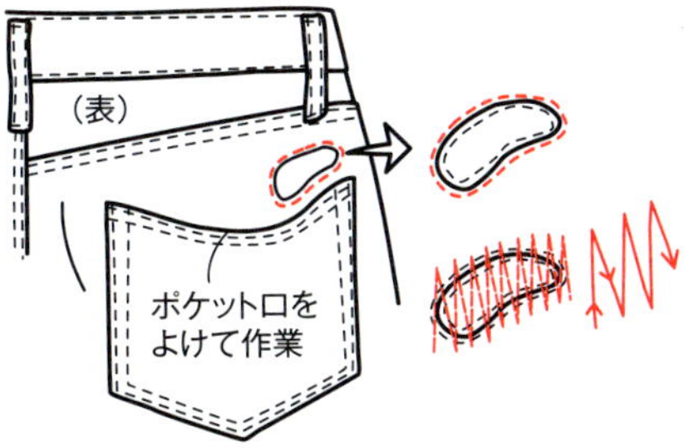
（表）
ポケット口をよけて作業

表に返して、生地と同色の糸でやぶれた穴のふちをミシンで1周ぬいます。さらにもう一周し、たてにジグザグに往復してぬいましょう。

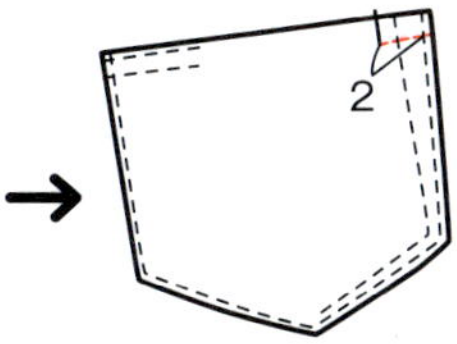
2

やぶれたところのぬい目をかくすため、ポケットの入口の端2cmをぬいとめます。

6. 力布の形を整える

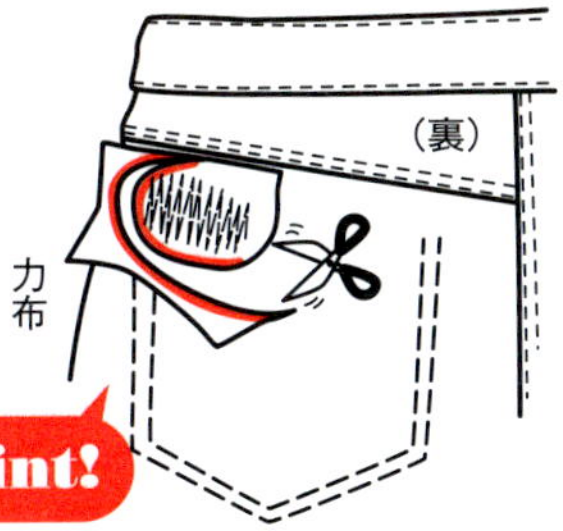
（裏）
力布

Point!

裏に返して、3の力布を丸く切って目立たないようにして、できあがり。

〈ベンツのほつれ〉

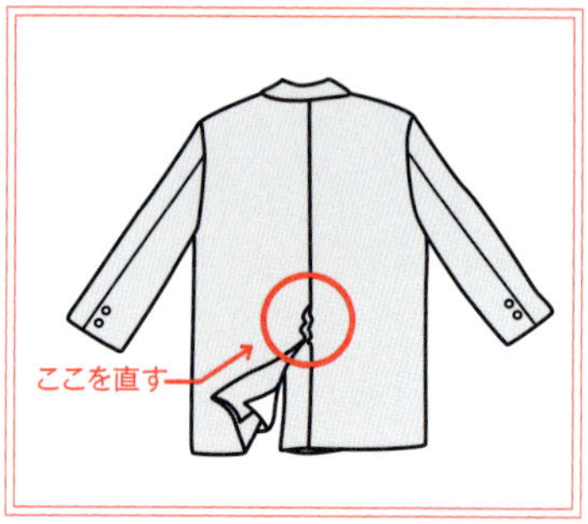

ここを直す

ジャケットやコートのベンツは目立つ部分です。
お直しをするときは、直したぬい目が目立たないように、細かくていねいにぬいましょう。

＊今回のお直し＊

紳士もののジャケットのベンツのほつれを直します。接着しん（表地と似た色）も用意しましょう。

1. 裏地のぬい目をほどく

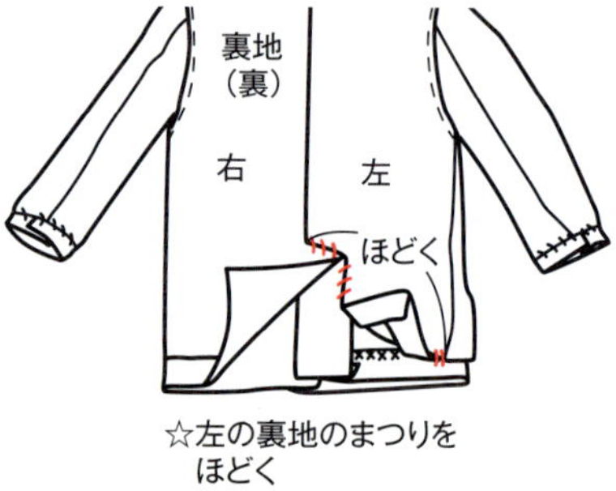

裏地
（裏）
右
左
ほどく
☆左の裏地のまつりを
ほどく

裏に返して、後身ごろの裏地のすそのまつりぬいをリッパーでほどきます。

2. ほつれを合わせてしつけをする

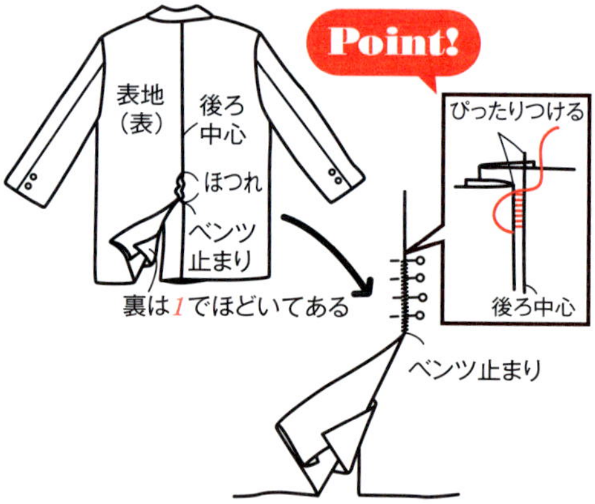

Point!
表地
（表）
後ろ
中心
ほつれ
ベンツ
止まり
裏は1でほどいてある
ぴったりつける
後ろ中心
ベンツ止まり

表に返して、表地のほつれているベンツの折り山を合わせてマチ針でとめます。ほつれた部分の端から、ベンツの折り山の織り糸を、1本をとるつもりでずれないようにしつけ糸でたてまつり（10ページ）をします。

＊目立つ大事な部分なので、曲がらないように気をつけましょう。裏地と表地の間に片手を入れるとぬいやすくなります。

3. 接着しんをはる

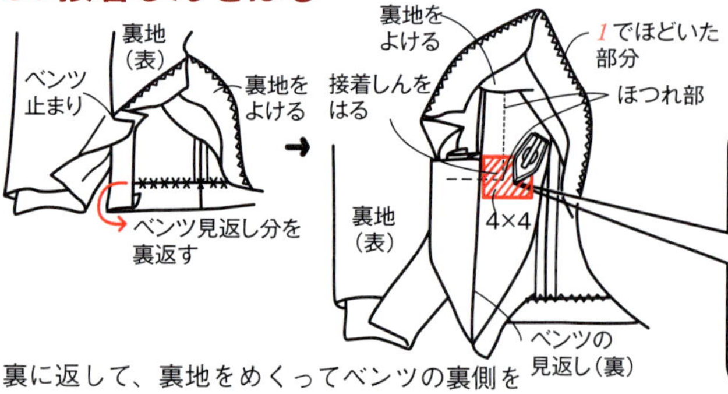

裏地
（表）
ベンツ
止まり
裏地を
よける
ベンツ見返し分を
裏返す
裏地を
よける
接着しんを
はる
1でほどいた
部分
ほつれ部
裏地
（表）
4×4
ベンツの
見返し（裏）

裏に返して、裏地をめくってベンツの裏側を出し、ほつれた部分に表地と同じような色の接着しん（力布）をアイロンでつけます。

4. ほつれ部分にミシンをかける

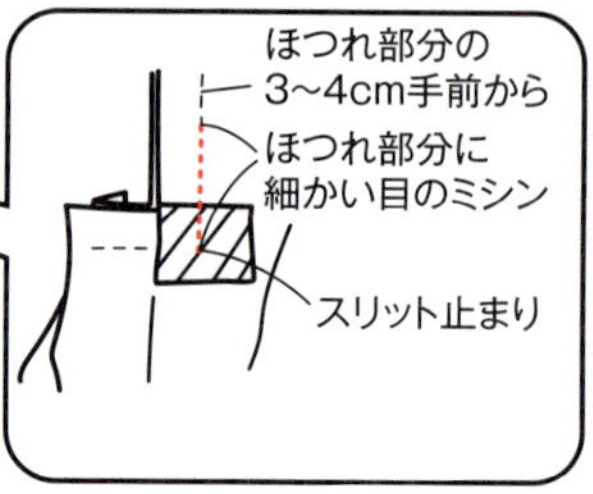

ほつれ部分の
3~4cm手前から
ほつれ部分に
細かい目のミシン
スリット止まり

ベンツのぬいしろを立てます。ぬいしろをめくって倒して、ほつれた部分の手前3～4cmのところからミシンをかけはじめます。表にしつけをかけたしつけ糸が見えています。
ほつれたところのぬい目は細かくしてぬいます。

〈えりぐりのほつれ〉

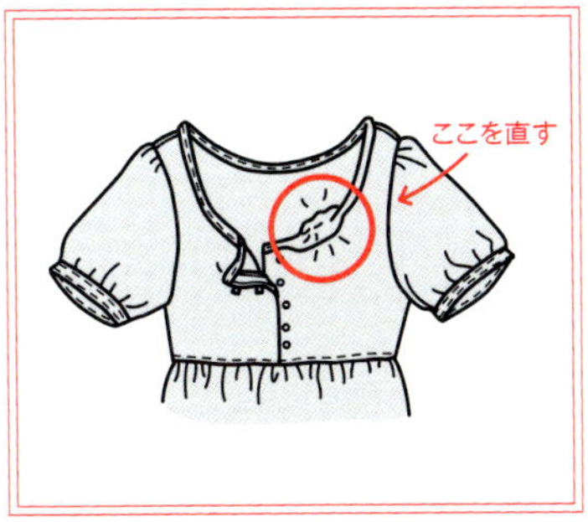
ここを直す

目打ちなど、先の細いものを使って、まずパイピングをもとのぬい目の上にもどします。目立つ部分なので、ほつれた糸のしまつも忘れずにぬい目の中に隠しましょう。

＊今回のお直し＊

ワンピースのえりぐりのほつれをていねいにほどき、ぬいましょう。

1. ほつれをぬい目にもどす

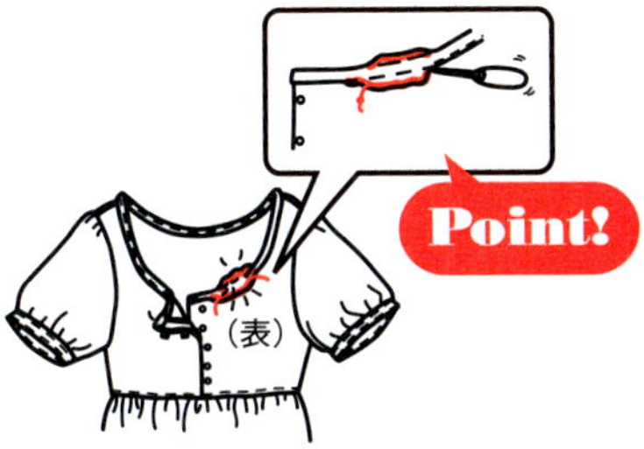
Point!
（表）

目打ちなど先のとがったもので、ほつれて広がったパイピングを、もとのぬい目の内側に入れるようにしてもどします。ほつれた糸は、玉結びにしてぬい目に入れましょう。

2. 裏でまつる

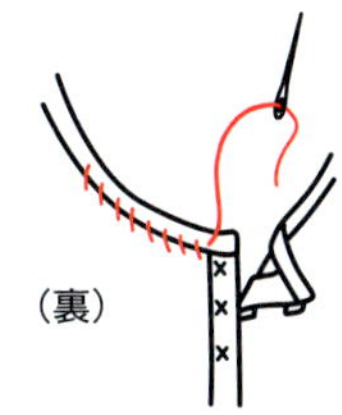
（裏）

裏に返して、ほつれた部分をまつりぬいにします。

3. ミシンをかける

（表）
ミシン

表に返して、もとのぬい目にそってミシンをかけて、できあがり。

---

5. しつけをとる

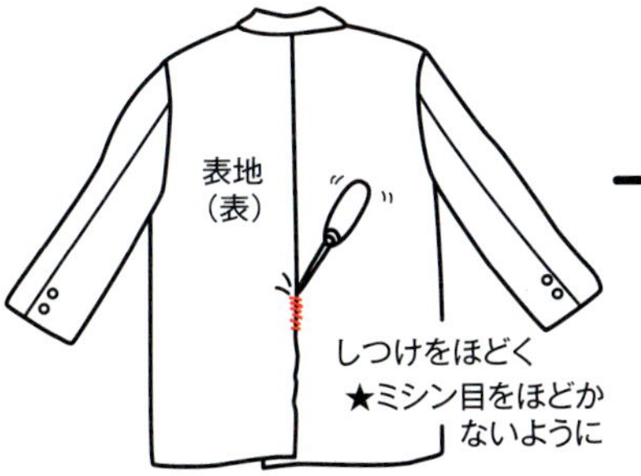
表地
（表）
しつけをほどく
★ミシン目をほどかないように

表に返して、ミシンのぬい目をほどかないように、しつけを＊目打ちでとります。

＊ぬい目が細かいので、リッパーだと糸を切ってしまうため。

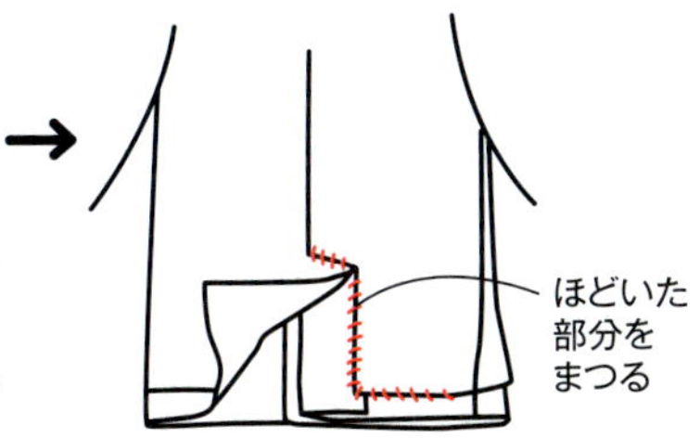
ほどいた部分をまつる

ほどいたベンツの部分の裏地のすそをまつって、できあがり。

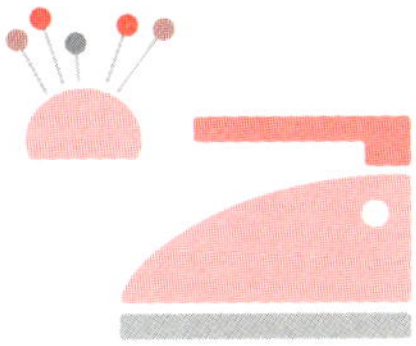

〈スカートのすそのほつれ〉

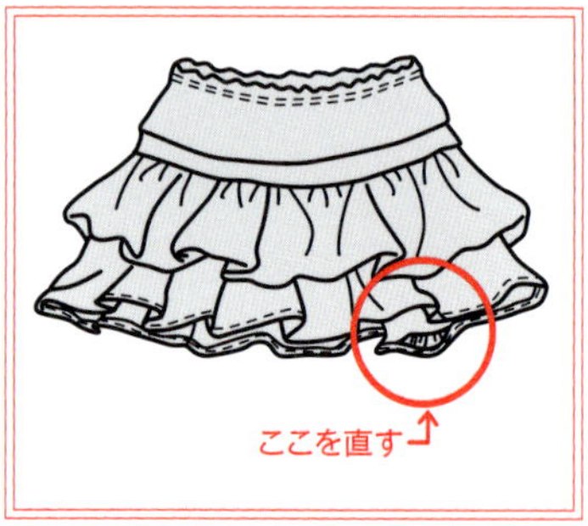

オーガンジーなどの薄い生地のすそは、もとのミシン目からほつれて切れてしまいがち。ほつれた部分をすそのぬい目にきちんと合わせてから、すそのしまつをしましょう。

＊レーヨンやポリエステルの薄い生地は手ぬいでまつると、布がひきつれるのを調整できるので、きれいに仕上がります。

＊今回のお直し＊

フリルスカート（オーガンジー素材）のほつれを直します。

1. すそのぬい目にもどす

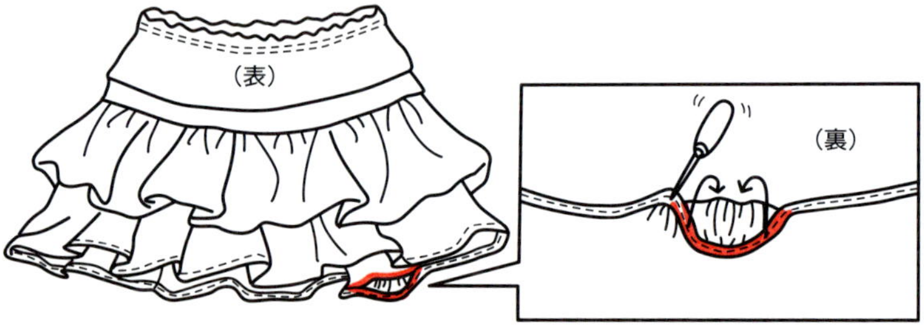

裏に返して、目打ちなど先のとがったもので、ほつれた部分にすそのぬい目をのせるように、合わせます。少しずつていねいにしましょう。

2. ほつれにミシンをかける

ほつれに合わせたすそのぬい目の上を、ミシンの細かいぬい目でぬいます。

3. ぬい目から出ている糸を切る

糸がミシンのぬい目からはみ出していたら、ていねいにハサミで切ります。

4. すそをしまつする

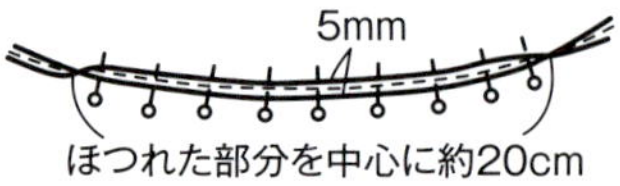

ほつれた部分を中心に20cmぐらいの範囲を、きれいなカーブになるように5mm折ってマチ針でとめます。

5. すそにミシンをかける

折った部分のふちに端ミシンをかけます。生地が薄くぬい目が縮んでしまうことがあるので、引っぱり気味に低温のアイロンをかけて、できあがり。

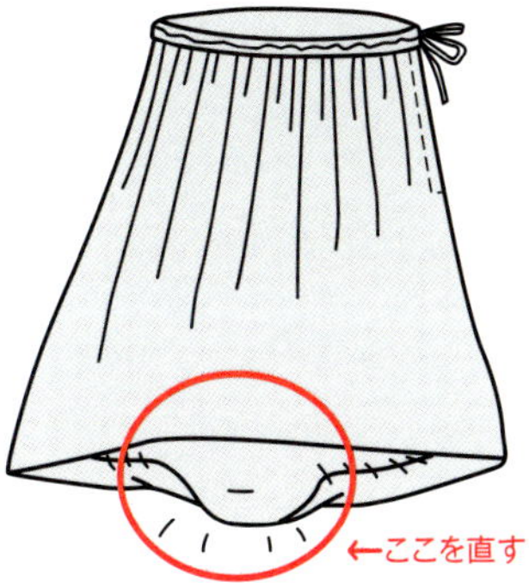
←ここを直す

〈プリーツスカートのすそのほつれ〉

すそのまつりぬいがほつれると、折りしろが下りてしまいます。
ほうっておくと、ほつれの幅が広がってしまいます。
早めにまつりぬいをして、もとに戻しましょう。

＊今回のお直し＊

薄地(ポリエステル 100%)のプリーツスカートの、すそのほつれを直します。90番の薄地用糸、9番の細い針も用意しましょう。

1. 折りしろをあげる

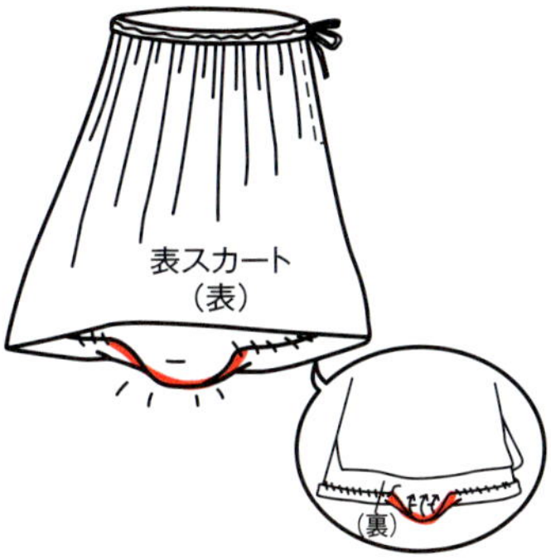
表スカート
(表)
(裏)

ほつれて下がった、すそのぬいしろを、もとのとおりに折ります。

2. マチ針でとめる

裏スカート
(表)

裏に返して、ぬいしろをマチ針でとめます。

3. まつりぬいをする

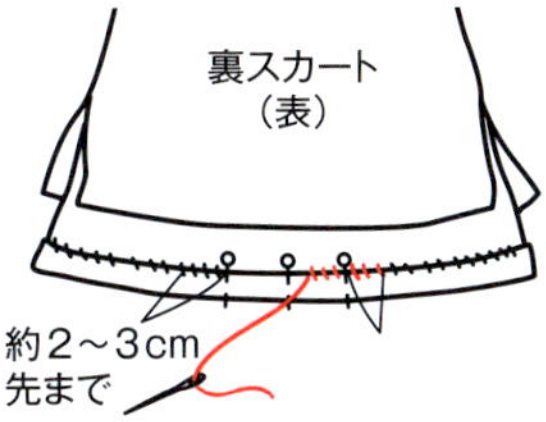
裏スカート
(表)
約2～3cm
先まで

Point!

ほつれている部分より前後2～3cm長くまつりぬいをして、できあがり。

＊まつりぬいで表地をすくうときは、小さくすくうときれいに仕上がります。

プロのコツ! ひだの折り山に合わせて、マチ針でとめよう!

プリーツスカートのすそのほつれは、ひだの山折り・谷折りの部分に注意しながら直します。必ずひだの折り山にそって合わせて、ずれないようにマチ針でしっかりととめましょう。

折り目がずれると、すそにしわが寄ったり、プリーツがきれいでなくなるので、お直しをする際には要注意です。

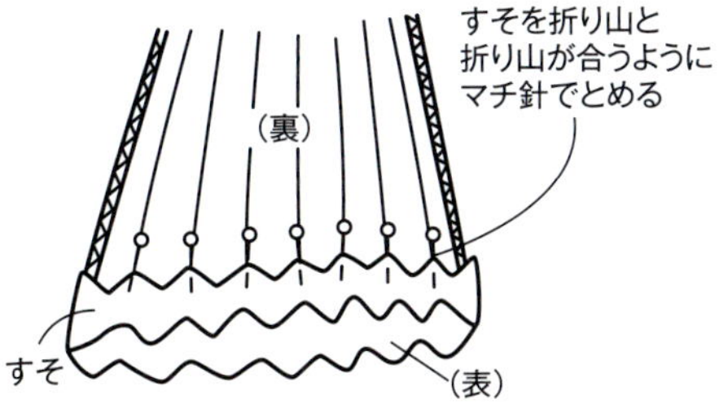
すそを折り山と
折り山が合うように
マチ針でとめる
(裏)
すそ
(表)

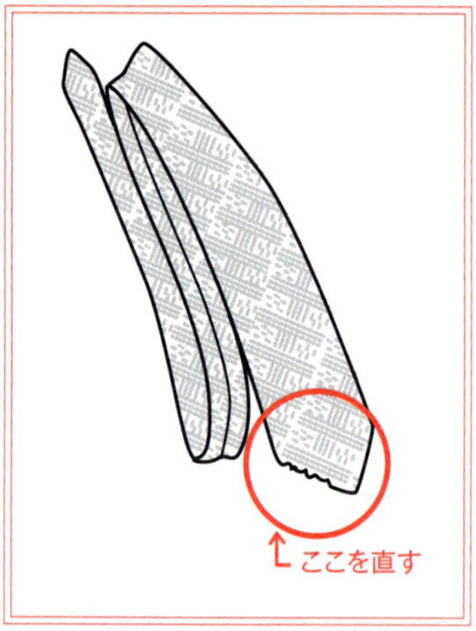
ここを直す

〈ネクタイのすりきれ〉

ネクタイの先のすりきれは目立つので、裏のぬい目をほどいて、裏側に折ってしまいます。
アイロンでていねいに折りしろを作るのがコツ。仕上げは、表にぬい目が見えないように、奥まつりでぬいましょう。

＊今回のお直し＊

ネクタイの先のすりきれを、長さを1cm短くして直します。

1. ぬい目をほどく

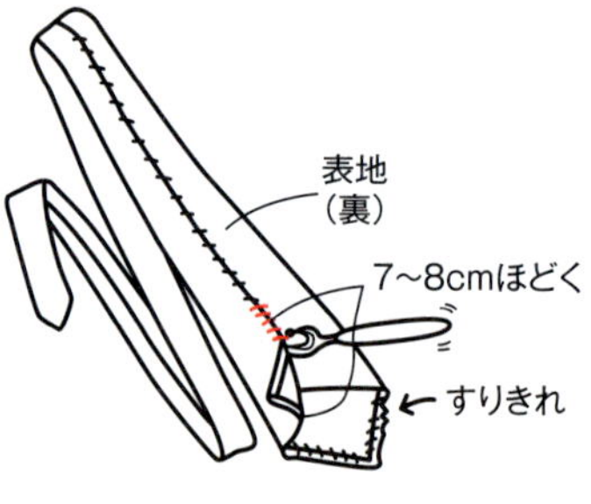
表地
（裏）
7〜8cmほどく
すりきれ

裏に返して、表地のぬい目をリッパーでほどきます。

2. 裏地をはずす

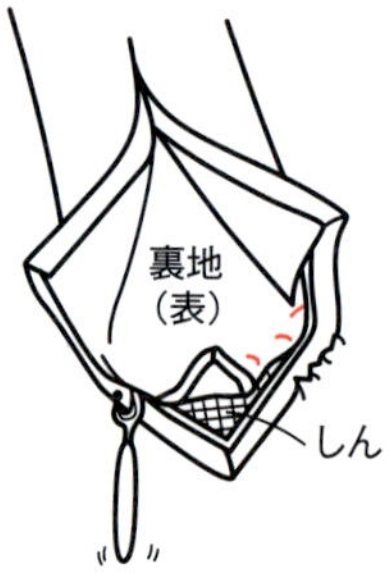
裏地
（表）
しん

表地をめくって、裏地のぬい目をリッパーでほどいてはずします。

3. できあがりの糸印をつける

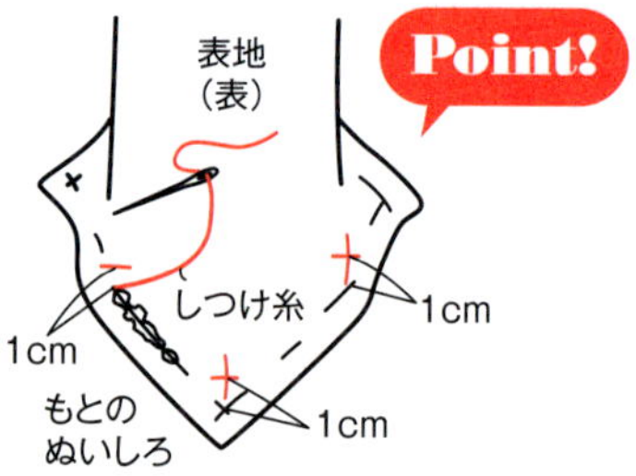
表地
（表）
Point!
1cm
しつけ糸
1cm
もとの
ぬいしろ
1cm

表に返して、それぞれの角から1cm上に、しつけ糸で＋印をつけて、できあがりの目印にします。

4. 中心線をかく

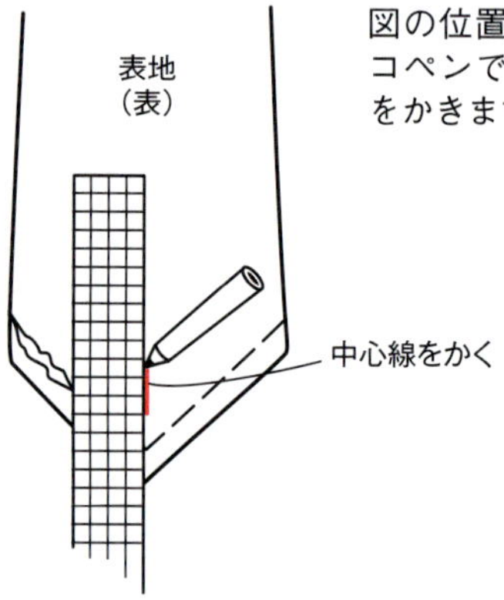
表地
（表）
中心線をかく

図の位置にチャコペンで中心線をかきます。

5. しんを裁断する

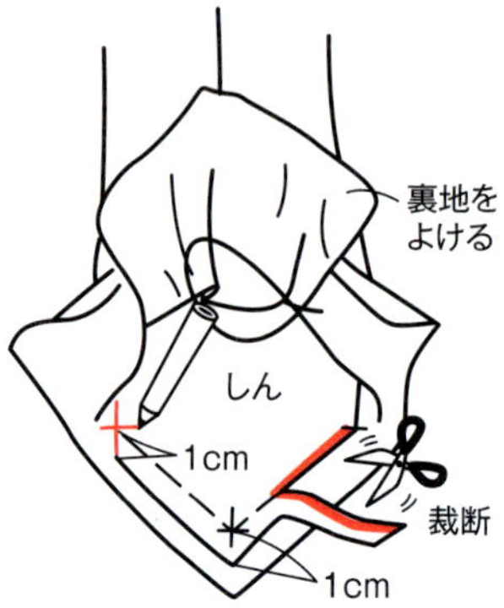
裏地を
よける
しん
1cm
裁断
1cm

裏に返して図のように、しんにチャコペンで裁断線を1cm内側にかきます。表地をよけて、しんのみ裁断しましょう。

6. ぬいしろを折る

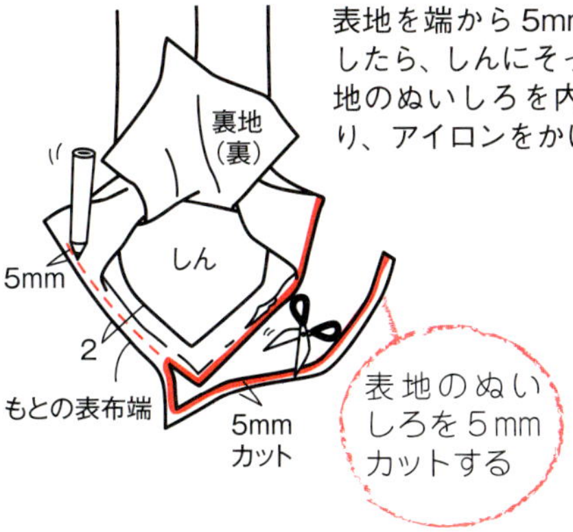
裏地
(裏)
しん
5mm
2
もとの表布端
5mm
カット
表地のぬい
しろを5mm
カットする

表地を端から5mmカットしたら、しんにそって、表地のぬいしろを内側に折り、アイロンをかけます。

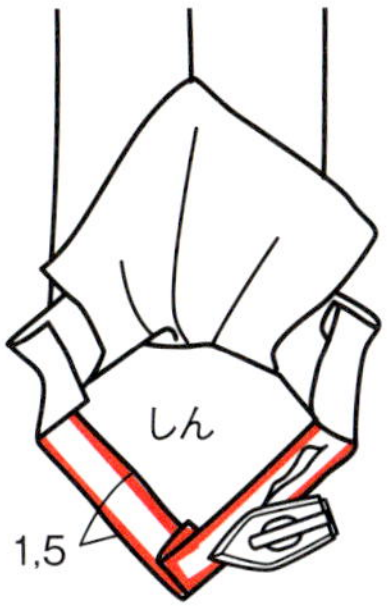
しん
1,5

先はぬいしろを重ねて、片側に倒します。

7. 裏地をとめる

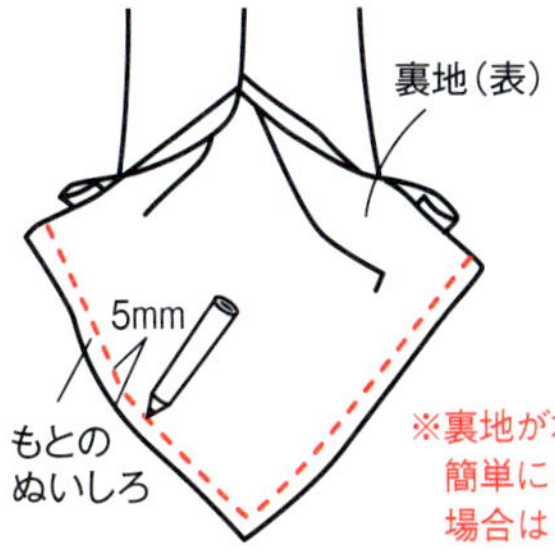
裏地(表)
5mm
もとの
ぬいしろ

※裏地が本体から
簡単にはずれる
場合ははずして
作業してもOK

裏地は、先端からもとのぬいしろの5mm内側に、できあがり線をかきます。

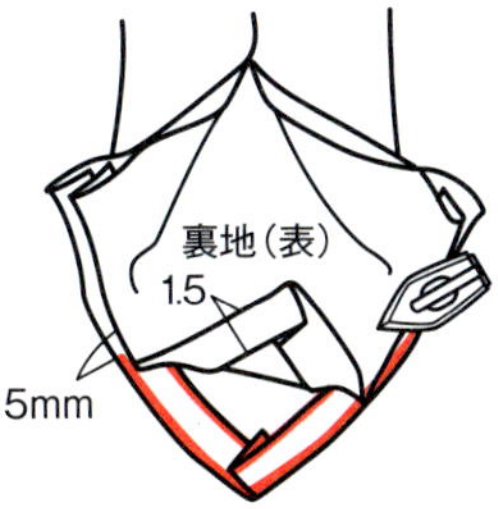
裏地(表)
1.5
5mm

線にそって、内側に折り曲げます。

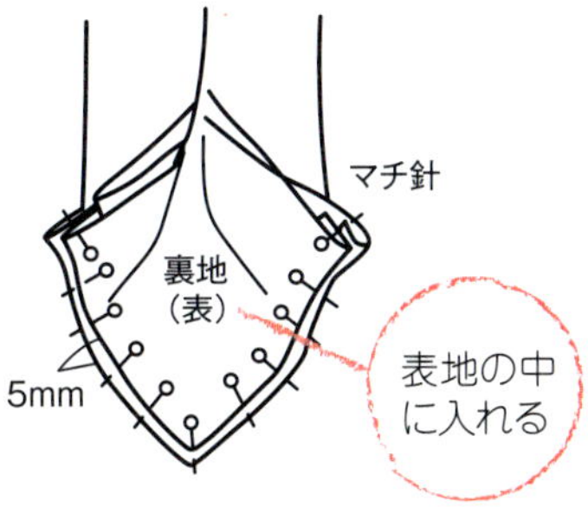
マチ針
裏地
(表)
5mm
表地の中
に入れる

表地の裏に、折り曲げた裏地をのせます。このとき、裏地は表地より5mmひかえます。

8. 裏地をぬいつける

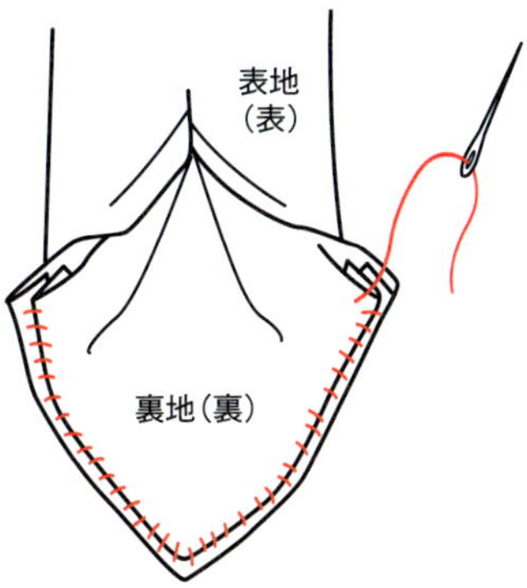
表地
(表)
裏地(裏)

裏地から細かくたてまつり(10ページ)にします。

9. 表地に奥まつりをする

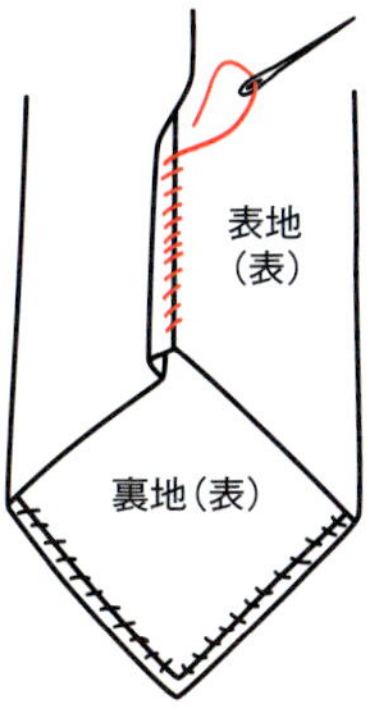
表地
(表)
裏地(表)

もとのとおり、表にぬい目が見えないように奥まつり(10ページ)をします。糸印のしつけをとって、できあがり。

〈ストールのひきつれ〉

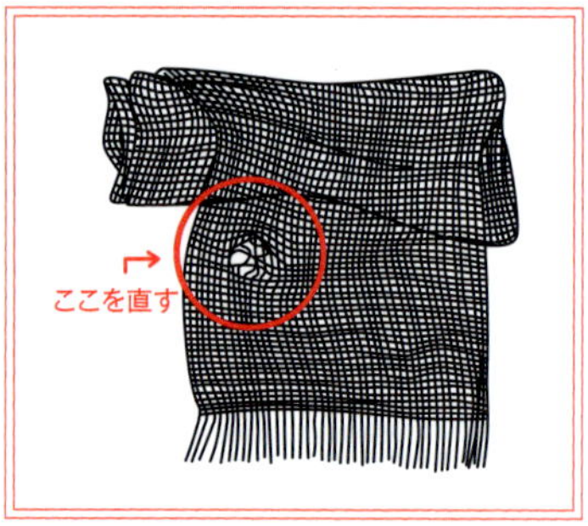

糸のひきつれは、糸が編み目から飛び出している状態なので、糸を絶対に切らないように。からみあってもつれた糸をもとの編み目にもどします。

＊今回のお直し＊

ニット糸でできたストールのひきつれを、編み目をもどして直します。

1. 前後の布をひっぱる

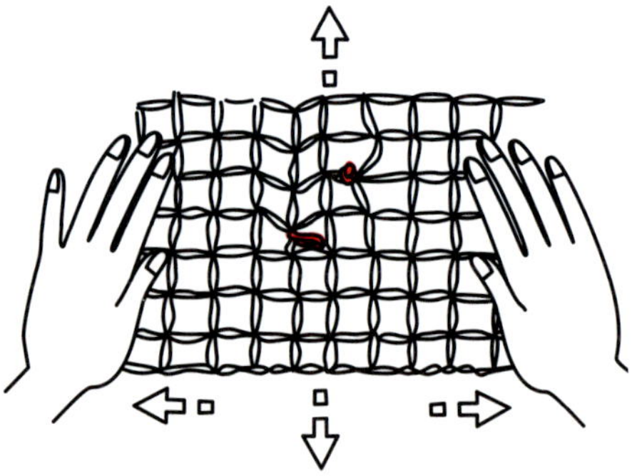

Point!

ひきつれてはみ出した糸の周囲を、横、たての順にやさしくひっぱり、ひきつれの糸をもとの編み目にもどします。

2. もつれを直す

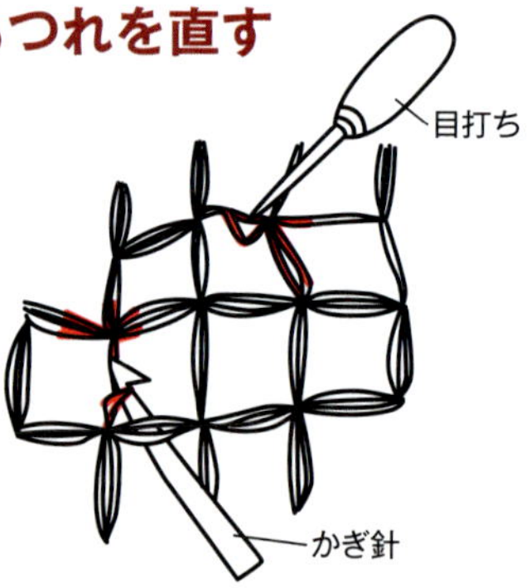

もつれたり、よじれたりしている糸は、目打ちやかぎ針の先で、まっすぐになるように直して、できあがり。

プロのコツ！ ニットや綿の糸のほつれをかんたんに直すには

ニットだけでなく、綿などの布地の糸の小さなほつれをかんたんに直すことができるのが「ほつれ補修針」です。

針の表面が一部、ヤスリのようになっていて、表に出たほつれた糸を裏にかんたんに通すことができるすぐれものです。

一本あると、便利です！

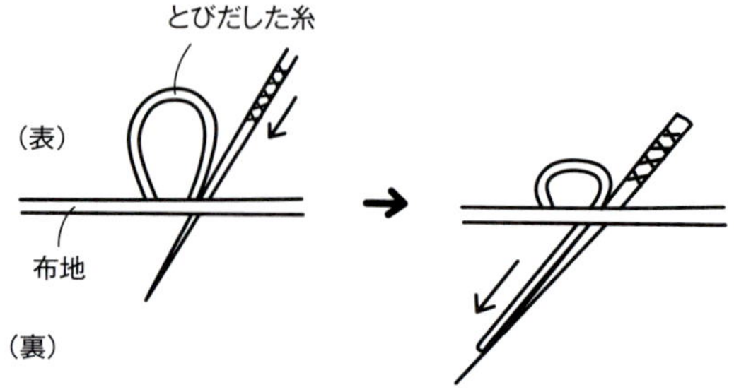

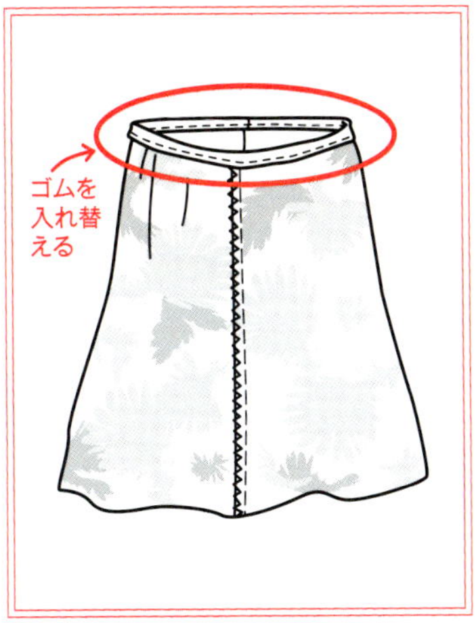
ゴムを
入れ替
える

〈スカートのゴムがのびた！〉

ウエストのゴムを入れ替えるときは、ウエストの裏のゴム通し口をさがしましょう。
今回は、通し口がぬわれていたので、ぬい目をほどき、通し口を作りました。

＊今回のお直し＊

ギャザースカートのゴムの伸びを直します。
ゴム（入っていたものと同じくらいの太さ）も用意しましょう。

1. ゴムの通し口をつくる

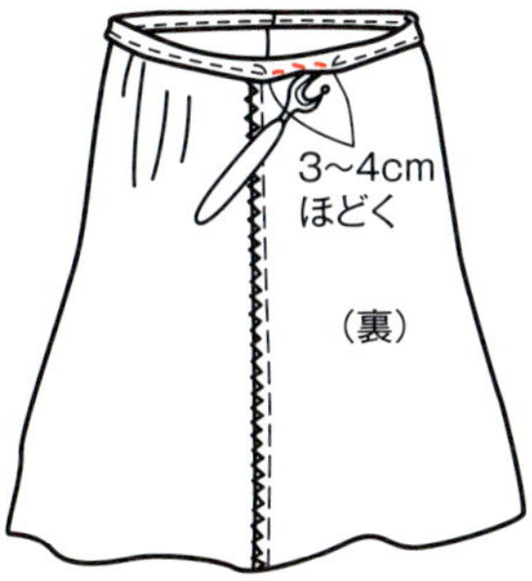
3〜4cm
ほどく
（裏）

裏に返して、ウエスト脇のぬい目を3〜4cmほどき、ゴムの通し口をつくります。

2. 古いゴムをぬく

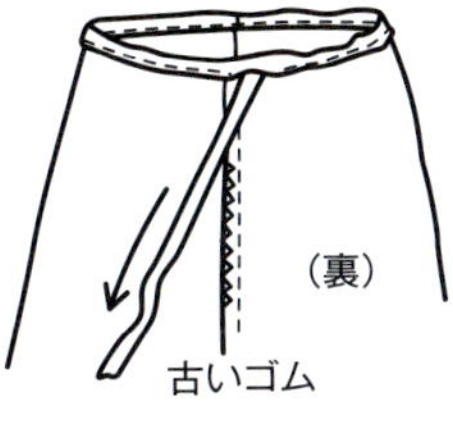
（裏）
古いゴム

ゴムの通し口から、古いゴムをぬきます。

3. ゴムを通す

新しい
ゴムを
通す
（裏）

Point!

ゴムの長さはウエストより5cm短いくらいが目安

新しいゴムをゴム通しにつけ、ゴムの通し口から入れていきます。ゴムが均等に入るようにときどき引っぱります。

4. ゴムの端をぬう

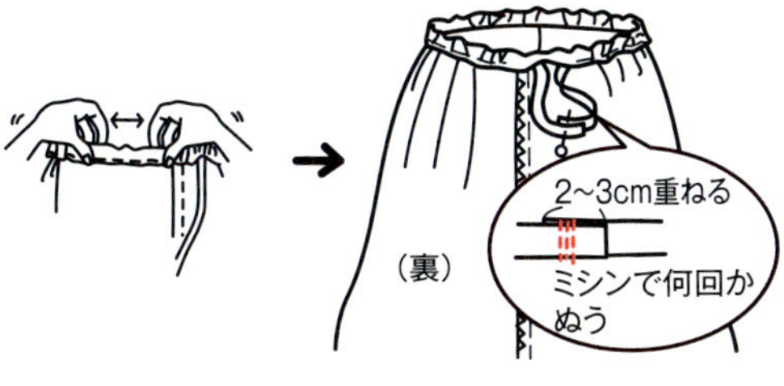
（裏）
2〜3cm重ねる
ミシンで何回か
ぬう

ゴムを通し終わったら、もう一度ゴムが均等になるように手でのばします。

ゴムの端と端は2〜3cm重ねてマチ針を打ちます。重ね合わせたところをミシンで数回往復してぬいます。

5. ゴム通し口をぬう

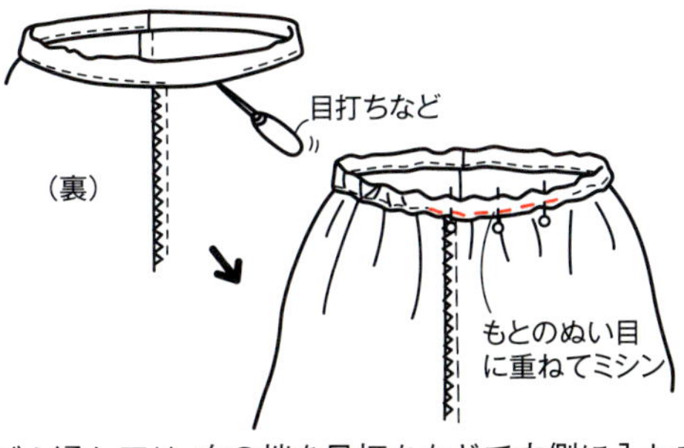
目打ちなど
（裏）
もとのぬい目
に重ねてミシン

ゴム通し口は、布の端を目打ちなどで内側に入れて、マチ針でとめます。もとのぬい目のとおりにミシンでぬって、できあがり。

〈ベルトの穴をふやす〉

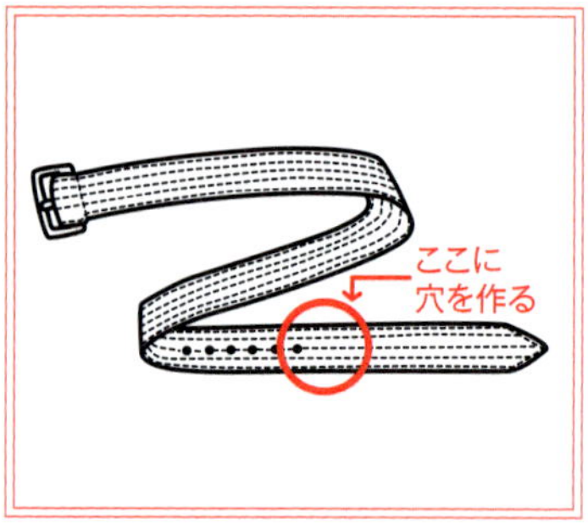
ここに
穴を作る

ベルトの穴をふやしたい場合には、キリやハトメなどの穴をあける道具を使います。穴をあけたら、糸でかがりましょう。

＊キリやハトメは手芸店などで扱っています。

＊今回のお直し＊

コートのベルトの穴を外側にひとつふやします。キリやハトメ、ボタンつけ糸も用意しましょう。

1. 穴の位置を測る

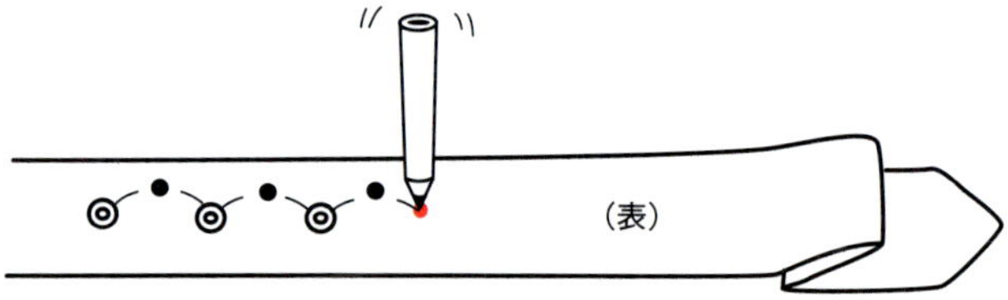
(表)

もとの穴の間隔を測ります。同じ間隔で新しくあける穴の位置を測り、チャコペンで印をかきます。

2. 穴をあける

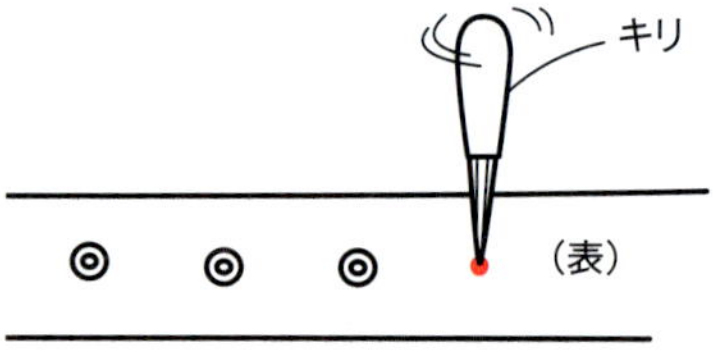
キリ
(表)

印の位置にキリやハトメで表から穴をあけます。

3. 穴をかがる

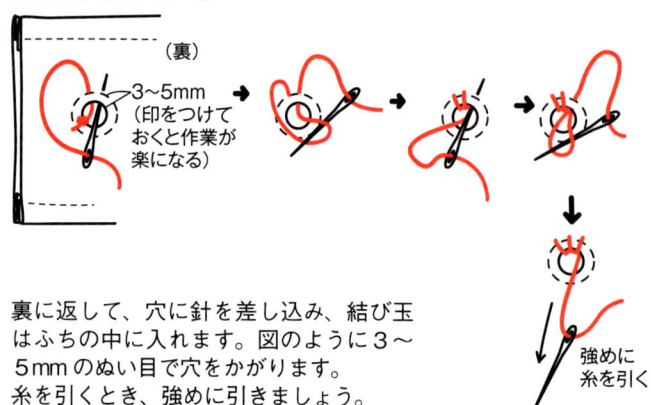

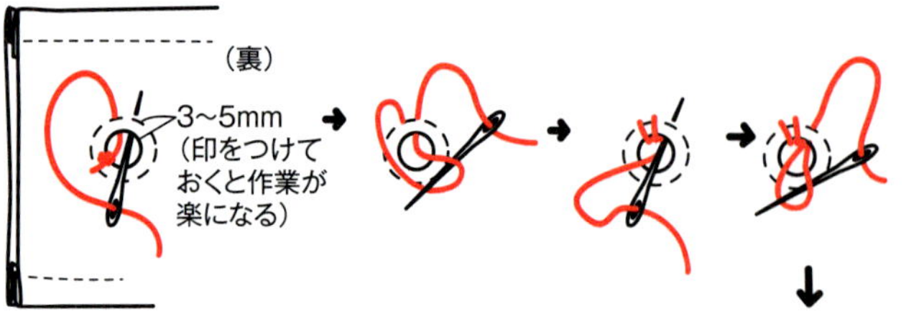
(裏)
3~5mm
(印をつけておくと作業が楽になる)

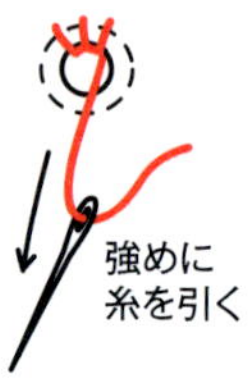
強めに
糸を引く

裏に返して、穴に針を差し込み、結び玉はふちの中に入れます。図のように3～5mmのぬい目で穴をかがります。
糸を引くとき、強めに引きましょう。

4. 玉止めをする

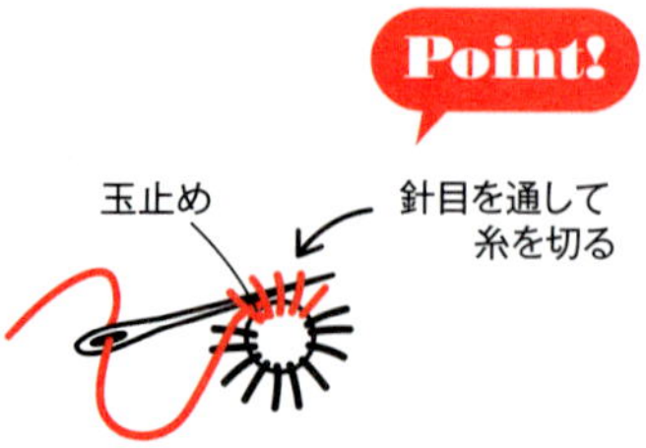
Point!
玉止め
針目を通して
糸を切る

穴を一周かがったら、最後は玉止めをしてかがったぬい目に針を通します。玉どめが表にも裏にもでないようにしまつして、できあがり。

〈ボタンホールを広げる〉

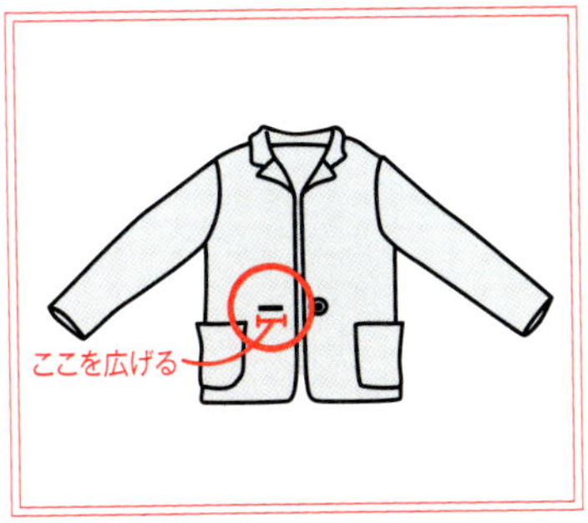
ここを広げる

ボタンホールが狭く、ボタンを通しづらいときは、切って穴を広げます。かがるときの糸の長さは、途中で足りなくなってしまわないように、多めにとっておきましょう。

＊今回のお直し＊

ジャケットのボタンホールをひとつ広げます。ボタンつけ糸も用意しましょう。

1. ぬい目を広げる

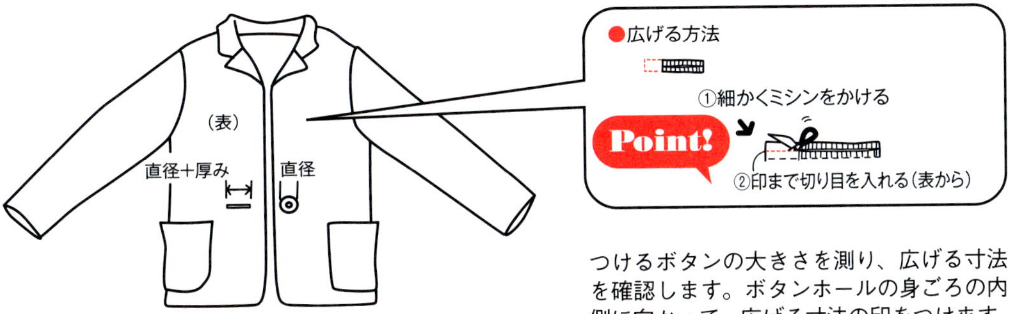
（表）
直径＋厚み
直径
●広げる方法
①細かくミシンをかける
Point!
②印まで切り目を入れる（表から）

つけるボタンの大きさを測り、広げる寸法を確認します。ボタンホールの身ごろの内側に向かって、広げる寸法の印をつけます。その部分はミシンで細かくぬっておきます。穴からはさみを入れて印まで切ります。

2. 広げた穴をかがる

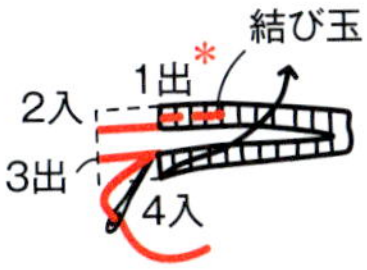
結び玉
＊
1出
2入
3出
4入

＊「入」で布に針を入れ、「出」で布から針を出します。

切った穴に糸を２本渡します。結び玉は、ふちの中に入れておきましょう。

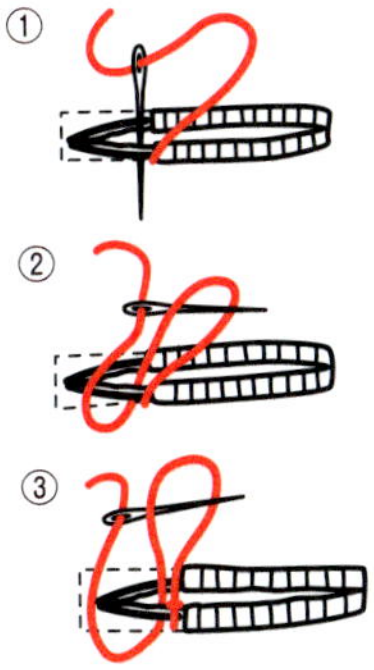
①
②
③

広げた穴のふちを①～③のように、もとのぬい目に合わせてかがりましょう。

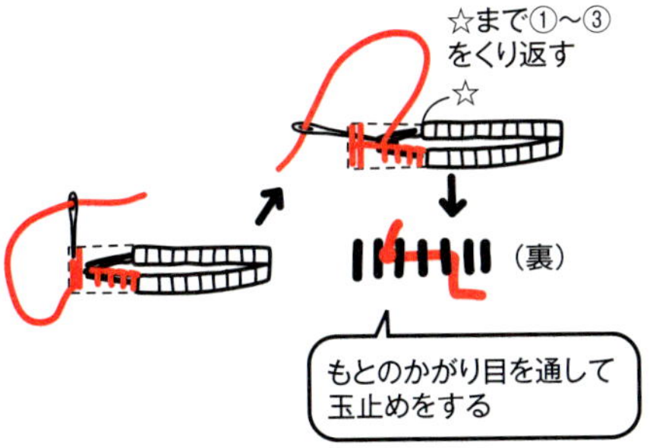
☆まで①～③をくり返す
☆
（裏）
もとのかがり目を通して玉止めをする

端は二度たてに糸を渡します。横にも二度糸を渡しましょう。続けて反対側をかがります。ぬい終わりは、結び玉を通して、もとのかがり目の中に入れて、できあがり。

〈ひっかけてできた小さな穴〉

ここを直す

ブローチの針などをひっかけてできた小さな穴は、生地と同じ色の糸くずで補修することができます。目打ちの先などを使って、ていねいにつめましょう。

＊今回のお直し＊

綿のカットソーにできた小さな穴を糸で直します。布用接着しん、別布（うすい裏地）も用意。

1. 糸くずをつめる

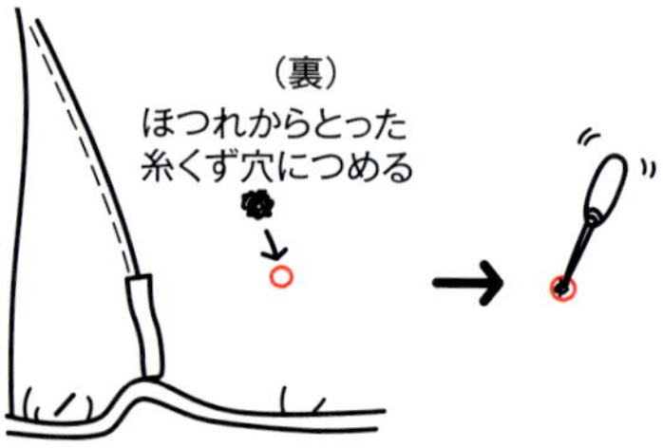
（裏）
ほつれからとった
糸くず穴につめる

裏に返して、ぬいしろなど目立たないところからとった糸くずを、小さな穴につめます。つめるときは、目打ちの先など細くとがったものを使いましょう。

2. 接着しんと別布をはる

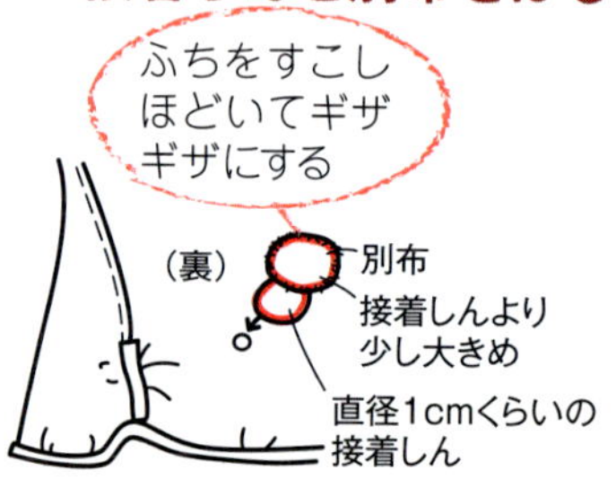
ふちをすこし
ほどいてギザ
ギザにする
（裏）
別布
接着しんより
少し大きめ
直径1cmくらいの
接着しん

穴より少し大きめに接着しん（両面の）を切ります。別布は接着しんより、さらに大きく切ります。穴の上に接着しん、別布の順に置き、ずれない程度にアイロンをかけて軽く接着します。

3. 穴のふちを整える

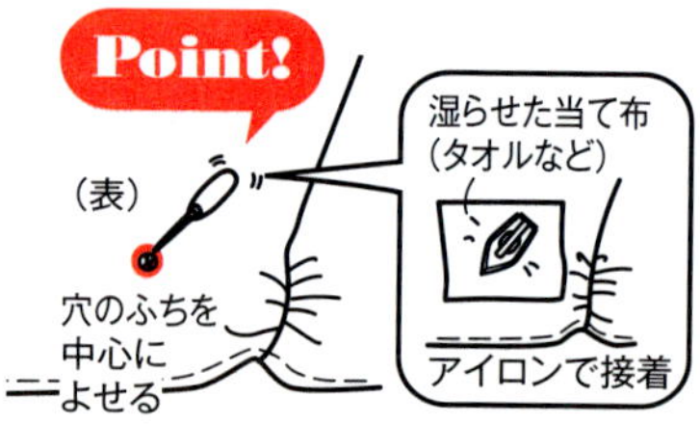
Point!
（表）
穴のふちを
中心に
よせる
湿らせた当て布
（タオルなど）
アイロンで接着

表に返して、穴のふちを目打ちなどで中心によせて、穴を目立たなくします。湿らせたタオルをのせて、表からアイロンをかけて接着して、できあがり。

こんなときは　共布（ぬい合わせる部分と同じ生地）がある

❶ 接着しんと共布をはる

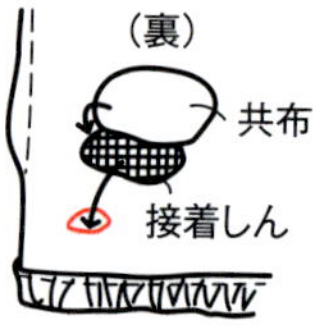
（裏）
共布
接着しん

●裏に返して、穴より少し大きめに切った接着しんと共布を、穴の上にのせます。

❷ アイロンをかける

（裏）
軽くアイロン

●アイロンをおさえるようにかけて、軽く接着します。

❸ 当て布をしてアイロンをかける

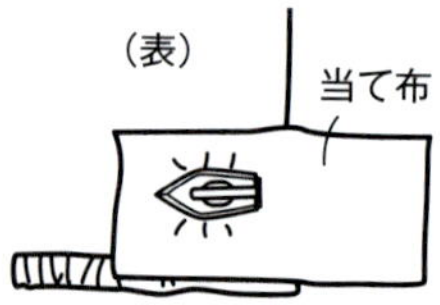
（表）
当て布

●表に返して、穴のふちを目打ちなどできれいに整えます。湿ったタオルを穴の上に置いて、アイロンをかけましょう。

〈虫食い、タバコなどの大きな穴〉

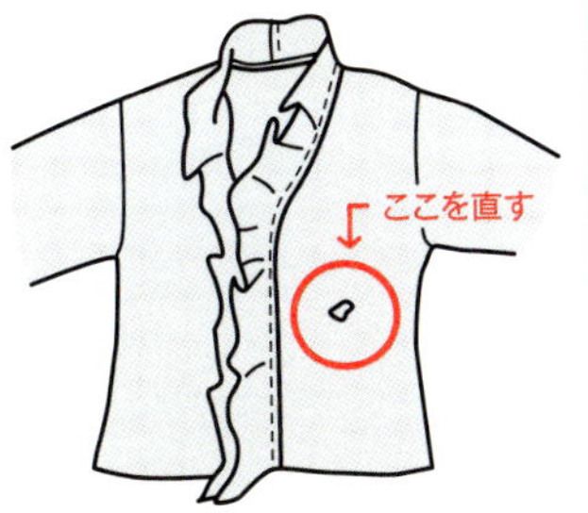
ここを直す

少し大きめの穴は、デザインによってはタックなどを入れて、隠すことができます。ここでは接着しんで穴をふさぎ、タックを入れて隠します。

＊今回のお直し＊

綿のブラウスにあいた穴を直します。接着しん(薄いもの)も用意しましょう。

1. 接着しんで穴をふさぐ

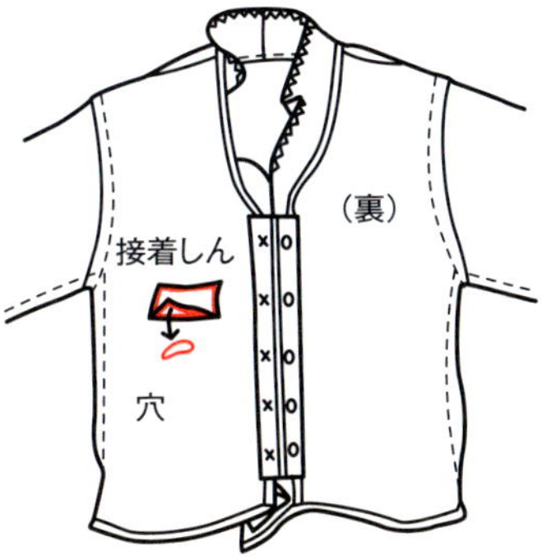
(裏)
接着しん
穴

穴よりすこし大きめに、接着しんを切りとります。ブラウスを裏に返して、穴の上に接着しんを置いて、アイロンをかけて穴をふさぎます。

2. タックのできあがり線をかく

Point!
できあがり線をかく
(表)
穴のすぐ下に
こちらも同様に
ここでは
○=24.5cm
●=19cm

表に返して、穴のあいている部分がタックの中に入るように、タックのできあがり線をチャコペンでかきます。見返しと脇のすそからの寸法を測ります(ここでは24.5cmと19cm)。穴のあいていない身ごろにも、同じようにタックのできあがり線をかきましょう。

3. タックをとる

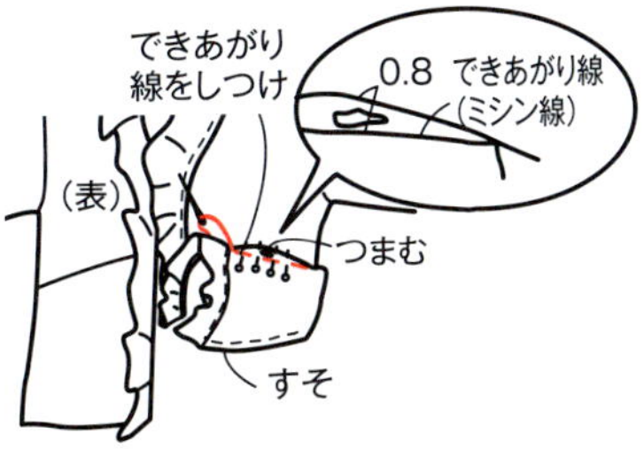
できあがり線をしつけ
0.8
できあがり線(ミシン線)
(表)
つまむ
すそ

できあがり線にそって、穴の大きさに合わせて両端がだんだん狭くなるようにタックをとり、マチ針でとめます。しつけをかけます。

4. ステッチをかける

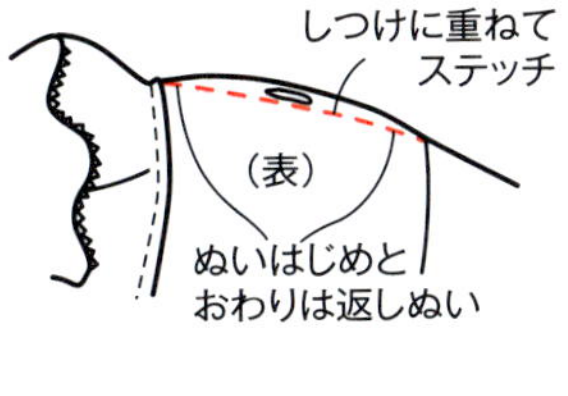
しつけに重ねてステッチ
(表)
ぬいはじめとおわりは返しぬい

しつけのとおりに、ステッチをかけます。ぬいどまりは、ひと針返しぬいをします。糸は長く残し、手で結んで結び玉を布の中に隠しておきましょう。

5. タックをたおす

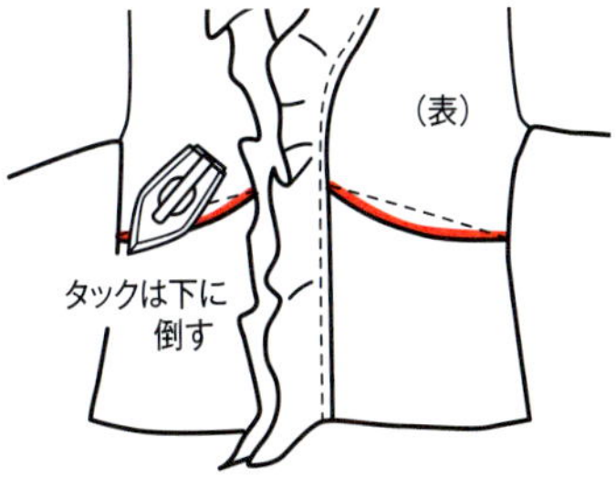
(表)
タックは下に倒す

タックは下に倒して、アイロンをかけて、できあがり。

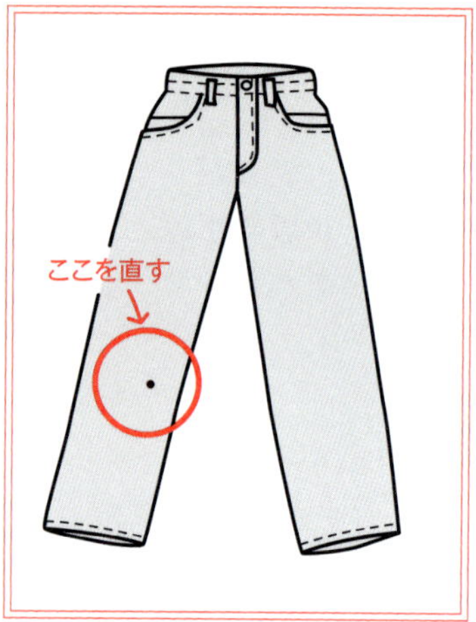
ここを直す

〈子どものズボンの穴〉

子どものズボンの穴は、ストライプやチェック、水玉などの布でかわいらしく直しましょう。大好きな動物や乗り物の柄を選んでもよいですね。

＊今回のお直し＊

直径約2cmの穴のあいた、男の子のズボンの穴に当て布をします。別布（90cm × 15cm）、接着しん、刺しゅう糸も用意しましょう。

1. 別布の型紙をつくる

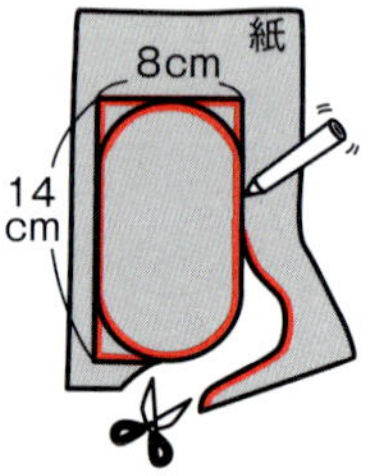
紙
8cm
14
cm

別布の大きさや形を考え、紙に鉛筆でかきます。線にそって切りとり、型紙にしましょう。今回は、たて14cm、横8cmのだ円にしました。

2. 布に接着しんをはる

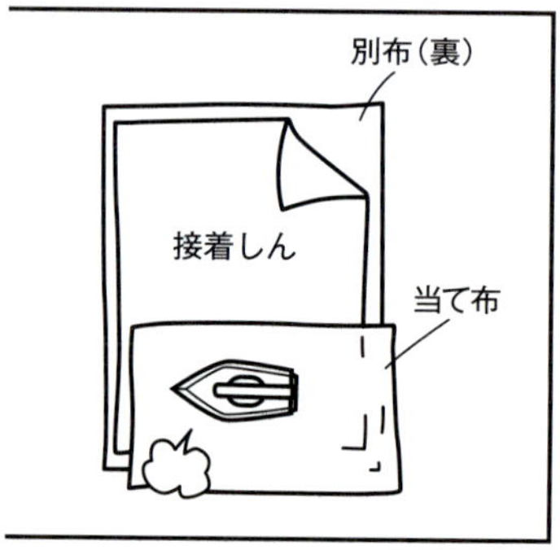
別布（裏）
接着しん
当て布

別布を補強するために、裏に接着しんをアイロンではります。

3. 別布を裁断する

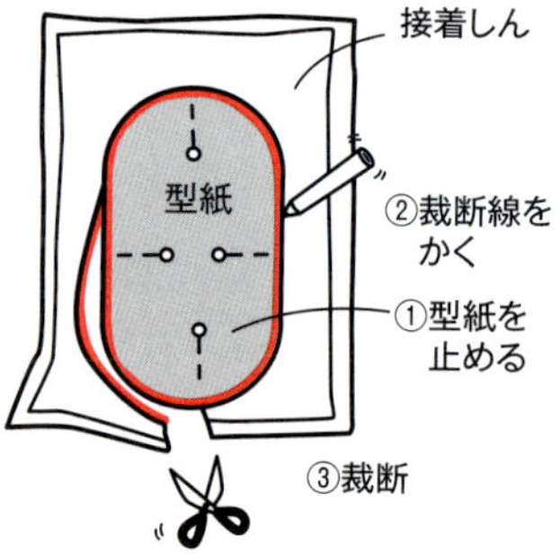
接着しん
型紙
②裁断線をかく
①型紙を止める
③裁断

接着しんをはった別布に、型紙をマチ針でとめます。チャコペンで型紙にそって線をかき裁断します。

4. ふちをしまつする

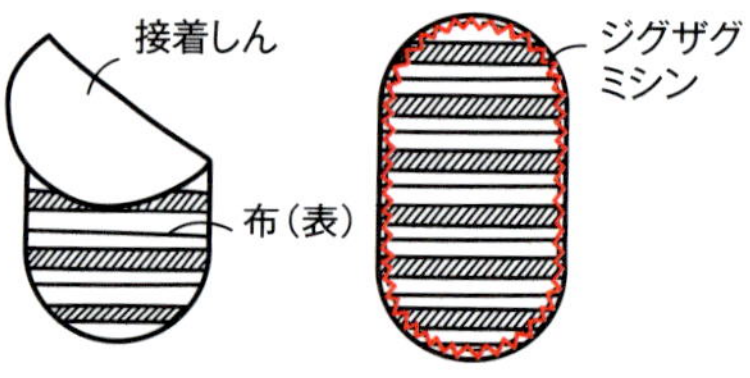
接着しん
布（表）
ジグザグミシン

別布のふちに、ジグザグミシンをかけます。

5. ズボンに別布をつける

ズボン（裏）

ズボンを裏に返して、穴の上に別布を置いて、マチ針でとめます。

6. 別布をぬう

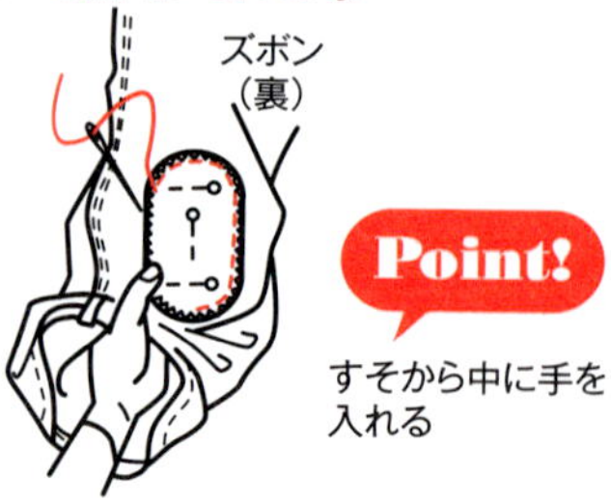
ズボン（裏）
Point!
すそから中に手を入れる

ズボンのすそから中に手を入れて、刺しゅう糸でステッチをかけます。ぬい目が縮まないように、ときどき布をひっぱりながらぬって、できあがり。

〈かぎざきを隠す〉

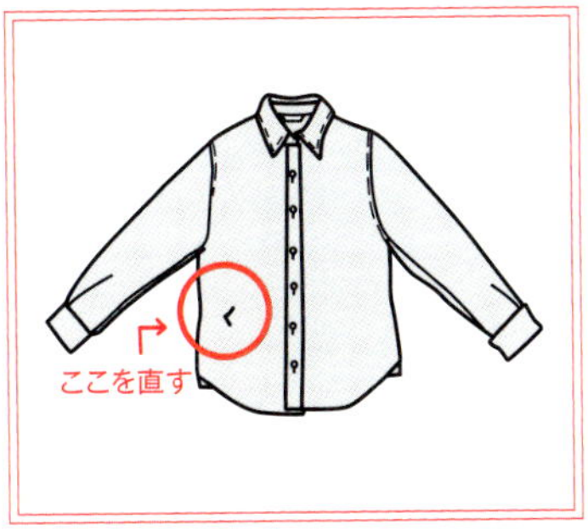

ここを直す

L字型にさけてしまったかぎざきはぬったり、接着布で補修するほかにも、シャツやジャケットなどはダーツを入れて隠すことができます。ここでは、ダーツを入れて隠します。

＊今回のお直し＊

カジュアルシャツに、ダーツを入れて直します。接着しん、チャコペンも用意。

1. 接着しんをはる

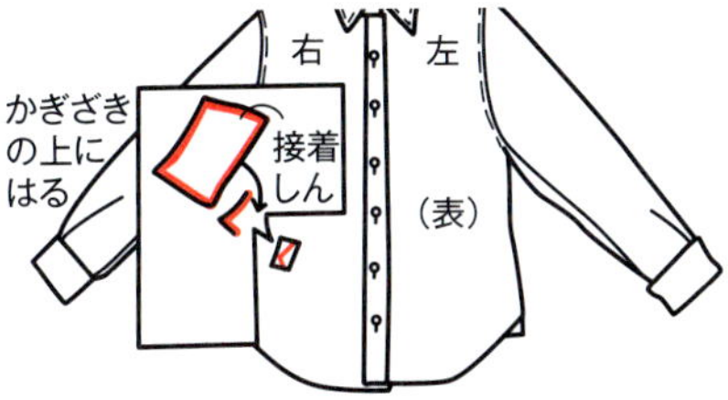

右
左
かぎざきの上にはる
接着しん
（表）

接着しんを、かぎざきの大きさに切ります。シャツの表のかぎざきの上に接着しん＊を置き、アイロンではりつけます。

＊接着しんはダーツの中に隠れて、見えなくなります。

2. ダーツのできあがり線をかく

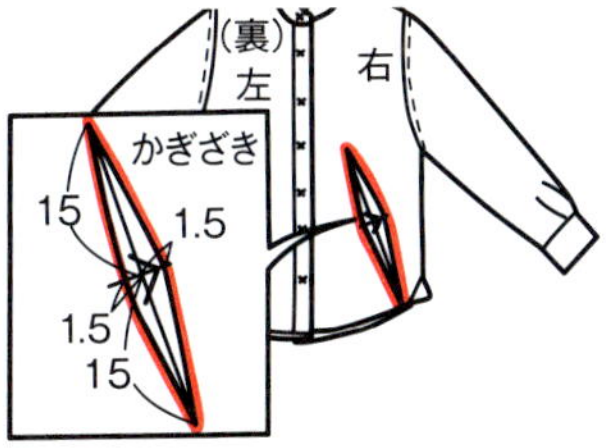

（裏）
左
右
かぎざき
15
1.5
1.5
15

裏に返して、かぎざきが隠れるようにダーツの幅をとり、できあがり線をかきます。今回は、かぎざきの幅が1.5cmだったので、ダーツの幅を3cmとりました。

3. できあがり線を写す

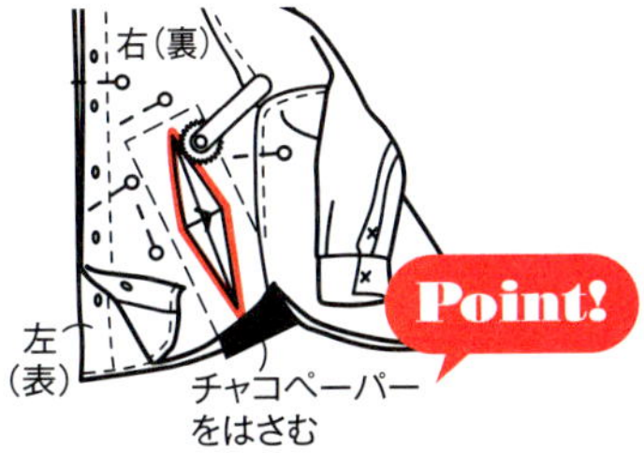

右（裏）
左（表）
Point!
チャコペーパーをはさむ

左右の身ごろをぴったり合わせて、間にチャコペーパーをはさみます。右側の身ごろのできあがり線をルレットでなぞり、左側の身ごろに写します。

4. ダーツをぬう

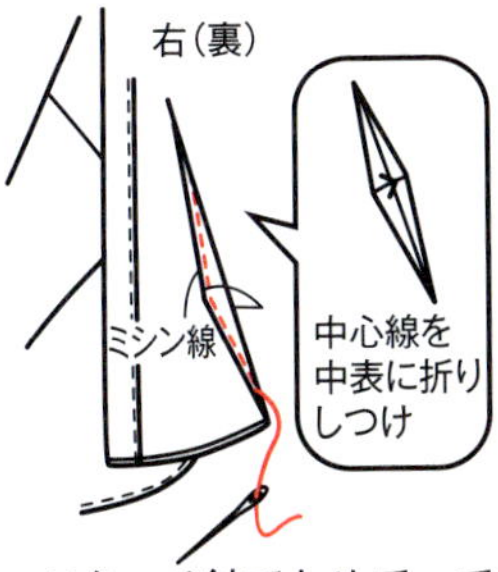

右（裏）
ミシン線
中心線を中表に折りしつけ

ダーツをマチ針でとめて、できあがり線にそってしつけをして、ミシンをかけます。かぎざきのほつれた糸は、ダーツの中に入れましょう。

5. ダーツを仕上げる

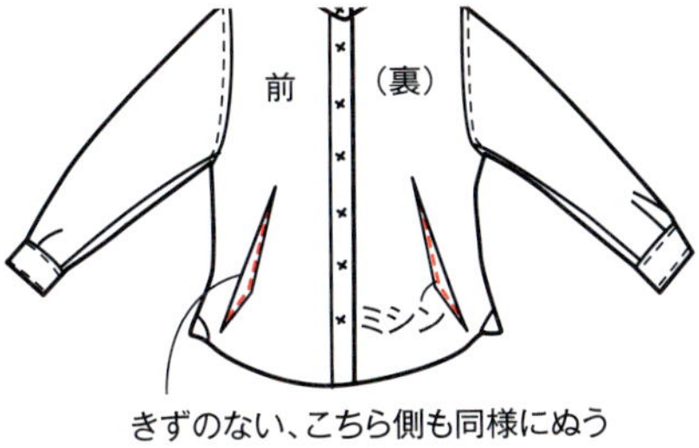

前
（裏）
ミシン
きずのない、こちら側も同様にぬう

ダーツは、内側に倒してアイロンをかけます。

6. ステッチをかける

（表）
ミシン

表に返して、ダーツのぬい目の内側にミシンでステッチをかけて、できあがり。

おさいほうの用語集

おさいほうには特別な用語がたくさんあります。ここでは、とくに本文に登場する、お直しに関係する用語を解説しています。

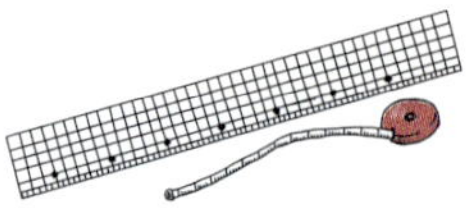

※ページ数は、初出もしくは用語に関する説明のあるページ。

【あ】

糸印（いとじるし）……………… 26
チャコペンやへらが使えない生地や、裏と表の両側に印をつけたいときに、しつけ糸でなみぬいや、×印にぬって印をつけること。

折りしろ（おりしろ）…………… 17
すそや袖口などの裏に折り返した部分の幅のこと。ヘムともいう。

後ろ中心（うしろちゅうしん）… 22
後ろ身ごろ（背中側）の左右中央のこと。「ダーツを後ろ中心に倒す」は、後ろ側の中心線の方に向けて、倒すという意味。

後ろ身ごろ（うしろみごろ）…… 26
袖、えり、ベルト部分をのぞいた部分（身ごろ）のうち、背中側の部分。

【か】

かがる ……………………………… 88
裁断した布の端が、ほころばないようにぬうこと。ボタンホールの穴のふちのぬい方も、かがるという。

かぎざき ………………………… 93
衣服をくぎなど、先のとがったものにひっかけて、Ｌ字型（かぎ型）に裂けてしまった部分のこと。

仮どめ（かりどめ）……………… 29
本ぬいの前に、位置やデザインを確かめるために、しつけ糸でかんたんにぬってとめること。

仮ぬい（かりぬい）……………… 6
本ぬいの前に、丈やサイズを調整するために、しつけ糸で大まかにぬうこと。仮ぬいをすると、実際に着て寸法を調節することができる。

ぐしぬい ………………………… 28
針先だけで等間隔に細かく、なみぬいをすること。ぬい終わりに糸の端を引っぱってギャザーを寄せたり、袖山を立体的にするときに使う。

【さ】

スリット ………………………… 22
すそ、袖、脇などに入れる切り込みのこと。切り込みが重ならないタイプと、重なるベンツタイプがある。

【た】

中心線（ちゅうしんせん）……… 48
身ごろやベルト、えり、袖などの左右中央を表す線。既製のスカートでは、身ごろのウエストの切り込みで、中心線を表わしているものもある。

できあがり線（できあがりせん）… 16
仕上がりの寸法のこと。できあがり線はチャコペンでかいたり、しつけ糸で印をつけておくと、折りしろやぬいしろを正確にとることができる。

とめ具（とめぐ）………………… 47
かぎホックやスプリングフック、ボタンなど。ズボンやスカートのウエスト部分やワンピース、コートの開口部をとめる用具の総称。

【な】

中表（なかおもて）……………… 29
２枚の布の表と表を内側に合わせること。２枚の布の裏と裏を内側に合わせることは外表という。

ぬいしろ ………………………… 8
布をぬい合わせるときに必要な、ぬい目と、布の端の間の余白部分。お直しでは幅を調節できる重要なスペース。

【は】

パイピング ……………………… 81
布の端をバイアステープ等で、パイプ状にはさんでしまつすること。えりぐり、袖口、裏地のない上着のぬいしろのしまつにも使われる。

ハトメ …………………………… 88
ベルトの穴などにつける金具のこと。市販の打ち具を使うと、きれいに穴が開く。

ひかえる ………………………… 19
裏につけた布が表から見えないように、１㎜～２㎜ずらしてぬい合わせること。ジャケットやコートの見返しの裏側は、ひかえてぬう。

ベンツ …………………………… 26
ジャケットやコートの後ろ身ごろのすそに入っている、切れ込みの部分。切れ込みの上下の布が重なり、静止時には中が見えないようになっている。

ボタンホール …………………… 89
ボタンをくぐらせるための穴のこと。穴のまわりをかがりぬいでしまつすることも、ボタンホールという。

【ま】

前かん（まえかん）……………… 42
ズボンやスカートのベルトの端の上になる部分（前上部）につける、留め具のこと。フックともいう。

前身ごろ（まえみごろ）………… 26
袖、えり、ベルト部分をのぞいた部分（身ごろ）のうち、前側の部分。

見返し（みかえし）……………… 26
ズボンやスカートのウエスト、えりぐり、袖ぐりなどのふちを隠したり、補強するために、裏側につける布。

【わ】

割る（わる）……………………… 9
「ぬいしろを割る」のように使われる。ぬいしろの縁を左右に開いて、アイロンでそれぞれを左右に倒すことをいう。

あとがき

「お直し」は一生つかえる技術

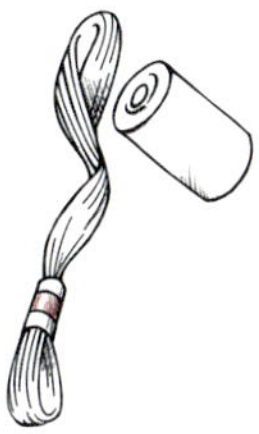

　バーゲンで買ったスカート。家に帰ってはいてみたら、ウエストが小さくてはけない。こんな経験、みなさんはありませんか。サイズを直そうと､デパートや街のリフォーム専門店に持っていくと、けっこうお金がかかるもの。これではせっかく安く買ったのに、高くついてしまいますね。でも、「お直し」の方法を知っていれば、サイズの合わない服を自分で直すことができて、とっても経済的です。

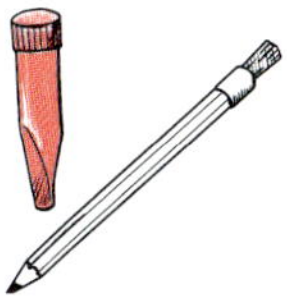

　それ以外にも、体形が変わって着られなくなった「お気に入り」の洋服も、もう一度着られるようになります。クローゼットで眠っていた服をレパートリーに増やすことができると、ワードローブに新品が加わったようなうれしい気分になります。

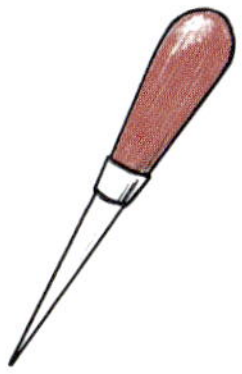

　小さくなった子供服も、成長に合わせて直すことができます。愛着のある服を長く着られるようになると､子どもと一緒に「ものを大切にする心」も育めるのではないでしょうか。

　さらに、お直しのコツをつかむと、切り替えをつけたり、レースをつけたりと、流行のデザインに変えるアイデアも浮かび、リメイクの幅も広がってきます。

　自分の体型に合わせてサイズを変えたり、洋服を流行のデザインにアレンジする楽しみを味わえる。「お直し」が、そんな一生使える技術となることを願っています。

監修　　　佐藤壽《ひさ》乃《の》
技術指導　八田邦子

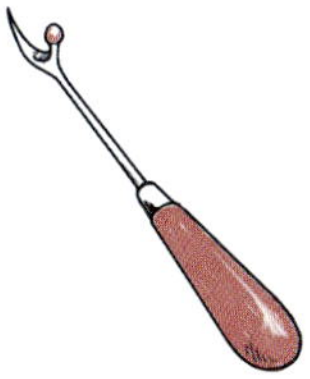

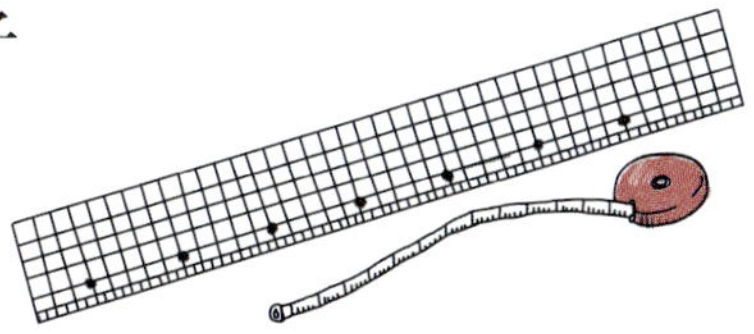

監修　佐藤 壽乃（さとう ひさの）

東京都出身。オーダー子供服、雑貨の制作、百貨店販売などを手がける。東京・自由が丘などで洋裁教室「Atelier HISANO(アトリエ・ヒサノ)」を主宰。洋裁家として、雑誌、新聞、TVで活躍中。産経学園自由が丘校「フレンチテイストの通学グッズ講座」講師。著書に、『ママ手づくりの通園・通学小もの』(河出書房新社)がある。

◇ Atelier HISANO http://homepage3.nifty.com/Atelier-Hisano/

技術指導　八田 邦子（はった くにこ）

洋裁歴49年。ブログdeソーイング講師。洋装店勤務を経て、3人の子育て中も自宅にてオーダーメイド服やお直しの仕事を請け負う。洋裁が好きな人の役に立てればと、娘とともに立ち上げたブログ上で、月に一度洋裁教室を開いている。実践で得た洋裁のコツをふんだんに紹介した内容は、初心者でもわかりやすく定評がある。

編集・構成 ………… 造事務所
技術指導 ………… 八田邦子
本文デザイン ………… Craps（佐藤かおり）
文 ………… 長瀬ひろみ
図版 ………… しかのるーむ
図版トレース ………… きのかなみ
DTP ………… Grade

おうちでかんたん！
服のお直し便利帳

2015年1月15日　発行

監修　佐藤壽乃
発行者　佐藤龍夫
発行所　株式会社大泉書店
〒162-0805 東京都新宿区矢来町27
TEL　03(3260)4001(代)
FAX　03(3260)4074
振替 00140-7-1742
印刷　半七写真印刷工業株式会社
製本　株式会社明光社

URL　http://www.oizumishoten.co.jp
ISBN　978-4-278-05421-7 C0077　R60